LES SCIENCES HUMAINES

LA POLITIQUE

PRINCIPES, CRITIQUES, RÉFORMES

PAR

TH. FUNCK-BRENTANO

I

LAVAL

E. JAMIN, imprimeur de la « Revue mensuelle du Monde latin »

41, RUE DE LA PAIX, 41

1891

LA POLITIQUE

LES SCIENCES HUMAINES

LA POLITIQUE

PRINCIPES, CRITIQUES, RÉFORMES

PAR

TH. FUNCK-BRENTANO

I

LAVAL

E. JAMIN, imprimeur de la « Revue mensuelle du Monde latin »

41, RUE DE LA PAIX, 41

1891

A LA MÉMOIRE

D'ARMAND HAYEM

LA POLITIQUE

I

LA MORALE ET LA POLITIQUE

Deux grandes doctrines se partagent, en matière de politique, les esprits : selon l'une, les hommes doivent décider librement de leurs institutions et en choisir, librement aussi, les chefs ; selon l'autre, c'est au contraire le seul ascendant de la force qui crée ces institutions et en maintient les chefs. Autour d'elles se groupent, sans nombre, des théories particulières dont chacune, par une contradiction singulière, se fonde à la fois et sur la liberté et sur la force. Les admirateurs des gouvernements absolus : césariens, féodaux, réactionnaires, ne diffèrent en réalité des fanatiques d'une participation intégrale à tous les droits : communistes, socialistes, possibilistes, radicaux, que parce que les premiers ne se soutiennent dans les libertés dont ils jouissent que par la force qu'ils possèdent, tandis que les seconds sont prêts à chaque instant à recourir à la force pour conquérir les libertés qu'ils revendiquent. Entre les deux partis, les libéraux, conservateurs, progressistes, opportunistes, tantôt ont recours à la force, pour se maintenir au pouvoir quand ils s'y trouvent ; tantôt à la liberté pour y arriver, quand ils n'y sont point. Telle est en ce moment et au fond la situation des esprits, et telle est aussi celle d'un navire naufragé, dont les débris se mêlent et se heurtent jusqu'à ce que la vague les emporte pour les jeter, épaves informes, sur le rivage.

Il en est des théoriciens sur le rôle de la liberté et sur celui de la force dans la politique, comme des joueurs de bilboquet ; ils font toujours retomber la boule sur la même pointe. La sphère où se meut la politique est trop vaste pour pouvoir être envisagée d'une façon aussi enfantine. Les deux pôles autour desquels elle gravite ne sont point la force et ses abus infinis, ni la liberté et ses illusions sans bornes, mais la morale sociale, d'une part, et la morale individuelle, de l'autre. Tout, dans les Etats, dérive de la première ; tout, dans les Etats, revient à la seconde. De la morale sociale qu'ils observent à la morale individuelle qu'ils pratiquent se tracent les méridiens qui fixent la latitude politique des peuples.

Ce qui distingue la manière d'être, les façons d'agir, la personne d'un individu de celles d'un autre, est évidemment ce qui lui est propre ; ce qui rapproche au contraire les individus dans leur manière d'être, ce qui les unit dans leurs actes, ce qui les rend semblables dans leurs personnes, est ce qui en fait un peuple, une nation, un Etat. Toutes nos illusions et erreurs en politique n'ont d'autre origine que l'incapacité où nous nous trouvons de séparer ce qui est distinctif, particulier, en chacun, de ce qui, en chacun, est général, commun. A commencer du langage que nous parlons jusqu'à la race à laquelle nous appartenons, nous sommes impuissants de discerner l'un de l'autre ; c'est bien nous qui parlons, qui avons telle figure, tel caractère et pas un autre ! Et, cependant, à partir de la communauté du langage jusqu'à l'identité de la race, c'est uniquement sur les rapports qui unissent des millions d'hommes que sont fondées non-seulement leur existence comme peuple, mais encore toutes les formes quelque peu stables de leur vie politique comme Etat. Par contre, toutes les divisions et oppositions qui surgissent entre eux n'ont d'autres sources que des différences propres à chacun d'eux. En d'autres termes, les nations se fondent et se soutiennent d'après leur morale sociale, et elles se divisent, se partagent, selon leur morale individuelle.

Le lecteur nous pardonnera de prendre la question de la morale et de la politique de si loin ; il faut l'envisager de plus loin encore, car de jour en jour elle devient plus grave et sa solution plus difficile.

Ce n'est que grâce à leur besoin d'union, à leurs affections mutuelles, que les hommes sont parvenus à exprimer par les mêmes sons les mêmes impressions, à donner aux mêmes choses les mêmes noms, et, transmettant de génération en génération le même sens attribué aux mêmes mots, ils créèrent le langage et s'entendirent entre eux. Absolument de la même façon, ils se donnèrent des institutions politiques. Groupés d'abord en petits noyaux sociaux, si faibles qu'ils fussent, il ne les maintinrent qu'en se comprenant les uns les autres dans leurs affections, en s'associant dans leurs besoins, pour se soumettre à une direction commune. Cette direction, incertaine et instable dans l'origine, tout comme le langage, devint habituelle, régulière, et se transmettant à travers les générations successives, se développa, formant des institutions publiques déterminées, de la même façon que les sons articulés se fixèrent et donnèrent naissance à toutes les formes et règles de la langue.

Les Etats se constituent et se développent comme les hommes se fortifient et grandissent, car tout dans les Etats, si chétifs ou puissants qu'ils soient, tient de l'homme.

Dès sa naissance, l'enfant s'exerce à l'usage de ses sens et de ses organes, et apprend à s'en servir ; à mesure, ses sens se coordonnent, ses organes s'assouplissent ; il se fortifie et grandit. Le peuple dans son enfance, la peuplade, subsiste d'abord au hasard, sans entente ni accord profond et durable, au gré de chacun des membres ; et ce n'est que peu à peu que ceux-ci arrivent à coordonner leurs besoins et leurs volontés, à se développer en nombre et puissance, et cimentent, par des habitudes d'ordre et de discipline, leur entente commune. Après des années d'efforts, l'enfant devient jeune homme ; il s'est donné, à force d'observation, d'exercice, d'étude, l'adresse et le savoir nécessaires pour subvenir à son existence et jouir du déploiement de toutes ses facultés. La peuplade, après des siècles de tentatives souvent douloureuses, devient, de même, un peuple par les habitudes d'ordre et d'entente commune qui ont engendré des droits et des obligations réciproques devenus coutumiers ; et des institutions publiques assurent le travail et la production à l'intérieur en même temps que la sécurité au dehors. Enfin, le jeune homme, arrivé à l'âge mûr, fonde une famille, qu'il soutient en déployant toutes les ressources dont il est capable, tous les talents qu'il a acquis et dont il transmettra l'héritage à ses enfants, qui en reprendront et continueront l'exemple et l'œuvre. Ainsi encore, le peuple est composé de familles dont chacune recherche des ressources plus considérables, un bien-être supérieur, un savoir plus grand, pour les léguer à la génération suivante, laquelle les développera à son tour ; et les progrès accomplis, se répandant de famille en famille et de proche en proche, s'infiltrent dans les masses, jusqu'à ce que le peuple, dans son ensemble, parvienne à déployer toutes ses facultés intellectuelles et morales, tout le génie de sa race.

La diversité des peuples et celle de leur histoire, comme la diversité des hommes et celle de leur vie, ne s'expliquent que par l'éducation, l'habitude et la race, qui n'est elle-même qu'une habitude.

C'est à la fois une sottise et une utopie de se disputer sur le point de savoir si les institutions politiques procèdent de l'emploi de la force ou proviennent de l'usage de la liberté. La force n'enseigne pas plus aux sourds à entendre et la liberté aux aveugles à voir, que l'une et l'autre n'apprennent à des hommes sans liens intellectuels et moraux à concevoir et à maintenir des institutions politiques communes.

Certes, il y a des lois immuables qui régissent l'intelligence humaine et d'immortels principes de morale qui en commandent les actes ; mais, comme toutes les grandes lois et tous les principes, ils sont communs à tous les hommes ; et c'est le principe le plus universel de la morale, en même temps que la condition de toute science, qu'il en soit ainsi. Mais par cela même ces principes et ces lois ne sauraient expliquer aucune des différences si profondes qui existent entre les hommes, et encore moins celles qui subsistent entre les peuples.

Quelles différences entre un Condé, par exemple, et un chef de sauvages quelconque ? Elles sont les mêmes que celles qui existent entre les états sociaux et politiques dans lesquels ils vivent. Or, quelles sont les facultés humaines, la liberté ou la force, les principes ou les lois, qui donneraient aux sujets d'un Maco-Bobo quelconque les gloires et l'éclat des contemporains de Louis XIV ou leurs institutions et leurs traditions séculaires ?

Il est une morale générale, universelle, propre à tous les hommes indistinctement ; ce n'est point d'elle, c'est de leur morale sociale, de celle devenue usage, habitude, coutume, éducation et tradition, que relève en premier lieu la politique.

Pour que deux hommes atteignent de concert un même but, fût-ce d'abattre un arbre ou de soulever un bloc de rocher, il faut que l'un dirige et que l'autre soit dirigé ; sinon ils agissent chacun à part, ou contrairement l'un à l'autre, et n'arrivent à rien. Ils n'obéissent en cela qu'à un principe de morale universelle : aimez-vous et soutenez-vous les uns les autres. Mais pour que de ce fait naissent des droits et des obligations régulières, constantes, il faut qu'il devienne lui-même régulier, constant. Dès le moment seulement où il sera devenu habituel, coutumier, l'un comptera sur l'autre par la seule force de l'habitude, et la direction semblera aussi naturelle au premier que l'obéissance au second, et que l'entente leur paraîtra nécessaire à tous deux. Mais du moment aussi que l'un se rebutera dans son obéissance, que l'autre se relâchera dans sa direction, ils feront tous deux appel à la force, ce dernier pour maintenir ce qu'il nommera son autorité, le premier pour reprendre ce qu'il nommera sa liberté. On ne saurait, sous une forme plus simple, concevoir le rôle de la morale dans les relations des hommes ainsi que ceux de la liberté et de la force.

Supposons, au lieu de deux hommes, une tribu. Elle se composera de chefs de familles, de femmes, d'enfants, de jeunes, d'anciens, de faibles, de forts, dont les rapports seront infiniment plus multiples et complexes. Selon qu'ils observeront ou ne le feront pas, selon leur liberté morale, les préceptes de la morale universelle, sans lesquels aucune société humaine n'est possible : le respect de la vie de son semblable, de sa femme, de ses biens ; qu'ils garderont ou ne garderont pas, selon leur intérêt du moment, la parole donnée ; qu'ils se soumettront ou ne se soumettront pas, selon leurs caprices, à une même direction dans toute entreprise commune, leur état social restera précaire, abandonné aux fantaisies de chacun. Mais que l'observation de ces préceptes devienne coutumière, et qu'ils soient également pratiqués par tout le monde et entendus de la même façon, aussitôt il en naîtra, non-seulement une cohésion sociale profonde : la fixité, l'ordre, une direction régulière, mais encore, de l'habitude qu'on aura contractée de les observer, des droits précis, des obligations strictes. Les pères auront tels droits sur leurs enfants, les enfants devront telle soumission à leurs parents, les anciens jouiront de telles prérogatives, les jeunes leur témoigneront telles déférences, les chefs exerceront telle autorité et tous leur devront telle obéissance. C'est de la pratique constante, uniforme, des préceptes de la morale générale, que surgit la morale sociale, de laquelle naissent à leur tour tous les droits, en même temps que toutes les obligations qui leur répondent, en chaque état social.

Fouillez tous les droits dont nous nous énorgueillissons, pénétrez jusqu'à leurs sources les plus profondes, ils ne différeront en rien par leur origine de ceux que reconnaissent les peuples les plus barbares. Tous sont des devoirs de la morale universelle, devenus coutumiers à travers les traditions et l'expérience des siècles, sous une forme plus ou moins parfaite. Sans obligation coutumière, le droit se fane et disparaît comme une fleur qui a perdu ses racines. Nous pouvons bien prétendre que l'homme, par cela seul qu'il est homme, a droit au respect de sa personne, de sa pensée, de son travail, et nous supposer, dans notre imagination, des droits sans nombre ; de même que nous pouvons, en rêve, concevoir tout un parterre de fleurs : mais ces fleurs, sans racines, s'évanouissent avec le rêve, comme ces droits auxquels aucune obligation coutumière ne répond.

D'une part, tout droit que nous revendiquons, sans qu'aucune obligation coutumière y réponde, se heurte à la liberté d'autrui ; d'une autre, tout précepte de morale, par cela seul qu'il devient coutumier, engendre des droits précis. Le respect des morts, n'est certes par un droit pour le cadavre ; comment le revendiquerait-il ? c'est un simple précepte de morale. Il devint coutumier dans l'ancienne Egypte, et prit une importance telle que la constitution entière de l'Etat semble avoir reposé sur lui. En Grèce, le même respect non-seulement conduisit au culte des dieux lares, mais encore imprima un caractère spécial à la législation civile, et étendit son influence jusqu'au droit public des cités.

D'après les préceptes de la morale générale se forment les rapports individuels, lesquels se fixent et engendrent la morale sociale habituelle, coutumière, de laquelle dérivent les droits et les obligations civils qui règlent et maintiennent les rapports entre particuliers, entre les membres de chaque famille, les habitants de chaque pays, et les conditions d'acquisition de jouissance et de transmission de leurs biens.

Simultanément se développent les obligations et les droits publics, qui, résultant de l'intelligence des intérêts et de la communauté des affections, se manifestent par des habitudes de soumission et de discipline, d'organisation et de gouvernement, et se changent en constitutions coutumières ou écrites, sur lesquelles se fondent la puissance et la stabilité des Etats.

Des relations entre les sujets et les gouvernements d'Etats différents dérivent des obligations et des droits plus étendus encore, qui tantôt publics, tantôt privés deviennent coutumiers, formant les droits des gens public et privé ; et cela, sans direction supérieure, sans législation aucune, au point qu'entre Etats ennemis la loyauté dans le combat, le respect de la parole donnée, l'abstention de cruautés inutiles, constituent autant d'obligations et de droits réciproques, unique garantie de la possibilité d'un retour à la paix.

Les obligations et les droits réciproques créés par la coutume sont aussi multiples que les intérêts, les besoins. les affections dont ils procèdent et les préceptes de morales dont ils dérivent. Permettez la perfidie, autorisez les cruautés entre Etats ennemis qui ont cependant rompu, suivant la formule, tout rapport de droits, et bientôt il n'y aura plus d'Etats ; mais des bandes de sauvages se combattant sans trêve ni merci, et qui ne continueront à subsister elles-mêmes que par la morale sociale embryonnaire qu'elles pratiqueront.

Droits civils, publics, internationaux, humanitaires, il n'en existe point qui ne relève de quelque précepte de morale devenu coutumier, si grossièrement qu'il soit appliqué, si mal compris qu'il soit. Le fondement de tous les droits et de toutes les institutions des peuples est leur morale sociale.

De tout temps, les hommes ont instinctivement si bien saisi cette nécessité d'une entente commune et d'une autorité publique qu'à défaut de la réciprocité d'obligations et de droits fixée par la coutume, ils y ont suppléé par des lois et des règlements de toute espèce.

La coutume n'est point la loi. Bien des coutumes, comme celles qui sont le produit des traits saillants du caractère et des traditions nationales, ne sont pas susceptibles de devenir des lois ; bien des lois ne sont pas l'expression de coutumes. L'entente commune, résultat d'obligations et de droits devenus habituels, est un effet de la coutume. La loi suppose, au contraire, des oppositions ou du moins des divergences et des contrariétés auxquelles elle a pour objet de mettre fin. Une coutume qu'on se croit obligé d'ériger en loi n'est plus une coutume. Une loi dont l'observation est devenue coutumière perd sa raison d'être en tant que loi. Aussi, tandis que les coutumes se forment d'elles-mêmes, se développent et disparaissent à travers les générations, à leur insu pour ainsi dire, la loi, pour recevoir le plus de solidité possible, est écrite ou gravée et promulguée, sinon avec pompe du moins avec soin. La puissance de la loi est telle, il est vrai, qu'elle peut, non seulement donner naissance à des coutumes nouvelles, mais encore ordonner l'oubli de coutumes vieillies ; mais en ce cas, c'est dans des coutumes plus générales et plus fortes qu'elle puise toute son autorité. Il n'y a point de législateur qui aurait la puissance de changer, par une loi, les obligations coutumières sur lesquelles son autorité même est fondée. Tout autant vaudrait qu'il commandât de modifier le caractère national, ou de changer le sens des mots, aux roses d'être bleues, aux merles d'être blancs. L'autorité du tzar, autocrate de toutes les Russies. celle du pape infaillible, pour tous les chrétiens catholiques, ou celle du fils du ciel, autocrate et infaillible à la fois pour quatre cents millions de Chinois, ne sont que fantômes sans les obligations coutumières desquelles elles émanent. De même d'un peuple roi, qui décrète, de par sa volonté souveraine, les droits qu'il entend exercer, s'il n'a l'habitude des obligations qui y répondent et qui sont nécessaires à l'exercice de ses droits, il ne créera que le désordre et l'anarchie.

Les fondements de tous les droits et de toutes les institutions publiques des peuples sont des préceptes de morale devenus habituels ; ils forment leurs usages ; leurs coutumes, sont l'expression de leur développement historique, et constituent leur morale sociale, et cependant la politique, dont l'objet principal est l'interprétation de ces droits et la direction de ces institutions, présente le triste spectacle d'une opposition en quelque sorte perpétuelle avec la morale.

La politique ! Quels crimes n'a-t-elle pas autorisés ? Quelles atrocités n'a-t-elle pas fait commettre ? et quels actes contre lesquels la morale n'a pas assez de réprobation et les législations pas assez de châtiments, n'a-t-elle pas légitimés par le succès ? De misérables elle fait des hommes d'Etat illustres ; et de la révolte triomphante d'un peuple, aussi bien que de son écrasement par un despote de génie, elle fait, au même titre, les plus grandes gloires des nations. Etudiée dans l'histoire, elle tient du délire : excuse un assassinat et fait d'un pot-de-vin une infamie, ou, tout le contraire ; transforme une perfidie en acte d'héroïsme, ou fait d'un héros un gredin ; la fraude des suffrages lui paraît à la fois un cas de légitime défense et un crime de lèse-majesté contre la souveraineté du peuple ; la prévarication, le mensonge, l'hypocrisie, des moyens de gouvernement tout aussi bien que la loyauté, la droiture, l'abnégation et le dévouement ; le recours à la force lui semble un crime et en même temps la sanction du droit ; la liberté est une guitare, et un besoin le plus sacré de l'humanité ; les finances publiques la richesse des uns et les sueurs des autres, le capital un vampire qui suce le sang de l'ouvrier et le levier de la prospérité générale. Il n'y a qu'une chose qu'elle ambitionne : le pouvoir ; et qu'une seule qu'elle respecte : le succès, même si ce succès est un désastre, et ce pouvoir un danger public. Ainsi, semblable à un serpent qui, s'étant mordu la queue, s'avalerait lui-même, dans des cercles vicieux sans fin, dont chaque anneau est un sophisme, elle s'absorbe et se dévore elle-même.

C'est l'autre côté de la question. Si d'une part la politique procède de la morale sociale sans en comprendre la portée, d'une autre elle se brise à la morale individuelle sans la dominer. Elle est, disait Aristote, l'architectonique des gouvernements ; nous ajoutons : selon le développement atteint par la moralité des peuples, elle se compose, comme telle, d'éléments si hétérogènes et de facteurs si multiples que ses folies et ses défaillances n'en sont que les sombres et fatales conséquences.

Les préceptes élémentaires de la morale universelle, devenus coutumiers, se changent en droits et en devoirs réciproques formant la morale sociale et du même coup le fondement de l'existence politique des Etats et des progrès intellectuels et moraux des peuples. Mais, au delà de ces préceptes, il en est d'autres innombrables que les uns observent et que les autres n'observent point, qui sont individuels : l'indulgence, l'abnégation, le dévouement ; lesquels ne s'appellent des vertus que parce qu'ils ne sont pas coutumiers et ne donnent naissance ni à des droits précis ni à des obligations strictes. J'ai en morale sociale le droit d'exiger que mon semblable respecte ma vie, mais je n'ai point celui de prétendre qu'il y sacrifie la sienne.

Les vertus, comme le génie, ne s'ordonnent et ne se commandent point; ils échappent à toute action de la politique.

Revenons à l'exemple des deux hommes qui poursuivent un même but et dont l'un dirige et l'autre est dirigé. Au point de vue de la morale, leur rapport est simple; que chacun agisse pour le mieux. Au point de vue de la politique, le même rapport est quadruple. La direction de l'un, l'obéissance de l'autre sont devenues habituelles et se sont transformées en un droit et une obligation coutumière, condition de leur entente régulière et continue. Mais, par les mêmes circonstances aussi, l'obligation du dernier se change en un droit précis: celui d'être dirigé de la façon coutumière, et le droit de l'autre en une obligation non moins précise: celle d'ordonner la direction selon la coutume. Pour la même raison que les hommes, pour se comprendre mutuellement, doivent non seulement articuler les sons mais encore les entendre de la même manière, il faut, dans la coordination de leurs actes, à la fois qu'ils les conçoivent et qu'ils les exécutent d'après l'entente commune. On voit d'ici les immenses difficultés, le plus souvent insurmontables, de la politique. Il faut non seulement que les hommes d'Etat conçoivent nettement les droits qu'ils revendiquent et les obligations qui y répondent chez les autres, mais qu'ils conçoivent encore avec non moins de précision les droits que ces obligations confèrent aux autres ainsi que les obligations qui leur incombent du chef de leurs propres droits. Un acte politique bien conçu est, par l'envergure intellectuelle qu'il suppose et les éléments complexes qu'il renferme, semblable à une découverte dans la science, à un chef d'œuvre dans les arts et les lettres.

Si louables que soient les intentions des deux hommes, dont nous venons de parler, dès que le premier exigera du second ou celui-ci de l'autre, dans l'accomplissement de ces obligations, que ce soit dans l'obéissance ou dans la direction, des mérites ou des vertus dont il est incapable, ses exigences paraîtront d'autant plus abusives ou tyranniques qu'elles seront moins coutumières; leurs rapports se troubleront, le but ne sera que péniblement atteint, et, les exigences se répétant, leur lien se rompra. Si mal intentionnés, au contraire, que puissent être les deux hommes et si coupable leur but, que l'un ne demande à l'autre que des actes qui lui seront faciles parce qu'ils lui seront habituels, ils atteindront aisément leur but, et le succès fortifiera leur entente.

Tous les abîmes de la politique sont là; tandis que, dans cet exemple, il ne s'agit que de deux hommes dont l'un peut, au besoin, se passer de l'autre, en politique il s'agit d'institutions qui ne se rompent point sans que l'existence des hommes, qui en dépend, ou celle de l'Etat, soit mise en question.

Un homme d'Etat d'une vertu éprouvée, qui sympathise avec toutes les souffrances qu'il voit, commet des fautes irrémédiables parce qu'il ne conçoit pas les souffrances des masses, qu'il ne voit pas; un misérable, par contre, arrivera au pouvoir par cela seul qu'il possède l'intelligence nécessaire pour comprendre les besoins des masses; et ce dernier recueillera toutes les reconnaissances, le premier soulèvera toutes les rancunes. De leurs actes dépendent la satisfaction et la prospérité ou le mécontentement et la misère publics.

Un souverain, un parti politique qui, parvenus à la direction de l'État, prétendent imposer des droits auxquels aucune obligation coutumière ne répond, ou dont les obligations qui leur repondaient autrefois ont cessé d'être coutumières, s'efforceront naturellement d'y suppléer par tous les moyens imaginables: le vœu des majorités, l'avis des conseils, le vote des chambres. Rien n'y fera, tous leurs efforts apparaîtront comme des abus de leur autorité. Les droits décrétés, étant sans raison d'être dans les habitudes et coutumes nationales, fondés sur la seule illusion que donnent des droits imaginaires aussi bien aux souverains et partis politiques qu'aux majorités, aux conseils et chambres, on ne saurait les faire prévaloir que par la force. Si le peuple s'y soumet, c'est la tyrannie; s'il se révolte, le désordre. Dans le premier cas, c'est la perte de l'autorité s'épuisant vainement dans la revendication de droits abusifs; dans le second, la révolte qui, par elle-même, ne donne pas au peuple les ressources intellectuelles et morales qui lui font défaut. Aucune des oppositions ne sera détruite et les dissensions persisteront au sein de la nation impuissante, par ses chefs comme par elle-même, de les remplacer par une réciprocité de droits et d'obligations meilleurs. Ni tyrannie ni révolte n'y serviront ; les divisions s'accuseront de jour en jour davantage, la lutte deviendra de plus en plus amère, jusqu'à ce que chacun arrive à croire que tous les moyens sont permis pour sauver des institutions qui ne sont qu'abus et un Etat qui n'est plus que ruine.

Un homme, et quel est l'homme à qui cela n'est arrivé, conçoit un projet, les forces lui manquent pour le réaliser, il ne recueille de ses efforts que déception ; de même des peuples, fussent-ils souverains. Mais l'homme abandonne ses projets tandis que les peuples, qui n'existent, jusque dans leur projets mêmes, que par l'entente commune, ne le peuvent. Ils feront comme les Moscovites, se soumettront à quelque Yvan le terrible qui les gouvernera ; ou, n'ayant plus même cette force de cohésion, ils succomberont à leurs dissensions, comme la Pologne.

Il est si naturel, dans notre ignorance de la nature véritable du droit, de nous figurer que par cela seul que nous croyons posséder un droit, les autres doivent remplir les obligations qui y répondent ; ou bien que des obligations, dont nous nous imaginons l'accomplissement nécessaire, donneront naissance à des droits, parce que nous en faisons des lois. Une obligation qui n'est pas habituelle, coutumière, est un devoir de morale supérieure ; l'imposer est de la tyrannie, et revendiquer un droit sans qu'aucune obligation y réponde, en est une autre. Double erreur, d'autant plus grossière, qu'elle est plus inconsciente, et dont les effets sont d'autant plus terribles qu'elle est plus sincère. Elle empêche l'historien d'apprécier les événements, égare le législateur, entraîne l'homme d'Etat. Les partis, les classes sociales, le gouvernement s'y abandonnent, et si, pour les maintenir, ils recourent à la force, ils périront aussi par la force. L'entente commune se trouvant détruite, ils deviennent un obstacle à la renaissance de droits et d'obligations réels par lesquels seuls les peuples et les Etats subsistent, et comme une rochequi entrave la culture plus heureuse d'un champ, on les fait sauter.

Disons-nous donc qu'autre chose est l'obligation morale, autre chose l'obligation légale. La loi ordonne, la morale conseille ; celle-ci crée les rapports des hommes entre eux, l'autre les fixe ; l'une s'adresse à la prière et abandonne à notre conscience l'appréciation de nos actes ; l'autre a recours à la force et punit. Une loi qui conseille n'est pas une loi ; une morale qui contraint n'est pas une morale. Cette dernière recommande bien, comme un devoir, la soumission à la loi ; et la loi peut, au besoin, faire appel à ce devoir, mais le devoir est et reste individuel, et son interprétation varie non seulement avec chaque parti politique, chaque classe sociale, mais avec chaque particulier, tandis qu'il est de l'essence de la loi que la soumission soit uniforme, universelle.

L'on trouvera que les différences entre la loi et le devoir, l'obligation légale et l'obligation morale ne sont ni si grandes ni si profondes, que leur but est plus proche et leur objet plus immédiat, que le consentement public, les volontés librement exprimées transforment d'eux-mêmes les obligations morales en obligations légales, et donnent au devoir le caractère universel et uniforme de la loi.

C'est une opinion à la mode ; on y ajouterait l'unanimité des suffrages, l'accord absolu de toutes les volontés, même l'approbation de toutes les puissances, qu'une politique fondée sur de telles assises, n'en resterait pas moins une suite de caprices sans consistance, parce qu'elle demanderait, ce qui échappe à toute autorité humaine : la transformation de devoirs libres, volontaires, en des obligations uniformes, communes ; en d'autres termes elle demanderait que les hommes fussent autres qu'ils ne sont.

La somme, non des volontés, mais des actes de chaque instant du jour, de chaque moment de la nuit, et de chaque particulier de tout un peuple, constitue la morale individuelle qu'il pratique en réalité, et en forme les mœurs. Elle est au-dessus de l'unanimité de toutes les volontés parce qu'elle dicte et interprète chacune de ces volontés, et elle est au-dessus de toutes les espérances et de toutes les illusions qu'on y peut attacher parce que ces espérances et ces illusions encore en proviennent.

D'ordinaire on n'envisage pas de cette manière la morale individuelle que pratique un peuple et les mœurs qui en résultent. Formant la partie la plus mobile et la plus chatoyante de la vie nationale, il semble qu'elles subsistent comme en dehors des institutions politiques et qu'elles soient au gouvernement ce que la mode est aux arts, et les caprices, les fantaisies aux passions durables et profondes. C'est mal les comprendre. Ce qui exprime la morale individuelle d'un peuple et en forme les mœurs, ce sont les rapports de chaque moment entre les deux sexes, l'intimité qui règne entre mari et femme, les soins qu'ils donnent aux enfants, les liens qui subsistent dans les familles ; ce sont les relations entre amis et voisins, entre ouvriers et patrons, chefs et subordonnés, riches et pauvres ; ce sont les formes que prennent leurs plaisirs, la façon dont ils expriment leurs peines, leurs distractions, leurs fêtes, leurs besoins, leurs échanges. Que les plaisirs et les fêtes se multiplient ou diminuent, que les relations entre particuliers se resserrent ou se relâchent, que les affections de famille se fortifient ou s'affaiblissent, que les rapports entre les sexes s'améliorent ou se dépravent, et chacun de ces changements dans la vie journalière, qui varie comme la surface des eaux avec chaque grain de poussière qui y tombe, réagira sur l'existence de l'ensemble ; voilà les mœurs. Des coutumes séculaires sont oubliées, le sens et l'interprétation des lois sont modifiés, les institutions changent d'esprit et de portée sans qu'on puisse s'en rendre compte, et sans qu'on puisse y remédier. Que peuvent les institutions, les lois et les coutumes, sur des besoins, des affections et des actes qui varient avec les jours couverts ou ensoleillés, avec les bonnes et mauvaises saisons ?

On a dit et répété que les bonnes mœurs faisaient les

bonnes lois. Elles font plus : les mauvaises mœurs corrompent les lois les meilleures, les bonnes améliorent les pires. Elles sont la loi des lois, la force motrice des peuples. Elles sont au-dessus des coutumes parce qu'elles les absorbent en elles ; elles sont au-dessus des lois, parce qu'elle les interprètent et les appliquent ; elles sont au-dessus des institutions, parce que c'est d'elles que dépendent aussi bien les hommes qui les dirigent que ceux qui les subissent. En dehors d'elles, les coutumes ne sont qu'un souvenir, les lois lettre morte, et les institutions des espérances ou des rêves.

La politique dépend en tout sens de la morale, de ses préceptes les plus élémentaires, sous la forme de la morale sociale qui fait les coutumes, et de ses préceptes les plus élevés qui constituent la morale individuelle et décident des mœurs. Si les vertus, la sympathie, l'indulgence, l'abnégation le dévouement font partie des mœurs, sont de chaque instant et de chaque acte de la vie d'un peuple, comment les gouvernements les plus mauvais peuvent-ils ne pas disparaître, les lois les plus déplorables ne pas être amendées, et la nation ne pas se relever de tous les désastres auxquels des chambres incapables, des rois fous ou des despotes imbéciles l'ont entraînée ? Lorsque ces vertus disparaissent, au contraire, des mœurs, et qu'un égoïsme sans frein, le besoin de jouissance, la passion des plaisirs, de la vanité, de l'ambition, leur succèdent, comment les lois peuvent-elles s'amender, les institutions devenir meilleures, et les gouvernements ineptes disparaître ? Les vertus n'étant plus dans les mœurs, toutes les passions se déchaînent, et les coutumes les plus nécessaires à l'existence sociale s'évanouissent ; la mauvaise foi remplace le respect de la parole jurée, l'exploitation de son semblable l'entente avec lui, la duperie mutuelle la sécurité des relations, et l'art d'éluder les lois la soumission à la loi ; le mensonge, l'hypocrisie, l'intrigue, la corruption et la vénalité deviennent des moyens de gouvernement ; les partis s'en servent dans leurs luttes, les gouvernements sont obligés d'y recourir ; en vain les moralistes signalent la dégradation des caractères, l'abaissement des intelligences ; en vain les législateurs multiplient les lois, les hommes d'Etat raffinent les institutions : les mœurs sont corrompues, et ni sermons, ni lois, ni institutions ne commandent les vertus qui font les bonnes mœurs.

Plus que les lois et les institutions, la politique toutefois exerce une action directe sur les mœurs. Tandis que les institutions et les lois ne sont que formes ou formules pures sans les hommes qui les interprètent et les dirigent, ce sont ces mêmes hommes aussi qui leur donnent la vitalité et la force, selon leur état intellectuel et moral.

Une administration dissipatrice, une justice vénale, un gouvernement vicieux, qui sortent des entrailles d'une nation, meurtrissent, comme des enfants cruels, le sein dont ils sont sortis. Les majorités qu'ils représentent, l'instruction dont ils disposent, les finances qu'ils gèrent, l'armée à laquelle ils ordonnent, sont autant de griffes et d'ongles qu'ils enfoncent dans les chairs vives. Mais ces mêmes serres servent aussi à une administration prévoyante, à une justice intègre, à une instruction solide, à une armée bien ordonnée, à élever la mère-patrie à toutes les satisfactions et à toutes les gloires dont ses coutumes et ses mœurs la rendent capable.

Telle est la politique ; elle est différente de la morale, parce que, pour diriger les hommes, elle ne dispose et ne peut se servir que des ressources qu'ils offrent : des coutumes, d'une part, qui en maintiennent l'entente, et des initiatives personnelles, de l'autre, desquelles dépendent leurs mœurs. Ne commandant ni les unes ni les autres, la politique est parfaitement limitée dans sa sphère entre la morale sociale et la morale individuelle ; elle est autant mûe qu'elle meut dans son immense orbite. Elle dirige les événements, mais ce n'est pas elle qui les fait.

Aristote, en la définissant l'architectonique des gouvernements, en fait à la fois un art et une science. Il y a des circonstances où elle est l'un et l'autre, il y en a d'autres où elle n'est ni l'un ni l'autre. A certaines époques, le génie éclate dans toutes les directions de l'activité sociale, dans les sciences, les arts, les lettres aussi bien qu'en politique : les Richelieu et les Colbert apparaissent à côté des Corneille et Molière, des Descartes et Pascal. A d'autres époques, la politique, ainsi que les sciences, les arts et les lettres, se trouvent abandonnées à toutes les fantaisies de l'imagination et de l'esprit ; pour plaire à une favorite, on entreprend une guerre ; pour un mot d'esprit, on bouleverse les croyances ; et pour le plaisir de soutenir un paradoxe on échafaude une doctrine, où les arts et les lettres ne brillent que par leur éclat extérieur, le raffinement des formes et des couleurs. A d'autres époques enfin, on ne voit surgir partout que des pantins et des cuistres ; les plus tarés parlent de gouvernements honnêtes, et les plus honnêtes se permettent toutes les faiblesses ; chaque sophisme trouve des croyants sincères et chaque excès des admirateurs ; tous les actes sont bons pourvu qu'ils satisfassent les appétits du moment, toutes les hypocrisies légitimes dès qu'elles conduisent au but voulu. Alors la politique consistera surtout dans la blague imperturbable, l'adresse sans conscience et l'aplomb éhonté de certaines gens qu'on appellera de nos jours les politiciens, et qu'on nommait autrefois les faiseurs, et qui sont à l'homme d'Etat ce que l'empirique est au médecin et tous les pîtres du monde aux hommes de sciences sérieuses. Microbes, chacun selon son espèce, des différentes maladies sociales, ils portent l'infection et la gangrène partout où ils paraissent. Malheur au peuple qui ne sait s'en défendre, ni par ses coutumes ni par ses mœurs ; ils s'attachent, pullulent, et en épuisent les forces jusqu'à ce qu'il ne reste d'une nation, à laquelle aucune gloire ni aucune puissance n'ont fait défaut, qu'une masse informe en pleine décomposition.

II

LA FORCE ET LA LIBERTÉ

Les doctrines du droit de la force et du droit de la liberté sont anciennes comme la sophistique grecque. Thrasimaque définissait la justice : « ce qui est profitable au plus fort », et Euthydème revendiquait jusqu'à la liberté de prétendre le pour et le contre en toutes choses. Dans les temps modernes Hobbes reprit la théorie de Thrasimaque, et démontra que les hommes, abandonnés dans leur état naturel à la lutte de tous contre tous, n'en étaient sortis, pour se donner des institutions politiques, que par l'ascendant du plus fort. Puffendorf lui répondit et prouva qu'à l'état de nature les hommes étaient égaux, libres, frères, et que ce ne fut que par une espèce de contrat tacite que les uns se soumirent aux autres.

L'une et l'autre théorie ne méritent qu'on s'y arrête que pour leur appliquer la liberté revendiquée par Euthydème : chacune d'elles démontre le contraire de ce qu'elle entend prouver. Si le droit du plus fort est cause de la paix qui règne entre les hommes, il a fallu, pour qu'il ait pu prévaloir que le plus faible jouît de la liberté de s'y soumettre ; sans cette liberté, il continuait la lutte ; la brebis ne se soumet pas au loup. Donc si la paix règne entre les hommes, c'est à la liberté, non à la force qu'ils le doivent ! — Mais si la liberté est la source des relations pacifiques des hommes, cette liberté consiste aussi à ce que chacun puisse faire ce qui lui plaît ; or, personne ne peut faire ce qui lui plaît sans que la paix cesse aussitôt ; donc si la paix s'est établie, ce n'est pas à la liberté des plus faibles, mais à l'autorité des plus forts qu'on la doit.

Il ne faut pas que les noms de Hobbes et de Puffendorf nous en imposent davantage que ceux de Thrasimaque et d'Euthydème.

Ces sortes de raisonnements sont des fumisteries, qu'on appelle en philosophie des sophismes, mais qui aux époques de désorganisation politique acquièrent une influence d'autant plus grande que la dégradation intellectuelle, dont elles sont l'expression, est plus complète.

Par quel monstrueux accouplement deux expressions aussi disparates que celles de force et de droit se trouvent-elles si intimement liées que l'une ne forme qu'un attribut de l'autre, le droit de la force ? et, par quelle union étrange, la liberté, qui est le pouvoir de faire une chose ou une autre, se trouve-t-elle, par son alliance avec le droit, n'être plus que le pouvoir de faire telle chose et non telle autre ? Il n'est point de questions qui aient soulevé plus de sang et de boue dans l'histoire.

Par elle-même, toute force détruit : les forces naturelles, l'état des choses qui leur est contraire ; les forces humaines, les habitudes, les volontés, les intérêts qui leur sont opposés. Et toute force, fût-ce celle de la pesanteur ou celle du chef d'une armée d'un million d'hommes, s'épuise en raison directe de la quantité de force déployée. C'est le propre des forces, la loi de leur équilibre. Dans la nature, elles sont fatales, inconscientes ; dans l'humanité, brutales, aveugles ; c'est la pierre qui tombe, l'épée qui s'abat ; elles n'ont rien de commun avec le droit. Celui-ci, qui est l'effet d'une entente commune, devenue habituelle, coutumière, se fortifie et s'accroît sans interruption avec cette entente, tandis que la force s'épuise et disparaît à mesure qu'elle agit. Il est de l'essence du droit d'édifier, il est de l'essence de la force de détruire. Aussi la force prime-t-elle si peu le droit, que c'est le droit qui, renaissant sans cesse de lui-même, triomphe toujours de la fôrce. Il n'y a qu'opposition, point d'union, entre eux.

Et cependant les hommes reconnaissent et proclament le droit de légitime défense, le droit de la guerre, les droits de la sécurité publique et de la sécurité privée, et l'exercice de chacun de ces droits implique l'action de la force. Ils revendiquent en outre les droits de coutumes ou de traditions séculaires, aussi bien que les droits innombrables de lois formelles ; et, au nom de tous ces droits, non seulement ils se sont abandonnés à toutes les violences, mais ils ont encore fait du triomphe de leur force la sanction de leurs droits.

Tel attaque un autre qui se défend : peu importe qu'ils soient des particuliers, des partis politiques ou sociaux, des gouvernements, des Etats, jamais les hommes n'ont fait, même dans leurs luttes les plus acharnées, un droit de leurs actes de violence. Ils ont toujours recherché leur droit dans les motifs qui les portaient à ces violences.

Ce n'est point le coup de poignard qui est un droit ; chacun le donnerait quand et comment il lui plairait ; mais c'est le motif pour lequel il a été donné qui peut être ou avoir été un droit. Malgré l'absurde alliance de mots qu'on fait en parlant d'un droit de la force, et malgré tous les sophismes qu'on peut commettre par leur confusion, les hommes ont instinctivement et toujours distingué la force du droit. Il n'y a point de droit de la force.

Existe-t-il des droits qui autorisent à recourir à la force ?

Le sauvage tue pour une vétille : une pierre brillante, le fruit d'un arbre : les peuples civilisés tuent pour la conquête d'une province, l'acquisition d'une colonie ; effets divers de développement et de civilisation. Quand le sauvage est parvenu à s'entendre suffisamment avec son semblable pour cultiver de concert avec lui le fruit ou pour en acquérir paisiblement la pierre brillante, il ne le tue plus. Lorsqu'un État parvient à convaincre un autre que la province ou la colonie qu'il ambitionne ne valent pas les avantages qu'il offre en retour et que celui-ci accepte, toute raison de guerre disparaît. Avec les progrès de l'entente entre les hommes leur civilisation s'accroît et les motifs de recourir à la force disparaissent. Si nul n'attentait à la vie de son semblable, il n'y aurait point de droit de légitime défense ; si personne ne menaçait les institutions existantes il n'y aurait point de droit de salut public. Ce n'est que faute d'entente que les hommes invoquent des motifs dont ils font des droits autorisant l'emploi de leur force.

Ces motifs, à leur tour ne sont pas plus des droits que la force.

Partout et toujours, lorsque les hommes rencontrent des difficultés dont ils sont incapables de triompher par une entente meilleure, ils ont recours à la force pour les vaincre; c'est une nécessité de leur nature. Ils font sauter le rocher qui entrave leur route; ils massacrent leurs semblables qui les empêchent d'avancer, s'entrégorgeant aussi aisément pour la satisfaction de leurs besoins les plus élémentaires que pour la domination sur les continents ou les mers, pour l'interprétation de la vérité divine que pour l'équilibre individuel ou l'équilibre international. S'ils s'entendaient pour triompher des obstacles physiques, intellectuels et moraux qui s'opposent à la réalisation de leurs besoins, ambitions ou rêves, ils donneraient naissance à des droits et à des obligations réciproques réels, oubliant les motifs imaginaires qu'ils allèguent comme étant des droits.

Je me suis trouvé, tel ou tels autres se sont trouvés dans la nécessité de recourir à la force, donc c'était un droit ! Confusion du droit, non plus avec la force mais avec la nécessité. C'est par elle que s'expliquent à la fois et tous les jugements contradictoires que nous portons sur nos droits et toutes les violences auxquelles nous avons recours à leur sujet. Faute d'une entente sur le sens et la portée des mots, on se figure que la force est un droit, et faute d'une entente sur nos droits et nos obligations véritables on se fait soi-même juge de ses propres droits.

C'est une nécessité pour l'homme qu'il pense avec les idées qu'il a, qu'il sente avec les affections qu'il éprouve ; de même, c'est une nécessité de sa vie qu'il la protège quand elle est en danger, comme c'est encore une nécessité pour les Etats qu'ils maintiennent la sécurité intérieure et extérieure, car sans elle ils ne subsisteraient point. L'usage des idées pour penser, des affections pour sentir, l'emploi des membres pour se défendre, ainsi que l'action de l'Etat pour se conserver ne sont cependant pas plus des droits par eux-mêmes que la terre, où l'homme habite, que l'Océan, où il navigue, mais ce sont, tout comme la terre et l'Océan, des phénomènes de la nature même des choses.

Si les simples faits de penser, de sentir, de vivre, d'habiter, de naviguer, si nécessaires qu'ils soient, constituaient des droits il n'y aurait ni limite, ni bornes dans nos revendications. L'Océan est à moi, la terre m'appartient ; ma pensée est la seule vraie, mon sentiment le seul juste, et ma vie la mesure de celle des autres ! Les nécessités de notre nature constituent si peu des droits que les hommes se sont efforcés dans tous les temps de les régler. De la nécessité d'agir selon les idées qu'on a et les affections qu'on éprouve ils ont fait des usages, des coutumes et des lois innombrables ordonnant la vie sociale et politique, tout comme ils réglèrent l'habitation du sol et la navigation de l'Océan par la réciprocité de droits et d'obligations réels. De la nécessité de défendre aussi bien leur existence propre que celle de la communauté dans laquelle ils vivaient ils firent de même encore des usages, des coutumes et des lois créant des institutions de toute espèce, garantissant à la fois la sécurité privée et la sécurité publique. Enfin de la nécessité de rendre cette garantie efficace et de faire respecter ces usages, ces lois, ces institutions, il est résulté qu'ils étaient forcés de recourir à la force ; mais cette nécessité encore ils la réglèrent si bien par les coutumes et les lois, des procédures minutieuses et des précautions sans nombre qu'on arriva à appeler l'emploi de la force, dans des circonstances si bien déterminées, un droit, et son exécution justice, en même temps que sanction du droit.

La vraie sanction, la vraie justice sont ailleurs, aussi bien pour les juges que pour les coupables. Mais le recours à la force, sous quelque forme et au nom de quelque nécessité que ce soit, est la fin de tout droit : une hache s'est abattue, une corde s'est tendue sur une existence humaine. Cela échappe à tout droit.

En somme les hommes ne reconnaissent aucun droit de la force; mais ils s'en servent en raison des motifs qui les y portent. Quant à ces motifs, qu'ils ordonnèrent de toutes façons en les transformant en droits et obligations réciproques, ils les ramènent toujours à la nécessité de recourir à la force en chaque circonstance où les réciprocités de leurs droits et obligations, leur commune entente, s'arrête. Ainsi ils sont arrivés à confondre le droit avec la force, et la nécessité avec le droit, sans que jamais l'un ne soit l'autre, et à se combattre sans merci alors qu'ils ne s'entendent pas même sur le sens des expressions et la portée des mots.

Il en est en tout point de même de la liberté.

Nous ne pouvons nous arrêter ici à donner une définition exacte de la liberté : elle appartient à la science de la morale : mais quelle que soit celle qu'on adopte, la liberté est, de toute façon, le pouvoir de faire ce qui nous plaît. Même ceux qui nient que l'homme soit un être libre déclarent, lorsqu'on les empêche d'agir comme ils l'entendent, qu'ils ne sont pas libres : ce sont des oiseaux en cage, des chiens en laisse. Il n'y a qu'une différence entre eux et ces oiseaux et ces chiens. c'est qu'ils enferment l'oiseau et enchaînent le chien ou leur rendent la liberté, tout comme ils entravent ou tolèrent la liberté de leur semblable selon qu'il leur plaît.

Comme telle la liberté, ainsi que la force, est une faculté inhérente à la nature de l'homme, une nécessité de sa constitution intellectuelle et morale; sans liberté il ne serait qu'un simple animal vertébré, et sans sa force, sans ses muscles et ses os, un simple mollusque. Dire donc que l'homme possède le droit de la liberté c'est comme si l'on disait qu'il a le droit d'être os et muscles, ou que le triangle a le droit d'avoir trois côtés; la confusion de mots et d'idées est en tout semblable à celle que nous commettons quand nous parlons d'un droit de la force.

De plus, la liberté étant, ainsi que la force, une faculté de l'homme, ce n'est point dans l'action de cette liberté même que l'homme a jamais cherché un droit; il n'aurait inventé ni les caprices ni les fantaisies ; mais, ainsi que pour la force encore, il a attribué le droit à certains motifs qui le déterminaient à agir d'une certaine façon à l'égard d'autrui. Un caprice, une fantaisie ne constituent pas plus des droits qu'une balle de revolver lancée au hasard. Sous cette forme la liberté aussi bien que la force sont la négation même de tout droit.

Enfin, de la même manière que l'homme recourt à la force pour vaincre les obstacles dont il est incapable de triompher autrement, il use de sa liberté en tendant toujours à agir de la façon qui lui plaît ; et pour les mêmes raisons que les hommes ont réglé l'emploi de leurs forces dans leurs rapports les uns avec les autres, ils ont ordonné aussi l'usage de leur liberté, parce que c'est une faculté dont ils peuvent de même user et abuser, et ils en ont fait, non pas un droit, mais, comme de l'emploi de la force, des droits et obligations réciproques déterminés. Ils en ont fait, non pas la liberté, ils n'avaient pas à la faire, mais des libertés.

Nous pouvons voter pour qui nous plaît, écrire ce que bon nous semble, nous réunir, pour n'importe quel objet, avec qui nous convient : à la condition que nous votions en tel endroit et en observant telles formalités, que nous n'écrivions pas pour exciter les autres à la débauche ou à la révolte, que nous ne nous réunissions point sur la voie publique et que nous ne complotions contre la sécurité de personne. Nos libertés, si grandes qu'elles soient, sont sujettes, ainsi que l'emploi toujours de la force, à des restrictions sans nombre ; elles ne représentent des droits qu'en entraînant, comme tout droit imaginable, un rapport d'obligations réciproques.

De là l'expression en apparence si juste : la liberté consiste, non pas dans le déchaînement des passions et des ambitions d'un chacun, ce serait l'anarchie, mais dans le respect des lois. Sous cette forme, en effet, le droit absolu de la liberté disparaît, et il n'existe plus que des libertés relatives dont les lois permettent et fixent l'usage. On votera de telle manière et en tel endroit ! on écrira de telle façon et dans telles et telles conditions ! on se réunira en tels endroits et pour tels objets !

Tout cela est fort bien; mais si les droits et les obligations de notre liberté sont ainsi fixés par les lois, celles-ci ne sauraient empêcher que chacun ne jouisse de sa liberté propre, qui n'est pas un droit, mais la faculté de penser et d'agir comme il l'entend. Les uns trouveront que ces libertés sont insuffisantes, les autres qu'elles constituent un danger public; les premiers qu'elles sont un obstacle à leur initiation personnelle, les seconds qu'elles facilitent ou déchaînent les plus mauvais instincts, et tous chercheront par tous les moyens, soit à les modifier, soit à s'en débarrasser. Ainsi la liberté qu'on définit le respect des lois conduit, non pas à la négation du droit puisqu'elle l'affirme, mais à la négation de la liberté parce qu'on la soumet au droit.

Quoiqu'on fasse, qu'on proclame la liberté un droit, ou qu'on la définisse le respect du droit, rien ne sert; elle reparaît toujours dans toute sa puissance et fera effort, selon sa nature, à agir de la façon qui lui plaît.

Argumentons, raisonnons, argutions, faisons appel à la force, à la raison, au progrès et à la civilisation, du moment que nous faisons de la liberté un droit nous en autorisons les excès, et si nous ne le faisons point, elle les commet quand même parce qu'elle est la liberté.

Il en est quelque peu des libertés comme des fontaines lumineuses; nous en admirons les nuances brillantes sans remarquer que ce n'est qu'en l'absence de la grande lumière, dans la nuit, que nous les voyons.

Rien ne peut régir la liberté, si ce n'est elle-même. C'est un non-sens aussi grand de vouloir la régler par des devoirs ou des droits que d'en contester l'existence.

On a dit de l'homme qu'il était la plus méchante des bêtes. Le chat, en effet, joue avec la souris avant de la tuer, mais le sauvage écorche vivant le vaincu avant de le rôtir pour le manger; le serpent broie et avale membre à membre sa proie, des hommes brûlent la leur à petit feu et l'enduisent de poix pour la voir flamber; poussés par la faim, les loups s'entre-dévorent, mais nul loup ne réduit, comme l'homme, son semblable en esclavage, et aussi sanguinaires et cruels que soient les fauves jamais aucun d'eux n'a fait des souffrances de ses victimes un délassement, des hommes arrivés à l'apogée d'une civilisation brillante en ont fait tout ensemble des fêtes et un moyen de gouvernement.

L'homme est à la fois liberté et force, et si les deux sont contraires l'une à l'autre, elles sont aussi solidaires l'une de l'autre, tout comme le clair et l'obscur des fontaines lumineuses sont des contraires et en même temps la lumière.

L'homme en naissant ne connaît ni la liberté ni la force dont il usera; mais il s'initiera aux habitudes, aux coutumes, aux institutions de la société dans laquelle il apprendra à se servir de l'une et de l'autre; et ses moyens d'action autant pour la liberté que pour la force, croîtront à mesure que ces habitudes, ces coutumes, ces institutions se sont développées, ainsi l'homme arrive à faire de ses instincts les plus primitifs ou des vertus ou des vices auxquels aucun animal ne saurait atteindre. Et toujours, au degré le plus bas, comme au degré le plus élevé de l'échelle de sa civilisation, il se servira de sa liberté et de sa force pour le mieux ou pour le pire. Les excès de la liberté le porteront aux excès de la force, et les excès de la force aux excès de la liberté. Rome parvenue à la domination du monde, ne connut plus d'autre source d'émotion que les tortures de ses vaincus et esclaves. Un autre peuple, arrivé également comme les Romains, à l'apogée de sa civilisation, proclama par contre la liberté, l'égalité et la fraternité universelles; mais la liberté intellectuelle et morale n'était pas assez grande pour observer ces admirables principes et l'on recourut à la terreur, aux noyades, à la guillotine, à la guerre pour les imposer. Proclamer le droit inaliénable de la liberté sans que personne eût l'habitude des obligations dont dépendait l'exercice de ce droit, c'était ordonner aux paralytiques de marcher; décréter l'égalité imprescriptible sans que nul se pensât ou se sentît l'égal de son voisin, c'était prescrire aux montagnes d'être des plaines; commander la fraternité universelle alors qu'on n'éprouvait que des méfiances et des craintes mutuelles, c'était vouloir que les rivières remontent leur cours. Les excès des libertés qu'on avait proclamées conduisirent dans une proportion rigoureuse à des excès de la force.

Prenons un exemple plus matériel et au plus près possible, la tour Eiffel. Elle fut une bien grande chose pour une bien petite chose, et une fort bonne affaire pour une fort sotte affaire. Lorsqu'on la projeta les esprits furent divisés ; les uns n'en voulaient point parce que ce n'était point un chef-d'œuvre d'art, les autres l'admiraient d'avance comme un chef-d'œuvre de construction. Si on avait eu la liberté et les forces nécessaires pour élever un dôme du Panthéon de Rome ou une flèche de Chartres, qui furent en même temps des chefs-d'œuvre d'art et des chefs-d'œuvre de construction, tout le monde eût été d'accord et le gouvernement n'aurait pas eu besoin d'imposer la volonté du plus fort. Cet exemple, si haut que nous l'avons pris, est terre à terre, c'est l'histoire de toutes les libertés et forces humaines.

C'est une naïveté des moralistes et une illusion des politiques que de s'imaginer que la liberté et la force puissent créer de rien quelque chose.

Ecrivez les théories les plus belles sur le devoir, le droit, la liberté, si les hommes ne possèdent point le développement intellectuel et moral nécessaire pour les suivre, c'est comme si vous écriviez vos rêves. Promulguez les lois les plus admirables, si les mœurs s'opposent à leur exécution vous ne sèmerez que dissension et ne récolterez que désordre. Ayez la puissance du Tsar et que chacun de vos caprices soit une force, vous ne créerez pas plus une liberté nouvelle que par la terreur d'une bande de nihilistes. Pour qu'une force humaine s'impose, pour qu'une liberté agisse, il faut que les moyens et ressources de ceux appelés à les pratiquer y répondent exactement, sinon de force en force, de liberté en liberté les oppositions naissent, la lutte s'accentue, et les uns dans leurs rancunes et leurs vengeances, descendront au-dessous des bêtes, tandis que les autres s'élèveront aux sacrifices les plus sublimes, chacun selon l'usage qu'il fera de sa liberté et de sa force, mais sans entente commune, sans cohésion ni lien. Les libertés qui ne sont pas taillées dans les coutumes et les usages des peuples ne sont que des mérites ou des démérites personnels; elles ne constituent point des droits, et, au point de vue de la politique des Etats, ne sont qu'illusion et faiblesse.

On parle bien d'une expérience de la force, d'une expérience de la liberté apprenant aux hommes à s'en servir de mieux en mieux. Chassés pendant deux ans de leurs cités, les Athéniens revinrent et inaugurèrent l'époque la plus brillante de leur histoire. Devenus peuple souverain, maîtres de la Grèce, ils commirent fautes sur fautes et avancèrent vers une chute rapide. L'expérience de la force ne leur enseigna pas plus à rester les maîtres de la Grèce, que l'expérience de la liberté ne leur apprit à la conserver. Mais chassés par les Perses ils coordonnèrent de plus en plus leur liberté d'action et triomphèrent par l'union de leurs forces, tandis que peuple souvérain, chacun s'abandonna à ces forces propres et une à une leurs libertés disparurent. La liberté et la force si contraires qu'elles soient, sont solidaires l'une de l'autre.

Toutes les définitions ont été données de l'homme depuis le poulet sans plumes et sans poils de Diogène jusqu'à l'homme monade de Leibnitz ; Aristote en fait un animal politique. L'homme est avant tout un être perfectible par l'entente avec ses semblables. Lorsque le Christ nous dit : aimez-vous les uns les autres, il nous révéla le secret de toutes les libertés et de toutes les forces de l'humanité.

Deux hommes qui ne s'entendent que pour chasser un chevreuil en commun et pour fabriquer, l'un l'arc, l'autre la flèche, possèdent certainement moins de moyens de s'accorder entre eux que deux autres qui par l'identité de leur éducation et de leurs études arrivent à prendre la résolution de faire de concert une découverte nouvelle dans les sciences. Chez les premiers un rien troublera l'accord, chez les seconds il faudra en quelque sorte que tout l'état social se transforme pour qu'ils cessent de s'entendre. Il en est de même de toutes nos aptitudes. Elles augmentent forcément avec les moyens de coordination que les hommes créent et se transmettent entre eux.

En apparence les deux hommes qui ne savent que poursuivre ensemble un chevreuil et échanger un arc et une flèche semblent plus libres, parce que moins de liens les unissent, que les deux autres dont des traditions et institutions séculaires cimentent l'union. Ce n'est qu'une apparence fondée sur le double sens du mot de liberté, que nous considérons tantôt en elle-même, comme faculté, tantôt dans ses effets, comme action. En réalité les uns sont aussi libres que les autres, chacun pouvant agir à chaque instant pour le mieux ou pour le pire; c'est le premier sens. Le second se rapporte, non plus à la liberté en soi, mais à la liberté d'action que les hommes sont parvenus à se permettre et à se reconnaître réciproquement. Il en résulte que moins il y a de liens entre les hommes plus ils restent confinés dans leur impuissance individuelle, plus, au contraire, il en existe, plus leur liberté d'initiative aussi bien que leurs forces augmentent. Une peuplade de sauvages, exposée à toutes les intempéries, en proie à la faim et à la soif, sujette à des terreurs continuelles, ne vit en quelque sorte qu'au gré de la nature, tandis que les hommes civilisés dominent et dirigent toutes les forces de cette nature et la traitent au gré de leurs caprices. La liberté première est la même; mais quelle différence entre la liberté d'action? Transportez un sauvage dans la société moderne; il en trouvera les formes et les conventions insupportables; qu'il y vive un peu de temps, elles lui paraîtront fort naturelles, ne gênant en rien sa liberté. Quel art consommé ne faut-il pas au contraire à l'homme civilisé voyageant parmi les sauvages? la moindre maladresse lui coûte la vie, et ce n'est qu'à force de privations et de souffrances qu'il peut redevenir sauvage comme eux.

Stanley dans son voyage sur le continent noir nous parle d'une tribu de nègres-nains. Ils vivent entre eux dans la plus grande paix, aucun ne gêne l'autre et ils s'unissent et se reproduisent depuis des siècles sans discussions ni disputes. Avoir des besoins faciles à satisfaire, point de passions ni d'aspirations vives, et une personnalité peu encombrante serait en ce cas l'idéal de la liberté. A ces conditions, l'humanité vivrait comme dans du velours ; mais ce ne serait point en liberté. Les nains-nègres de Stanley partagent le sort de toutes les races déchues. Leurs instincts, leurs système nerveux, leurs passions loin de se fortifier faiblissent, leur taille au lieu de grandir diminue, et, loin de croître en nombre, ils disparaissent insensiblement, succombant dans leur lutte contre la force des choses. Qu'il plaise à quelques Arabes, armés de Remington, de mettre fin à leur race, ils disparaîtront en quelques jours.

Une liberté qui ne tend pas à augmenter les moyens d'action individuels et sociaux des hommes, fait déchoir leur race et en compromet l'existence. Il ne faut pas, même au point de vue de la morale, s'enthousiasmer devant chaque abnégation qui facilite l'accord entre les hommes, et jeter l'anathème à toutes les passions qui l'empêchent. L'homme est à la fois force et liberté et il ne grandit dans l'une et dans l'autre que par son entente avec son semblable. C'est dans son ensemble qu'il faut le considérer, car il agit d'une pièce. Les idées incomplètes à cet égard sont à la fois le témoignage d'un manque de force et d'un défaut de liberté.

Il en est des aptitudes humaines comme des forces naturelles. Nous connaissons la chaleur, la pesanteur, la lumière, l'électricité, nous nous en servons comme nous usons de nos facultés, et à mesure que nous apprenons à mieux connaître les unes et les autres nous parvenons aussi à mieux nous en servir, notre liberté d'action et nos forces grandissent.

Il est étrange cependant que, dans leur lutte avec la nature et dans le besoin d'en connaître les forces, les hommes soient arrivés jusqu'à formuler la loi la plus générale qui régit ces dernières : *elles agissent en raison directe des masses et en raison inverse du carré des distances ;* tandis qu'ils sont restés dans une ignorance à peu près complète de l'action la plus profonde de leurs plus grandes facultés. Ils ont fait des lois infinies ordonnant leurs droits, réglant leurs obligations, qu'ils conçoivent aussi nettement que la chaleur et la lumière, et ils les ont appelés progrès, liberté, civilisation, alors qu'ils comprenaient aussi peu en quoi ces lois consistaient que la loi générale à laquelle elles étaient sujettes : *la liberté et les forces réelles des hommes, leurs progrès, leurs civilisations sont en raison directe de l'entente qui existe entre eux et en raison inverse des moyens brutaux auxquels ils ont recours pour l'établir*. Il en est des accords de l'humanité comme des harmonies de la nature.

Depuis l'époque la plus reculée de la faune terrestre, les instincts des animaux n'ont point varié : l'hirondelle construit le même nid, l'abeille la même ruche : quels changements l'homme n'a-t-il point subi depuis l'habitant des cavernes de la Somme jusqu'aux gardiens des musées du Louvre ? L'organisme des animaux n'est que forme, mais les instincts en sont les forces motrices ; de même, l'organisme de l'homme n'est que forme, mais ses instincts ne sont que moyens, sa force motrice est son intelligence. Il compare, juge et décide, et ses instincts, ses affections, sa liberté et ses forces grandissent à mesure que, par ses comparaisons, ses jugements et ses décisions, ses instincts et ses affections, sa liberté et ses forces se coordonnent entre eux et avec ceux de ses semblables.

Concentré en lui-même ses instincts restent, tout comme chez l'animal, l'objet de ses comparaisons, son organisme le sujet de ses jugements et l'obéissance à leur impulsion le but de ses décisions. L'animal fait homme est plus que le principe de son impuissance, il est la source de toutes ses dégradations.

En revanche, par l'entente avec ses semblable, à commencer par le langage qu'il crée, jusqu'aux habitudes de communauté d'effort et de travail qu'il acquiert, son organisme et ses instincts cessent d'être l'unique objet, le sujet et le but de son intelligence. Ses comparaisons, ses jugements, ses décisions se rapportent de la même manière à son semblable, son intelligence se développe et ses aptitudes grandissent.

Ce n'est qu'un côté de ses progrès. Ayant fondé la famille, il initie ses enfants à l'entente qu'il a su acquérir avec son semblable; et les enfants, comparant, jugeant, décidant à leur tour, deviennent hommes et accroissent l'entente commune, pour la transmettre aux générations suivantes. Les habitudes deviennent coutumes, les coutumes se transforment en institutions et lois.

L'entente entre les hommes s'étend non seulement de voisin à voisin, mais encore de génération à génération : l'une léguant à l'autre les progrès accomplis, les Etats se fondent et la civilisation surgit. Des coutumes contraires à une entente plus forte sont oubliées, d'autres se forment, des lois insuffisantes pour fixer les droits et les devoirs réciproques sont remplacées, des institutions trop étroites sont étendues de la même manière que la caverne devient palais et le silex statue.

Mais toujours les hommes retombent, s'ils ne grandissent par leur entente commune, dans leurs tristes et infimes personnalités : leurs oppositions, loin de disparaître, s'accusent, leurs violences mutuelles s'accroissent, et de la même façon que, dès l'origine de leur civilisation, ils ont rejeté hors de la communauté quiconque en troublait l'ordre, ils finissent eux-mêmes par troubler cette même communauté, chacun n'agissant que pour lui; c'est, non plus la dégradation personnelle, mais la dégradation sociale et la chute de la civilisation.

Que n'a-t-on écrit sur l'histoire des peuples et de l'humanité? Le tout est dans cette unique manifestation de l'homme: il compare, juge et décide; plus on conçoit l'homme dans sa simplicité, plus il apparaît dans sa grandeur.

Ces considérations appliquées à la question de la liberté et de la force comme étant des droits en donne la solution dernière. Tout droit, qu'il soit accouplé au mot de force ou à celui de liberté, qui n'est pas le résultat d'une entente commune devenue habituelle, est à la fois un abus de la force et un abus de la liberté, quel que soit le motif qu'on allègue pour le revendiquer : raison, humanité, salut public, sécurité privée, parce qu'en l'absence d'une entente commune, il ne dépend que de la volonté de celui qui le revendique ; et il est un abus de la force parce que ce n'est que par elle, à défaut de cette même entente, qu'il peut être imposé. De la sorte, les hommes, après avoir lutté des milliers d'années contre la nature pour satisfaire leurs besoins, après s'être élevés jusqu'à la civilisation, continuent la lutte entre eux pour satisfaire leurs volontés et leurs ambitions contraires.

Considérons la question dans sa portée et son actualité entières.

Chez une nation voisine, un chancelier illustre est d'avis que « la force prime le droit » ; son général, le plus fameux, écrit que « la guerre est le progrès » ; et la politique extérieure et intérieure du peuple entier reflète ces sombres tendances. Au dehors, « c'est par des alliances pour la guerre que son gouvernement prétend maintenir la paix ; « c'est le fusil d'une main et la Bible de l'autre qu'il faut conquérir l'Afrique », et par les canons et les blocus abolir l'esclavage. Au dedans, « c'est par le combat international contre la société actuelle » que les ouvriers réclament leurs droits ; et « c'est par leurs syndicats puissants, ramenant les ouvriers à l'état de serfs (Knechte) » que ses magnats du commerce et de l'industrie prétendent sauver cette société. Rien de tout cela, certes, ne ressemble à de l'entente et à de la civilisation.

Nous opposons à la nation voisine : une Exposition brillante entre toutes où nos richesses et nos arts se sont révélés dans leur splendeur, des libertés politiques sans exemple, en même temps que la tranquillité et la paix intérieure ; des établissements de charité et d'assistance qui font l'admiration du monde ; des fêtes publiques qu'aucun peuple ne saurait imiter, et une activité dans les lettres et les arts qu'aucun d'eux ne saurait atteindre. Tout paraît entente, tout semble progrès.

D'un côté comme de l'autre, ce ne sont que des apparences.

Ainsi que chez la nation voisine et comme dans chaque tribu de sauvage, chez nous tous les hommes valides sont, pas précisément guerriers, mais soldats ; chaque jour nous inventons des armes plus savantes et des engins plus meurtriers, et, il suffirait que nous retrouvions les états-majors de la première République pour que nous pensions et que nous agissions comme les chanceliers et les généraux de nos voisins, même sans alliance de paix pour la guerre. Simultanément, comme chez eux, la statistique de la folie et des crimes augmente, et,comme chez eux encore, si nos ouvriers observaient plus de discipline,leur lutte contre la société serait non moins menaçante.

N'abusons donc ni les uns ni les autres de ces grands mots de liberté, de progrès, de civilisation, quand nous paraissons en vérité ne pas savoir en quoi ils consistent.

La liberté, la force, le progrès, la civilisation sont en raison directe de l'entente qui règne entre les hommes et en raison inverse des moyens brutaux qu'ils emploient pour l'établir!

III

LA SCIENCE ET L'ART DE LA POLITIQUE

Il est une science et un art de la politique, comme il est une science et un art de la guerre, une science et un art de la médecine. En toute chose humaine il est un savoir faire, qui est l'art, et une somme de connaissances acquises qui est la science.

L'une n'est point l'autre. Dans les arts proprement dits il est une partie, le talent de l'artiste, son savoir faire, qui ne s'apprend pas, et une autre, l'expérience des mesures, des proportions, des matières mises en œuvre, qui est sa science et qui s'enseigne. De même, en chaque science il est une partie qu'on apprend : les connaissances dont la science se compose, et une autre qu'on n'enseigne pas : l'art, le savoir faire du savant qui coordonne ses connaissances de manière à en faire jaillir une invention, une découverte. Ainsi il y a dans la politique une science qu'on enseigne et qu'on apprend et un art qui ne s'enseigne et ne s'apprend point.

Il en dérive qu'en politique, comme dans les arts, on peut être un grand artiste tout en n'ayant que des connaissances médiocres, ou, comme dans les sciences, être un administrateur, un légiste éminent, sans être capable d'un acte vraiment politique. Une fille d'auberge, Catherine II, possède l'étoffe d'un homme d'État de premier ordre, et des ministres, renommés pour la science qu'ils ont des institutions de leur pays, ne font que des sottises. Enfin, en politique, ainsi que dans les arts et les sciences, les formes sont infinies. Toutes les écoles s'y rencontrent, matérialistes, idéalistes, réalistes, romantiques, classiques; tous les genres s'y trouvent : la politique de gouvernement qui est le grand art, la politique de clocher qui est le petit; la politique de cabaret ou de salon qui est l'art de chic; la politique extérieure qui est le paysage et la politique intérieure qui est l'Académie; de la loyauté de St-Louis aux perfidies de Louis XI et aux naïvetés de Napoléon III il y a de la marche. L'objet de la politique est immense : le maniement des peuples; ses moyens, innombrables : de la nomination d'un garde-champêtre à la direction des armées; et ses résultats sont la misère et la ruine des États ou leur puissance et leur prospérité. Elle est de tous les arts le plus important et de toutes les sciences la plus difficile.

Nos impôts élevés, notre dette énorme, notre rôle à l'étranger si déprimé en même temps que la paix extérieure qui ne tient qu'à un hasard, notre instruction publique compromise, nos chambres incapables, enfin le suffrage universel, non moins puissant dans son ensemble que débile en son détail, tout cela porte les uns à rêver un sauveur qui puisse nous tirer de là. Les autres le redoutent, car pour pouvoir mettre la main à l'œuvre il devrait exercer une domination telle que nos libertés, si chèrement achetées, et nos institutions, que nous avons conquises à travers tant de luttes, seraient perdues, et que sa domination elle-même ne deviendrait qu'une source de troubles nouveaux. Les premiers, en effet, lui témoigneraient une telle platitude et les seconds une méfiance si grande, qu'en cherchant des hommes pour l'aider dans la prétendue regénération du pays, ses efforts n'aboutiraient qu'à un avortement certain.

Il y a des états sociaux et politiques tels que c'est autant de la faiblesse de rêver un sauveur que de n'en vouloir point, et où les craintes et les espérances sont également chimériques, car ce sauveur n'existe point. Diogène, de son temps, prit une lanterne pour chercher un homme, nous allumerions une lampe Jablokoff que nous n'en découvririons point.

Si nos mœurs avaient un fond moral solide, si nos institutions étaient ancrées dans nos coutumes, nul ne chercherait un sauveur, chacun le serait par lui-même ; et nul ne le redouterait, car le prétendu sauveur se conformeraient forcément à ces mœurs et à ces institutions, sinon il ne gouvernerait point. Mais, précisément, parce que nos mœurs n'ont pas ce fonds ni nos institutions cette stabilité les uns espèrent pour la même raison que les autres craignent. De la sorte depuis un siècle les coups d'état et les révolutions se sont succédées, jetant bas et élevant les hommes et les gouvernements comme les enfants abattent et relèvent des capucins de cartes : jusqu'à ce que, la situation devenant de plus en plus difficile et les évènements s'aggravant sans interruption, nos rapports sociaux et politiques se sont tendus à un degré tel que ces illusions et ces terreurs se transformèrent en une véritable aberration mentale à laquelle l'histoire conservera peut-être à jamais le nom « de la boulange ».

Les nations étrangères se rient de notre art et science politiques et de leurs coulisses. Elles sont non moins malades : un cheval noir ou un uniforme rouge, une république de vingt ans, un royaume, un empire du même âge, sans mœurs solides, sans coutumes profondes, tout cela vit des mêmes illusions.

A l'époque où Diogène alluma sa lanterne pour chercher un homme, Alcibiade coupa la queue de son chien. Athènes eut sa boulange. Le disciple de Socrate, ce qui prouve que tout le monde peut s'y tromper, fut exilé, rappelé, réexilé, rien ne sauva la cité de Minerve. Les oppositions et les haines des partis s'accrurent jusqu'à ce que, après s'être vainement soumis à Alexandre, on appela les Romains, dont on redoutait la domination, moins que la tyrannie de ses concitoyens.

Tous les peuples, devenus incapables de produire des Thémistocle, des Richélieu ou des Cromwell, s'épuisent dans leurs luttes intestines et finalement succombent sous l'étranger. C'est une affaire d'assolement : la terre ne portant plus de blé, la mauvaise herbe y pousse jusqu'à ce qu'on y sème du trèfle.

Nous sommes, fort heureusement, loin d'en être là. Y arriverons-nous ? c'est une question de science et d'art politiques. Si chacun se conduisait de manière à ce que nous n'ayons ni à souhaiter ni à redouter un sauveur, nous serions certainement sauvés. Malheureusement l'art et la science de la politique présentent aujourd'hui des difficultés telles qu'on est en droit de se demander si ce n'est point déjà une illusion trop tardive que de vouloir seulement les définir.

Depuis deux mille ans que nous avons une histoire nous comptons un roi qui eut à la fois une connaissance aussi parfaite de la France, qu'il eut un art merveilleux pour la diriger ; ce fut Henri IV. Nous trouverions aujourd'hui plus facilement un merle blanc dans nos forêts qu'un nouveau Béarnais. Les circonstances ont changé. Quand les institutions sont rivées aux coutumes, les mœurs fortes et que chaque classe sociale a son caractère tranché, non seulement on ne rêve et on ne redoute point de sauveur, mais la politique est infiniment plus aisée, parce que la connaissance de la nation est plus facile par ses traits fermes, en même temps que le tact de la diriger est devenu, ainsi que les mœurs et coutumes, comme de tradition. Lorsque toutes les classes au contraire se confondent, que les institutions ne sont que des formules écrites, en dehors des mœurs qui en disposent et que ces dernières changent avec la roue de la fortune qui tourne, il semble impossible qu'un homme d'État, si vaste que soit son génie, puisse en acquérir la science. Il y a une science des flux et reflux de l'Océan, parce qu'ils sont réguliers, il n'y en a point de la mobilité des vagues.

De nos jours la politique appartient non pas à un seul ou à un petit nombre, mais, dans un pays à suffrage universel, à tout le monde. Personne ne l'apprendrait, que chacun la pratiquerait, bonne ou mauvaise, comme M. Jourdain faisait de la grammaire, sans le savoir. Elle consiste dans un vote à émettre, dans l'influence à exercer sur un voisin ; un conseiller municipal, un député, un sénateur à nommer. Aussi insignifiante qu'elle paraisse, elle est énorme; elle représente, comme la grammaire de M. Jourdain, la langue qu'on parle.

Il semble que la politique des journalistes, députés et sénateurs, fonctionnaires publics, ministres, présidents de cabinets et chefs d'État soit plus sérieuse. Elle est tellement insuffisante que non seulement en France mais également dans tous les grands États on a doublé les cours universitaires, fait de simples traditions bureaucratiques les sciences camérales et administratives, développé dans ses différentes directions la science de l'économie politique, et, suppléant même à l'enseignement universitaire, fondé des écoles spéciales des sciences politiques et des sciences sociales; enfin dans des doctrines entières, auxquelles on donna les formes les plus scientifiques possible, on consulta l'expérience des autres nations, on interpréta les auteurs, on compulsa l'histoire, tout fut mis à contribution.

A-t-on créé une science de la politique?

De Hugues Capet jusqu'à la paix de Westphalie, la France, malgré ses fautes et ses désastres, les croisades, la guerre de Cent ans, la réforme, la ligue, la fronde, n'a fait que se fortifier et grandir. Depuis, en dépit de tous ses succès et victoires elle n'a compté que des échecs politiques, à partir de la paix d'Utrech jusqu'au traité de Francfort.

Faut-il, si l'on consulte l'histoire, revenir à la politique de nos anciens rois? — Il n'existe plus de traces de nos antiques franchises et libertés locales qui furent le principal mode de gouvernement, parce qu'elles formaient la constitution du pays.

Faut-il ne s'arrêter qu'à l'étude des conditions gouvernementales vraiment modernes? — On ne le fait que trop; chacun s'y taille sa petite doctrine, qui dans la grande Révolution, qui dans le premier empire ou dans la Restauration, qui dans la monarchie de Juillet, ou dans la seconde République ou dans le deuxième empire. La politique moderne ne nous enseigne que des tentatives avortées, et la politique de nos anciens rois nous est inimitable.

Ne faut-il étudier dans le passé que les faits qui peuvent nous être actuellement utiles : nous initier à la façon dont un Colbert ou un Talleyrand ont réussi, l'un dans ses mesures administratives, l'autre dans ses négociations ? — Mais Colbert a eu à faire au commerce et à l'industrie de son époque qui ne sont pas ceux de la nôtre, et des mesures, excellentes en son temps, seraient désastreuses aujourd'hui. Quant à Talleyrand il négocia avec Alexandre Ier, Metternich, Pitt, Canning qui ne sont pas plus Alexandre III, le prince de Bismarck, lord Salisbury et M. Crispi, que les circonstances d'alors ne sont celles de nos jours. L'histoire enseignait à M. Thiers comment Talleyrand, écoutant les projets d'Alexandre Ier dans l'embrasure d'une fenêtre, frappa sur la vitre et s'écria : pauvre Europe ! pourquoi M. Thiers n'en a-t-il suivi l'exemple à Francfort et n'a-t-il démontré au prince de Bismarck que l'annexion de l'Alsace et de la Lorraine coûterait deux et trois millions d'hommes à l'Allemagne loin de lui en valoir cent mille de plus, et que la « pauvre Europe» paierait les quelques millions de francs, que rapportaient les provinces perdues, par un milliard chaque année en charges militaires et par un autre milliard en armements nouveaux ? Ce n'est pas l'histoire, c'est l'intelligence de la situation qui a fait défaut à l'un et à l'autre, et le premier, malgré sa science d'historien, le second, malgré son talent de diplomate, négocièrent comme des enfants, l'un prenant le plus, l'autre accordant le moins, sans soupçonner ce qu'ils faisaient de la pauvre Europe !

L'étude de l'histoire est nécessaire à la science de la politique, mais elle est à cette dernière ce que l'histoire de l'architecture est à l'art de l'architecte. Vitruve et Violet-le-Duc furent des connaisseurs sans pareils des grandes époques de leur art et deux architectes médiocres. Ne nous faisons donc point d'illusion : l'histoire n'apprend pas plus à devenir un homme d'Etat que la connaissance des formes d'une colonne ou d'une voûte n'enseigne à les placer au bon endroit.

Faut-il attacher plus d'importance aux sciences économiques, camérales et administratives ?

La première, à peine créée, s'est défaite : libre-échange, protectionisme, socialisme, communisme, etc., les gouvernements deviennent protectionistes, les académies restent libre-échangistes, un empereur se fait socialiste ; où est la vérité ? L'avenir nous en fera faire la cruelle expérience. En attendant, la politique se sert de l'économie politique pour satisfaire les intérêts et les ambitions du moment. Un genre de politique que nous avons oublié de mentionner : celle du jour au jour le jour, qui est à la politique véritable ce que les ombres chinoises sont à la peinture.

Les sciences camérales et administratives semblent offrir des étais plus solides. La première consiste dans la connaissance des formes et formules dont la politique se sert, la seconde, dans celle des échelons et degrés par lesquels passent ses décisions et ses ordres. Formules et formes, échelons et degrés qui ont eu leur raison d'être en leur temps, mais dont une partie est toujours surannée et dont une autre exige toujours une réforme. Soutiens pour la politique elles en sont aussi des entraves. Leur connaissance constitue une espèce de science dans le genre de la botanique qui enseigne également des formes et formules, échelons et degrés, mais révèle aussi peu les secrets de la vie des plantes que les sciences camérales et administratives ceux de la vie des Etats. Ne consistant que dans un formalisme pur elles constituent la tyrannie des bureaux; mais, par la fixité de leurs traditions, elles deviennent aussi, aux époques d'impuissance et de révolutions, l'unique garantie de la stabilité des Etats. Alors elles forment la politique elle-même, mais il ne saurait plus être question d'une science de la politique ; la Chine en est là depuis des siècles.

Ainsi, en ne demandant à la politique que ce qui distingue les arts : l'étude des mesures, des proportions et des matières mises en œuvre, tout fait défaut. Des doctrines sans nombre nous enseignent des principes et des règles contradictoires ; et, lorsque nous analysons les matériaux : l'histoire et les sciences économiques, camérales et administratives; nous aboutissons au même résultat : l'histoire devient un trompe l'œil, l'économie politique se change en ombres chinoises, et les sciences camérales et administratives en formes hiératiques du même céleste empire.

Loin d'être une science, la politique est-elle du moins un art?

Dans tous les cas elle n'est pas un art libéral. Ce n'est qu'en passant par des concours et des épreuves qu'on peut y parvenir. Programmes, visites, démarches, comités électoraux, réunions contradictoires, assemblées des électeurs, chambres et ministères, nulle part on ne passe, fut-on un Richelieu, sans concours et examen préalables. Supposons qu'on arrive et que l'on devienne président d'un gouvernement. On a l'étoffe d'un homme arrivé, a-t-on celle d'un homme d'Etat ? Là-dessus recommencent épreuves sur épreuves. On s'imagine fonder un grand ministère, et on fait école sur école ; on se figure donner l'essor aux forces du pays, les crises et les grèves surgissent ; on se glorifie de former un gouvernement selon toutes les règles et l'on va, comme de gaîté de cœur, au-devant d'une révolution ; on compte renouveler toutes les vieilles gloires et l'on revient aux anciens désastres. Les pâges de l'histoire tournent, d'autres continuent, et emplissent le tonneau des Danaïdes; ce n'est point là un art qui soutienne et porte son homme.

Et que l'on ne croie pas qu'il soit plus facile de parvenir homme d'Etat dans une monarchie que dans une république. Les réunions publiques sont remplacées par les antichambres et les fantaisies des électeurs de toute espèce par les caprices de chefs de tout genre. En outre, dans les Etats fondés sur les traditions, l'hérédité ou les privilèges décident à moins que ce ne soit une partie de billard, comme pour ce bon Chamillard, tandis que dans les Etats qui ont pour base la volonté populaire, quand ce ne sont pas les passions du moment qui délèguent la puissance, c'est un cheval noir ou la queue coupée d'un chien.

G. Heffter, professeur à l'Université de Berlin, écrivait en 1844 dans son *Droit International de l'Europe*. « De grands ca-

« ractères politiques ont été de tout temps fort rares.... Mais « de tous les Etats c'est la France qui en offre le plus grand « nombre, sous Henri IV, Sully, de Mornay, de Sillery et sur- « tout Arnould Dossat, dont l'art brillait par la franchise et « l'honnêteté, seules vertus qui eussent quelque chance de « réussir à Rome. Sous Louis XIII on voit briller le comte de « Brienne, le maréchal de Bassompière, Richelieu, le père Jo- « seph de la Tremblay, et comme organisateur le comte d'Es- « trades. Le règne de Louis XIV compte Mazarin, Servien, Col- « bert, de Torcy ; ce dernier a accompli avec un plein succès « ce travail de Sisyphe qu'on a appelé le congrès d'Utrecht. Le « règne de Louis XV est moins fécond ; ce n'est que plus tard « que le génie diplomatique de la France s'est épuisé en pro- « duisant Talleyrand de Périgord ». En rendant cet éclatant hommage au nombre de grands caractères politiques que la France compte, depuis Henri IV, le professeur de Berlin se garde de nous dire en quoi consiste un grand caractère politique. D'Arnould Dossat, dont la force fut la droiture et la loyauté, à Talleyrand qui prétendait que la parole était donnée à l'homme pour déguiser sa pensée, le caractère de tous varie ; l'un fut pompeux, l'autre modeste, celui-ci un grand seigneur aux grandes façons, celui-là un capucin aux formes humbles et insinuantes ; tantôt ils brillent par l'éclat de leur pensée, tantôt ils sont réservés ou taciturnes ; d'autrefois ils sont honnêtes hommes, excellents pères de famille, ou se signalent par leurs mœurs légères et encourent jusqu'au reproche de vénalité. Il en est comme des caractères d'artistes : de Michel-Ange à Raphaël, de Poussin à Lesueur quelles différences ! et cependant leur caractère d'artiste reste le même.

Les deux plus grands diplomates du siècle, le prince de Bénévent et le prince de Bismarck, puisque prince il y a, ont été des caractères politiques également éminents, et non moins divers par leurs défauts que par leurs qualités. L'un, dès son entrée dans la politique, lutte contre les excès du militarisme, l'autre s'en sert et lui doit tous ses succès. Celui-ci est emporté, brutal, colère, mais il charme et entraîne par ses apparences de droiture et de franchise, celui-là est fin, délicat, réservé, mais il frappe par la justesse de ses observations, la persuasion de sa parole. Le premier ne voit la grandeur de sa patrie que dans l'établissement des nouvelles institutions qu'elle s'est donnée, le second ne découvre la grandeur de la sienne que dans la victoire, et ce dernier réussit en considérant les généraux comme ses lieutenants, tandis que l'autre ne triomphe que quand son grand chef militaire se trouve abattu. Talleyrand, faible de caractère, servit tous les gouvernements et perdit sa principauté de Bénévent. Bismarck implacable dans sa volonté, désorganisa tous les partis politiques qui lui faisaient opposition et gagna le titre de duc de Lauenbourg. Mais le diplomate français rendit à Vienne, comme par enchantement, à sa patrie écrasée son rang en Europe et donna au continent entier un demi-siècle de paix, au lieu que le diplomate allemand, après avoir porté la Prusse à l'apogée de sa puissance par le traité de Francfort, l'abandonne, en quittant le pouvoir, à toutes les dissensions intérieures, rongée par le socialisme, écrasée par les charges militaires, et laisse l'Europe en face d'une guerre, la plus terrible que le monde aura jamais vue. Nous préférons Talleyrand, il est plus humain. Si, ayant perdu sa fortune, il accepta que l'étranger lui paie les services qu'il rendait à son pays, M. de Bismarck a obtenu de son roi non seulement les titres mais encore les revenus de prince, et tandis que l'ancien évêque aspirait à la libre expansion commerciale et industrielle du monde, le nouveau grand feudataire inaugura une économie politique agraire, qui souleva l'Amérique contre l'Europe et finira par une guerre de tarifs universelle, non moins désastreuse que l'autre. Tout diffère entre les deux hommes, les qualités comme les défauts, aussi bien que les moyens employés et le but qu'ils ont atteint. Ils ne se rapprochent qu'en une chose : l'instinct qu'ils ont eu au même point peut-être des grands intérêts, chacun de son pays et des rapports de ces intérêts avec ceux des autres Etats. Aucun n'eut l'étoffe d'un véritable homme d'Etat : l'un, au lieu d'abandonner les gouvernements dès qu'il en voyait les fautes, aurait dû les empêcher d'en commettre ; et l'autre, loin d'assujettir les partis à sa volonté en les désorganisant, aurait dû en asseoir et fortifier l'autorité au sein du nouvel empire qui, né à peine, est aussi divisé que les Etats vieillis dans les luttes politiques.

Concentrés dans un monde spécial qu'on appelle les affaires étrangères, les diplomates, grands et médiocres, traitent des plus vastes intérêts des États tout en ne s'adressant qu'aux quelques personnes qui les représentent, leurs ambitions sont des plus vives et leurs formes d'autant plus conciliantes, et, de leurs idées, qui sont des plus générales, ils décident par une convention, un traité, une signature. La diplomatie est en quelque sorte de la peinture à fresque : immortelle dans ses lignes sobres et fortes, chacun de ses traits porte sur la chaux vive des événements et chacune de ses erreurs est irrémédiable. L'art de l'homme d'État est plutôt de la sculpture, à chaque instant il revient sur ses pas, ajoute, retranche, retourne en tout sens son œuvre ; plus que le pinceau du diplomate, ses coups de ciseaux ont du relief parce qu'il taille dans les masses, et lorsque une œuvre est achevée il peut la recommencer pour en faire une meilleure.

Aucune expérience, aucune science ne saurait apprendre son art à l'homme d'État. Il voit et discerne en chaque fait spécial, en chaque cas particulier, le côté général, celui par lequel ils touchent à l'intérêt public, c'est son don, le caractère de son génie. Peu importe sous quelles formes et dans quelles conditions les faits se présentent, finances, économies sociales, administration intérieure, politique extérieure, c'est toujours le rapport de chacun d'eux avec la puissance et la prospérité publique qui le frappe. Aucune doctrine, aucun système politique, aucune science économique ou social ne saurait le lui enseigner, parce que les conditions de la puissance et de la prospérité publique changent avec la mobilité des faits. Mais par cela même aussi il voit en toutes choses le côté par lequel elles sont utiles ou nuisibles à l'intérêt de tous. Il distingue dans les formes administratives celles qui sont surannées et forment une entrave à la bonne gestion des affaires, de celles qui sont utiles et qu'il importe de développer. Il découvre dans les finances le point qui en rend l'ensemble pesant pour l'activité nationale et, en transportant ce point ailleurs, donne un nouvel essor à la richesse publique. En chaque doctrine politique, économique ou sociale, il saisit la partie faible et la partie forte, rejette l'une, s'empare de l'autre et, autant qu'il est dans ses forces, rend la paix à la société, la prospérité au commerce et à l'industrie. Il peut n'être ni diplomate, ni orateur, ni écrivain, ni général, tous ces talents sont même jusqu'à un certain point contraires au sien. Le diplomate négocie, l'orateur persuade, l'écrivain charme et le bon général remporte la victoire; lui il n'est que conception et action. Négocier, il n'en a point le temps; persuader, il ne le peut que par les faits; charmer, il faut qu'il heurte à chaque instant; et loin de vaincre il ne se révèle dans toute sa puissance qu'en relevant son pays d'une défaite. Et tout cela parce que, voyant en chaque chose le côté par lequel elle touche à l'intérêt public, il découvre aussi en chaque homme les aptitudes qui le rendent propre à servir au bien général. Il saura choisir les diplomates, chacun le plus apte à conduire une négociation déterminée, l'orateur qui défendra le mieux les mesures qu'il projette, l'écrivain qui les fera accueillir du public et le général à même de triompher de l'ennemi. Enfin tous ses projets, ses actes, ses mesures porteront la même marque uniforme : il satisfera le parti auquel il appartient mais en heurtant le moins possible les autres; il réprimera les oppositions, mais en en tenant compte le plus qu'il pourra; il dominera les passions et les ambitions particulières mais en leur ouvrant un champ d'action conforme à l'intérêt public. Peu importe ses passions et ses ambitions propres, ses rancunes et ses sympathies personnelles, elles lui dicteront sa vie privée, mais aucune d'elle n'altérera le sens merveilleux qu'il a des conditions de la prospérité et de la puissance nationales, et n'en empêchera la réalisation sous peine de cesser aussitôt d'être un homme d'État et de devenir un homme politique ordinaire ou moins encore un politicien.

L'art de la politique existe donc, si rares que soient les hommes qui en aient le génie; il est aussi facile à définir dans ses caractères que dans ses moyens et son but.

Il en est de même de la science de la politique. Elle n'a que des rapports fort lointains avec les sciences économiques, camérales et administratives, ou avec les histoires politique et parlementaire et toutes les doctrines qui prétendent enseigner les règles des mesures et des proportions de la bonne politique; nous ne parlons que de celle-là, la mauvaise n'est pas un art. La science de la politique a, n'en déplaise, plus d'analogie avec la physique et la chimie. Elle consiste tout simplement dans l'étude des conditions et des formes de l'existence des États, tout comme la physique et la chimie consistent dans l'étude des forces et des formes de la nature, et elle est à la politique pratique, à l'homme d'État, au politique et au politicien, ce que la physique et la chimie sont à l'industriel, au fabricant, à l'entrepreneur. Ces derniers puisent à pleines mains dans l'une et l'autre science, mais la physique aussi peu que la chimie se chargent de faire leur fortune. Tel corps combiné avec un autre donnera tel corps nouveau; telle force mise en contact avec telle autre produira tels effets inconnus jusqu'ici; libre à l'industriel, au fabricant, à l'entrepreneur de se servir de ses révélations, la science se contente de constater les faits et d'en formuler les lois. Dès que le physicien ou le chimiste sort de son laboratoire pour faire prospérer l'une ou l'autre de ses découvertes dans un but différent de la science même, il devient un industriel, un fabricant, voire un simple ambitieux ou un vulgaire intrigant. Il en est en tout point de même de la science de la politique. Elle enseigne, non pas à faire de la politique, à se servir des institutions et à diriger les forces nationales; mais elle enseigne en quoi elles consistent. Libre aux politiciens, aux politiques, aux hommes d'État de profiter de son enseignement ou de ne pas le faire; elle n'obéit pas aux passions des premiers, ne connaît point les préjugés des seconds, et avoue franchement qu'elle ne peut enseigner le génie aux troisièmes. Il n'existe pour elle ni de bons ni de mauvais gouvernements, ni de bonnes ni de mauvaises doctrines, ni des formes et des traditions bureaucratiques excellentes ou déplorables. Elle n'est pas plus de la morale que la physique et la chimie, parce qu'elle n'a de prise ni sur la morale sociale, ni sur la morale individuelle. Mais comme la physique et la chimie, elle constate les faits, en signale les conséquences, et en formule, si elle le peut, les lois. Hors de là l'auteur, qui s'occupe de la science de la politique, voit le terrain lui manquer sous les pieds, il est entraîné dans la lutte des partis, il en partage les illusions et les faiblesses, comme le savant qui sort de son laboratoire pour se faire industriel ou commercant ou spéculateur.

Façon passive d'envisager la science de la politique qui en est la condition première, et se trouve malheureusement aussi peu dans nos habitudes que dans nos goûts. Quiconque écrit cinq lignes dans une feuille publique s'imagine faire preuve d'homme d'État, et se croit pour le moins un Sully, trouvant les Économies royales une œuvre fort médiocre. Il en dérive qu'il n'existe guère ou prou de science politique, et que les uns courent avec le même aveuglement après le sauveur que les autres le redoutent.

IV

NOS RÉVOLUTIONS

Un coup d'État est une révolution faite par un petit nombre au profit d'un seul ; une révolution est un coup d'État fait par un autre petit nombre au profit de la masse. C'est le but, non la chose qui diffère.

Mais lorsqu'un seul s'empare du pouvoir au profit de tous, ou lorsque tous se révoltent pour satisfaire les ambitions de quelques-uns, où est le droit ? où est le juste ?

Depuis vingt ans notre constitution est républicaine. Elle est d'une part écrite : elle existe d'une autre dans les coutumes et les mœurs, ainsi que toutes les constitutions du monde. Le plus ou moins d'écriture, le plus ou moins des mœurs et de coutumes modifient les formes, non le caractère des constitutions.

Cent électeurs censitaires, mille électeurs à suffrage universel nomment, au premier ou second degré, par vote uninominal ou au scrutin de liste leurs mandataires. Ces mandataires, députés ou représentants, forment une ou deux Chambres, dont les majorités décident ou ne décident pas de l'avènement et de la chute des ministères, lesquels sont responsables ou ne le sont pas, et dirigent sous le contrôle, avec ou sans veto d'un ou plusieurs chefs de l'État, les affaires du pays.

Simplifiez ou compliquez tout cela ; augmentez, diminuez le nombre des électeurs ou des mandataires ; changez, transformez les conditions des majorités ; restreignez, doublez les corps représentatifs ; maintenez ou abolissez les noms et les titres des gouvernements et de l'autorité souveraine, il en sera comme des mots que nous inscrivons en grandes lettres sur nos monuments et que les autres peuples ont noir sur blanc dans leurs catéchismes.

La liberté, l'égalité et la fraternité véritables sont celles qu'on pratique.

Notre constitution écrite se nomme celle de M. Wallon.

Notre constitution véritable s'appelle France ; la première est la lettre morte, la seconde la lettre vivante.

La meilleure des constitutions serait certainement celle d'une République démocratique et sociale, dans laquelle tout le monde jouirait des mêmes droits, les exercerait avec la même liberté, éprouverait une égale affection pour son prochain, et serait animé d'un égal dévouement pour la patrie.

Le tout est de savoir si des hommes, constitués d'une aussi admirable façon, auraient encore besoin d'une constitution.

Les institutions publiques valent ce que valent les hommes qui les mettent en œuvre.

Plus les écarts entre la perfection des formes adoptées et les besoins, les passions, les facultés des citoyens sont considérables, plus les troubles de leur état social et politique sont profonds.

On nous reproche le byzantinisme de nos discussions politiques, notre manie des formules abstraites, notre fétichisme des panacées sociales ; et l'on explique l'instabilité de nos institutions, nos crises continuelles, nos révolutions périodiques par ces infirmités de notre esprit national.

Quiconque voudrait gouverner la France d'après les lois de Platon, ou les lois de Cicéron nous apparaîtrait comme un fou ?

Sont-ils plus sages ceux qui prétendent le faire au nom des principes de 1789 ou de 1793, des chartes de 1814 ou de 1830, des coups d'Etat de Brumaire ou de Décembre ?

Pas plus que les rivières ne reviennent sur leur cours, les peuples ne remontent leur histoire.

Un gouvernement ne fait de la politique, que pour autant

qu'il tient compte des circonstances dans lesquelles la nation se trouve et non de celles dans lesquelles elle s'est trouvée, des aspirations qu'elle ressent et non de celles qu'elle a ressenties, des besoins qu'elle éprouve et non de ceux qu'elle a éprouvés.

C'est faire de la politique comme marchent les aveugles, que de vouloir gouverner un pays d'après des évènements qui échappent à la vue.

Depuis deux mille ans la France a toujours été le premier des peuples, quand elle eut des hommes capables de la comprendre à sa tête ; et elle n'a été le premier des peuples que tant qu'elle eut ces hommes.

Il en est des nations fortement constituées comme des armées. A vingt lieues de distance, nos soldats du premier Empire sentaient la présence de Napoléon à la précision des ordres, la justesse des mouvements ; ainsi, nous éprouvons la force ou la faiblesse de nos gouvernements selon l'impulsion générale, l'activité de l'ensemble.

Cuistres ou hommes de génie, la foule fait ses grands hommes. Si c'est par sottise, leurs erreurs et leurs fautes retombent sur elle, l'abaissant à leur niveau ; si c'est par intelligence, elle profite de leur initiative, s'élevant à leur hauteur. Ces faits dépassent toutes les constitutions imaginables.

Le droit et le juste en ces matières n'est pas la quantité, mais la qualité.

Pays de trente-huit millions d'habitants, centralisé comme ne le sont pas les provinces des autres États, nous jouissons de tous les avantages et nous pâtissons de tous les inconvénients de cette centralisation.

Quel est le peuple, qui aurait traversé comme nous une année telle que 1870 ? L'armée prisonnière, la capitale deux fois en révolte, le pays, privé de gouvernement régulier, envahi par un million de soldats victorieux. Si c'était la volonté d'un seul qui nous avait lancé dans ces aventures, et si l'incapacité des généraux, les fautes des diplomates, l'effarement du gouvernement n'ont pas su en conjurer les suites, la France ne s'en est pas moins relevée sans avoir perdu un instant la confiance dans sa force, grâce au sentiment de sa cohésion nationale, et sans avoir douté un moment de son droit, malgré les abus qui en avaient été faits.

Ce sont cette cohésion et cette centralisation extrêmes, qui font à la fois la force et la faiblesse de toutes nos institutions, quels que soient les noms et les formes que nous leur donnions.

L'Angleterre s'est soulevée à deux reprises pour conquérir la garantie des libertés individuelles et maintenir ses franchises locales contre les empiètements de ses rois. Dans le même but : la conquête des libertés individuelles et le maintien des franchises locales, les Provinces-Unies se sont révoltées contre la domination espagnole, les États de l'Amérique du Nord contre les prétentions de l'Angleterre, les Provinces belges contre l'administration hollandaise, et les petits États de l'Italie contre la tyrannie de l'Autriche.

Il en est résulté que dans tous ces pays les libertés locales sont restées plus grandes, les traditions d'administration municipale plus fortes et que les charges qui incombent au gouvernement central sont plus restreintes et mieux délimitées. L'esprit les embrasse plus facilement. Leurs caractères sont plus nets, leurs formes mieux définies, moins par la lettre que par la tradition et la coutume.

Lorsqu'une majorité y appelle, suivant la constitution, un ministère au pouvoir, ce ministère dure, à l'exception de circonstances extraordinaires, autant que cette majorité. Et si, impuissant de réaliser à la longue, comme en toute chose humaine, les progrès et la prospérité ambitionnés par cette majorité, une autre majorité se forme, elle entraîne l'avènement d'un autre ministère, lequel dure de nouveau autant que cette nouvelle majorité, conformément au jeu régulier, non pas de la lettre, mais des traditions et des coutumes politiques des masses électorales, des chambres et des ministères.

En France, nous changeons depuis un siècle de ministères en quelque sorte avec les mois ou les saisons, sous les régimes autoritaires comme sous les régimes libéraux, et sans que les majorités électorales se soient transformées d'une manière sensible. Et lorsque celle-ci change en réalité, ce n'est plus une vétille, telle qu'un changement de ministère, qu'elle impose, mais tantôt elle acclame par un plébiscite un coup d'État, tantôt elle approuve par ses votes le bouleversement de toutes les formes gouvernementales, brisant les institutions publiques comme les enfants brisent leurs jouets, ce qui, certes, est loin d'être conforme au jeu régulier des libertés constitutionnelles.

On a écrit des bibliothèques sur les libertés constitutionnelles, on en a écrit d'autres sur nos révolutions successives, et l'on aurait évité de perdre plus de paroles encore qu'on n'a gâché d'encre et de papier, si on avait simplement compris que nos libertés et nos révolutions ne sont pas celles de tout le monde.

Tout a servi à les expliquer : l'esprit de Montesquieu, les sarcasmes de Voltaire, les rêves de Jean-Jacques, jusqu'aux mouches de nos petites marquises, Brutus, Scipion et les Gracques. On n'a négligé qu'une chose — la France.

Il serait aisé, si ce n'était trop étendre le sujet, de montrer comment les mêmes causes historiques, les mêmes traditions et facultés nationales, qui ont fait de Paris le centre de la France et de la France le foyer de la civilisation moderne, sont les mêmes qui nous ont portés, depuis les origines de notre histoire, à coordonner de plus en plus nos efforts entre eux et à atteindre à la fois l'indépendance individuelle la plus complète et la centralisation politique et administrative la plus forte que nous ayons pu nous donner.

Notre première révolution a mérité le nom de grande, s'est étendue sur l'Europe, et a failli un moment bouleverser le monde précisément parce qu'elle était fondée sur ces caractères de notre esprit national, la centralisation de toutes les volontés individuelles.

Sous ce rapport elle se distingue profondément des révolutions de tous les autres États.

Loin de nous révolter contre un gouvernement étranger, envahisseur ou abusif, nous nous sommes soulevés contre notre propre gouvernement, trop faible et trop débonnaire, achevant l'œuvre séculaire de nos rois pour porter la centralisation nationale à tous les extrêmes.

Loin de revendiquer des garanties pour nos franchises provinciales et municipales, nous en avons rompu toutes les barrières jusqu'à détruire leurs circonscriptions géographiques.

Et loin de maintenir et de fortifier les distinctions sociales, nous les avons abolies d'un trait, poussant à l'excès le mouvement politique commencé avec les communes au onzième siècle et l'affranchissement des serfs au treizième siècle.

Enfin les erreurs, les fautes, les exagérations de notre révolution ont pu prendre tous les noms, se couvrir de toutes les étiquettes imaginables, leur cause est tellement profonde qu'elle est encore ce qu'elle fut en dix-sept cent quatre-vingt-neuf : notre manie des formules abstraites.

Confondant les sentiments, les instincts, les intérêts de la nation avec les idées, forcément incomplètes, qu'on s'en est formées, on s'enthousiasme pour ces dernières, croyant qu'en proclamant leur justesse on transformera ces sentiments, ces instincts, ces intérêts.

Naïvement on s'imagine qu'en reconnaissant vaguement la nature des effets on changera les causes.

Depuis Montesquieu, ce genre d'illusion est devenu de mode.

« La liberté existe en Angleterre parce que les pouvoirs y sont divisés !

« L'agriculture est honorée en Chine parce que l'empereur y laboure un champ ! »

Tout Chinois qui ne cultive pas le sien, n'en eût-il pas, sera donc mis au carcan, de même tout Français qui ne pratiquera pas la liberté, l'égalité et la fraternité sera mis à mort.

La devise de la grande Révolution fut la conclusion logique, rigoureuse de cette façon de penser.

Pour la même raison, chaque génération nouvelle approuva un coup d'État ou fit une autre révolution.

Une nation de trente-huit millions d'individus, dont chacun, pris isolément, est un être parfaitement intelligent, en est arrivée à ne former qu'une masse d'illusionnés quand il s'agit de l'ensemble.

Grâce à notre indépendance individuelle en même temps qu'à notre centralisation politique et administrative, nulle démarcation, entre le bien général et les intérêts privés, les ambitions particulières et les aspirations de tous, les besoins locaux et les nécessités nationales, se trouve tracée. Tous ces éléments de la vie d'un peuple se confondent et existent. L'esprit n'en embrasse l'ensemble qu'avec une difficulté extrême et les notions qu'on s'en forme se concentrent forcément dans l'illusion de formules abstraites et sans consistance.

Un fait, un crime, un duel, prennent les proportions d'événements nationaux, selon les passions qu'ils soulèvent ; et les événements politiques les plus graves passent inaperçus parce que dans ce moment ils ne lèsent aucun intérêt, ne froissent aucune ambition.

Toutes les grandes questions nationales se transforment en faits particuliers et tous les intérêts et ambitions privées se changent en formules de politique générale.

Le roi devient pour les uns, la lettre de la constitution pour les autres, la démocratie sociale pour les troisièmes, la solution de toutes les difficultés, la panacée de tous les maux.

Les majorités, si écrasantes qu'elles soient dans les élections, ne répondent d'une part qu'à des intérêts individuels immédiats ou à des ambitions vagues qui se perdent dans les mots.

Les députés qui les représentent s'efforcent de les réaliser par des projets de lois forcément contradictoires, et les majorités parlementaires qui en décident sont formées au hasard des caprices des comités électoraux et des fantaisies des députés. Elles changent avec le caractère et l'esprit des projets, les ministères tombent et arrivent selon les questions à traiter, et se succèdent sans qu'ils aient le temps d'étudier même superficiellement les besoins véritables du pays.

Les échecs intérieurs se compliquent des échecs extérieurs.

Le travail se ralentit, la prospérité diminue et les législatures se suivent sans que la situation se modifie.

Insensiblement une majorité, non pas contraire au parti au pouvoir, mais hostile aux institutions établies, se forme.

Ainsi, grâce à notre centralisation politique et administrative et à notre indépendance individuelle, et faute d'avoir les capacités que leur intelligence et les talents que leur direction exigent, nous changeons depuis un siècle périodiquement nos institutions pour les mêmes raisons que dans les autres Etats on change toutes les six ou huit années de ministère.

En dehors des périodes législatives, nous subissons des périodes que nous appellerions volontiers nationales.

En réalité notre France, en portant à l'extrême les éléments fondamentaux de son existence historique, est devenue plus grande que nature.

Il faut des hercules pour soulever en bloc un poids, que des enfants transporteraient, s'il était en morceaux. Ne pouvant soulever le poids, ni le tailler en pièces, nous nous fabriquons des poids en baudruches avec lesquels nous jonglons à bras tendus.

Notre fétichisme des formes et des formules passées ou abstraites n'a point d'autre sens.

A un moment donné la baudruche éclate, c'est une révolution ou un coup d'Etat.

De nouvelles institutions sont décrétées par un plébiscite ou par une Chambre constituante.

Les hommes qui les ont conçues, ont, pendant des années, observé les lacunes des institutions précédentes. Ils y conforment les nouvelles : le calme, l'activité, la prospérité reprennent jusqu'à ce que l'épreuve s'étende à toutes les volontés, à tous les intérêts individuels. Dès ce moment les difficultés renaissent, les intérêts locaux, les ambitions personnelles reprennent le dessus et les nouvelles institutions marchent vers leur chute pour la même raison qu'elles sont arrivées.

On s'imagine alors que c'est faute de sens politique, d'indépendance municipale et d'habitude de gouvernement local que notre centralisation pèse d'un tel poids sur nos destinées politiques, et que nos révolutions et nos coups d'Etat se succèdent depuis un siècle d'une façon aussi désespérante.

Accordons la plus grande indépendance possible à nos départements, rétablissons même nos anciennes provinces avec leurs parlements. Les départements tendront à centraliser tous les pouvoirs possibles, les provinces à reprendre toutes les franchises imaginables, comme au temps des Communes, de la Ligue ou de la Fronde. Il suffit d'observer la conduite du premier conseil municipal venu pour ne pouvoir en douter un instant.

C'est le moule dans lequel nous avons été jetés par notre histoire ; nous continuons à en porter l'empreinte indélébile.

L'indépendance individuelle, telle que nous l'avons recherchée dès nos origines, a pour effet nécessaire ou l'anarchie ou la centralisation de tous les pouvoirs publics. Les libertés municipales, départementales ou provinciales ne sont que des entraves à l'émancipation complète des individus.

Ce n'est point par la faute, c'est par l'abus du sens politique que nous n'avons jamais su ou voulu nous servir de nos franchises locales.

Aussi la dernière conséquence de notre centralisation intérieure a été le suffrage universel.

Il fut adopté non point au nom de prétendus principes, mais par nécessité politique.

Les révolutionnaires de 48 le comprirent aussi bien que l'auteur du 2 décembre.

Lorsqu'une machine à rouages innombrables est si savamment construite que chaque partie concourt au mouvement de l'ensemble, la machine ne peut déployer sa force entière que si chaque partie accomplit son mouvement propre. Chaque entrave est comme du sable jeté dans les rouages ; tel est le sens du suffrage universel.

Chacun de nous en est une parcelle microscopique ; chacun a ses petites illusions qui l'entraînent et ses petits intérêts qui le mènent. Croire, parce que tous, en émettant leur vote, se prononcent suivant leurs illusions ou leurs intérêts que les majorités des Chambres représenteront les grands intérêts et les aspirations profondes du pays, c'est supposer qu'une maison sera bien construite parce que le propriétaire en a approuvé les plans. Les fondements sont jetés sur le sable mouvant des opinions individuelles, et, à la moindre secousse, les murailles s'écroulent sur la tête du propriétaire.

Nul ne peut satisfaire à la fois les espérances et les besoins du moindre d'entre nous. Il s'agit de le faire pour onze millions d'électeurs. Le ministre le plus capable ne peut pas même se figurer leur masse. Comprendre ce qu'il faut d'expérience et de science, de tact et de mesure pour y parvenir dans des proportions quelque peu raisonnables, est déjà du génie.

En revanche, le suffrage universel est aussi la centralisation politique et administrative portée à un degré tel qu'il suffirait de savoir le manier pendant vingt-quatre heures pour rendre à la France son autorité et sa puissance irrésistibles.

La France le sent, si elle ne le sait.

C'est aujourd'hui encore, comme à la veille de la grande Révolution, notre plus grande force et notre plus grand danger.

Le suffrage universel, qui n'est point dirigé, dirige. Si les hommes lui font défaut, il cherche *un* homme; en suit les caprices jusqu'à ce qu'il en éprouve l'impuissance, et le brise pour reprendre ses recherches.

Les révolutions et les coups d'Etat sont chez nous comme les revers d'une même médaille. Le suffrage des masses incompris passe de l'un des revers à l'autre, créant l'histoire, avec la régularité d'un balancier qui frappe à son coin la monnaie.

Autrefois, quand la masse n'avait aucune part aux affaires, nos désastres et nos révolutions se terminaient par des chansons. C'était le moyen de s'en consoler.

Avec le suffrage universel nous avons changé de manière. C'est par des chansons que nos désastres et nos révolutions commencent.

Toute politique qui, sous le régime du suffrage universel n'est pas soutenue par une intelligence sérieuse des intérêts les plus constants et les plus universels, ainsi que des aspirations les plus profondes de la nation, ne peut se maintenir que par le sacrifice du bien général à des intérêts particuliers, du sentiment national à des oppositions de partis.

Achetant les journaux, vendant les faveurs, excitant les citoyens les uns contre les autres, pesant sur l'administration, l'autorité se perd, son prestige s'évanouit, le mécontentement, le malaise, l'incertitude croissent, et, après les chansons, un échec, une émeute ou une révolte de quelques-uns, met fin aux fautes accumulées, pour recommencer à nouvelle échéance et sous une autre forme, la même expérience.

Les majorités se suivent comme les rois se succèdent, et les gouvernements tombent comme ils se soutiennent.

La solution des difficultés politiques, financières, économiques que traverse la troisième république, se pose en termes fort nets.

Sortirons-nous de l'époque de révolutions et de coups d'Etat dont nous avons fêté le centenaire il y a deux ans comme nous sommes sortis de la guerre de cent ans, — par une période de progrès et d'apaisement général, — ou continuerons-nous à épuiser jusqu'à nos dernières forces et nos dernières ressources dans des luttes sans issue et des efforts stériles ?

V

L'ÉTAT ET LE PEUPLE

La meilleure définition qui ait été donnée de l'Etat est celle de Jean Bodin, le vieux député de la bonne ville de Paris aux États-Généraux de Blois, 1576 : *République*, écrit Bodin, *est un droit gouvernement de plusieurs ménages et de ce qui leur est commun avec puissance souveraine.*

Le fondateur en France de la science politique ajoute ses commentaires : *Je dis en premier lieu que c'est un droit gouvernement pour la différence qu'il y a entre les républiques et les troupes de voleurs et pirates.*

Il dit en second lieu : *de plusieurs ménages, parce que tout corps et collège s'anéantit de soi-même s'il n'est réparé par les familles. Encore le père de famille eût-il trois cents femmes, six cents enfants... ou cent esclaves, s'ils sont tous sous la puissance d'un chef de mesnage, ce n'est pas un peuple.*

De plus, *il faut*, continue Bodin, *qu'il y ait quelque chose de commun et de public, comme le domaine public, le trésor public, le pourpris* (1) *de la cité, les rues, les murailles, les places, les temples. et autres choses semblables, car ce n'est pas république s'il n'y a rien de public... Il se peut aussi que la plupart des héritages soient communs à tous en général et la moindre partie à chacun en particulier, comme en la division des territoires... Mais en quelque sorte qu'on divise les terres, il ne se peut que tous les biens soient communs, comme Platon voulait en sa première république, jusques*

(1) Pourtour.

aux femmes et enfants, afin de bannir de sa cité ces deux mots TIEN *et* MIEN *qui étaient, à son avis, les causes de tous les maux et ruines, qui adviennent aux républiques. Or il ne jugeait pas que, si cela avait lieu, la seule marque de république serait perdue, car il n'y a point de chose publique s'il n'y a quelque chose de propre : et on ne peut imaginer qu'il y ait rien de commun s'il n'y a rien de particulier, non plus que si tous les citoyens étaient rois, il n'y aurait point de roi : ni d'harmonie aucune si les accords divers doucement entremêlés, qui rendent l'harmonie plaisante, étaient réduits à même son.*

Enfin, *les plusieurs ménages et ce qui leur est commun,* termine le vieux député, doivent être unis avec puissance souveraine, *car tout ainsi que le navire n'est plus que bois, sans forme de vaisseau, quand la quille qui retient les mâts, la proue, la poupe et le tillac sont ôtés, la république sans puissance souveraine, qui unit les membres et parties d'icelle, et tous les ménages et collèges en un corps n'est plus république. Le droit gouvernement de trois familles avec puissance souveraine fait aussi une république comme d'une grande seigneurie. Un grand royaume n'est autre chose qu'une grande république sous la garde d'un chef souverain... Un petit roi est autant souverain que le plus grand monarque de la terre.*

Nous avons perdu ces notions fortes et simples. On les a remplacées par des doctrines plus pompeuses où chacun s'arrange, selon le petit camp dans lequel il se trouve, avec les grands mots à sa disposition, une petite idée fort vague de cette chose énorme qui s'appelle un État.

La définition de Bodin et ses commentaires sont frappants de justesse et constituent si bien les conditions d'existence des États qu'ils dispenseraient de toute autre explication, s'ils ne rencontraient une difficulté presque insurmontable, non dans la forte pensée de nos anciens, — Montchrétien nomme encore, en 1615, « le droit gouvernement de plusieurs ménages », « la ménagerie publique », — mais chez nous, les modernes, et dans nos idées qui ne sont vagues que parce qu'elles sont incomplètes.

Nous avons, grâce à ces idées, pris l'habitude d'opposer, en toute question politique, l'État au peuple, ou nous-même et notre parti à la fois à l'État et au peuple ; ou bien nous nous confondons, nous et notre parti, tantôt avec l'État, tantôt avec le peuple : L'État qui est l'ordre, le peuple qui est l'anarchie ; l'un qui est le commandement, l'autre qui est l'obéissance ; le premier qui est le droit, le second qui est l'obligation ; ou tout le contraire : le peuple qui est souverain, l'État qui n'est qu'obéissance ; le peuple qui est la puissance, l'État qui n'est que l'abus ; le peuple qui est le droit, l'État qui n'est que l'obligation ; à moins que ce ne soit nous et notre parti qui soyons l'ordre, la puissance, le commandement, le droit, tandis que l'État n'est que faiblesse et abus et le peuple impuissance et anarchie.

Ces contradictions constantes ne proviennent que de l'étroitesse de nos idées, cause principale de nos ambitions malsaines, de nos luttes implacables, de nos haines odieuses, en un mot de l'impuissance de tous.

L'État ou *la ménagerie publique* de Montchrétien, la *respublica* de Bodin, *est le droit du gouvernement de plusieurs ménages et de ce qui leur est commun avec puissance souveraine!* Otez de cette définition *le droit gouvernement*, et il n'y a même plus de voleurs et de pirates, comme le croit Bodin ; car une troupe, quelle qu'elle soit, a besoin d'un droit gouvernement pour se maintenir : une bande de brigands sans direction qui convienne aux mêmes brigands n'est qu'un nombre de gredins isolés. Otez *les plusieurs ménages*, qu'ils se chiffrent par millions et se nomment un peuple, ou se comptent par unités et s'appellent une peuplade, il n'y aura plus ni peuplade ni peuple, mais des familles distinctes, vivant, comme les fauves avec leurs petits, chacun dans sa tanière. Otez ce qui *leur est commun*, et il n'y a plus même de fauves, car ceux-ci ont du moins une tanière et des petits communs. Otez la *puissance souveraine*, et il n'y a plus rien, ni mâle qui dirige sa femelle et ses petits, ni tanière commune, ni union de plusieurs sous une même direction, ni gouvernement d'aucune sorte.

On a prétendu que les peuples avaient toujours le gouvernement qu'ils méritaient. Ce n'était pas assez dire, les peuples sont le gouvernement qu'ils ont. La définition de Bodin ne signifie pas autre chose.

L'État, si puissant qu'il puisse être, ne saurait pas plus donner à ses sujets des besoins, des affections qu'ils sont incapables de ressentir ou de concevoir, que rendre la vue aux aveugles, l'ouïe aux sourds, la marche aux paralytiques. Si donc les sujets marchent, voient, entendent, éprouvent des affections, conçoivent des idées, ce n'est point parce qu'il existe un État ; mais il existe un État parce qu'il y a des sujets qui marchent, voient, entendent, sentent et pensent. Et l'État existe selon qu'ils marchent, voient, entendent bien ou mal, éprouvent des affections bonnes ou mauvaises, conçoivent des idées justes ou fausses.

Deux indiens se disputant l'un pour démontrer que l'ombilic de Bouddha est le centre du monde, l'autre pour soutenir que le monde nage, comme une fleur de lotus, sur l'infini des eaux, discuteraient pendant leur vie entière sans parvenir à s'entendre. Il en est de même de nos discussions sur le peuple et l'État. Si les deux indiens savaient en quoi consiste véritablement le monde, il ne se disputeraient point, de même de nous si nous savions vraiment en quoi consiste l'État.

Comme nombre, que l'on compte par individus ou par ménages (feux), ainsi qu'on fit autrefois, le peuple n'est qu'une somme ou une masse. Au point de vue de la communauté d'origine, de l'identité des traditions, de l'uniformité des mœurs, on l'appelle une nation. Considéré dans sa façon de subsister, au point de vue du maintien de l'ordre intérieur et de la sécurité des frontières, on le nomme un État. Tous les aventuriers du monde fussent-ils réunis ensemble, ou toutes les familles foraines concentrées en un même point, ils ne formeraient ni un peuple, ni une nation, ni un État. Et si un État, tel que la Russie, commande à des peuples divers, ou, comme l'Autriche, à des nations différentes, ce n'est point que l'État, la nation, le peuple soient choses distinctes, mais c'est parce qu'un même peuple, formant une nation et constituant un État, est parvenu à dominer des nations n'ayant pas les ressources nécessaires pour se maintenir comme État, ou des peuples ne possédant pas une cohésion suffisante pour former des nations. Ce sont là des effets, non des causes, des rapports qui s'établissent entre des peuples insuffisamment développés, et d'autres peuples fortement constitués. Jamais un État, sans peuple ni nation, — il ne serait qu'un territoire, — n'a conquis ou soumis qui que ce soit; et, jamais un peuple, sans une cohésion nationale quelconque ni apparence d'organisation défensive, n'a été conquis ou soumis. Les trois sont une seule et même chose, peuple, nation, État ; mais le sens des expressions change selon le point de vue auquel nous les envisageons. C'est une conséquence de la faiblesse naturelle de notre pensée qui fait que nous ne pouvons considérer un objet par tous ses côtés à la fois; mais c'est folie de faire de cette faiblesse un principe de certitude et de se laisser entraîner à des luttes qui ne sont que l'expérience douloureuse de nos erreurs.

Deux Indiens se massacrent pour l'ombilic de Bouddha! deux Français allant sur le terrain pour une question politique se ravalent au même niveau.

En parlant du corps humain ou de la somme des organes qui constituent l'organisme humain, nous entendons la même chose, ainsi l'État et le peuple sont deux expressions synonymes qui se rapportent à un même objet. Et l'État, précisément parce qu'il est formé par le peuple, tout comme le corps est formé par ses organes, constitue un vaste organisme dont chaque partie a ses fonctions, ses divisions et subdivisions propres, aussi nettes dans leur structure, aussi précises dans leur action que les organes du corps humain. Si celui-ci nous paraît merveilleux par l'ordonnancement de toutes ses parties tandis que le corps politique ne nous semble qu'oppositions et luttes, c'est que nous sommes parvenus à étudier convenablement le corps humain, grâce à sa petitesse, au lieu que devant l'autre, qui nous échappe par son étendue, nous nous trouvons comme le barbare devant ce même corps humain : en l'ouvrant il n'y découvre que sang et chairs informes.

Chaque ménage, selon la définition de Bodin, chaque famille est une cellule sociale ayant sa vie propre dans le corps politique. Le père, sa femme, ses enfants qui l'entourent, l'habitation qui les réunit, sont une véritable cellule sociale. Une famille sans enfants est une cellule qui se meurt; un fils qui quitte la maison paternelle pour s'établir et se marier, est une nouvelle cellule qui se forme. Ce n'est que par les cellules familiales que les peuples, les États subsistent et vivent.

Des fonctions propres à chaque famille et des relations qui s'établissent entre les familles naissent ensuite, tout comme des cellules organiques les tissus conjonctif, épithélial, musculaire, nerveux, ces autres grands tissus que nous appelons les classes sociales.

Tant que les hommes ne se nourrissent que des produits spontanés de la nature, sans travail commun, sans coordination de leurs efforts, ils se réunissent tout au plus par bandes pour aller au hasard à la recherche de leur nourriture. Lorsque, par une entente meilleure, ils ont acquis des habitudes régulières de travail et font rendre à la terre des produits nombreux, se dirigent mutuellement dans leurs efforts, se garantissent réciproquement la sécurité de leur existence et s'instruisent les uns les autres dans leurs obligations et leurs devoirs, alors ils prennent les caractères qui distinguent les peuples, les États civilisés. Les familles se sont divisées, selon leurs fonctions principales et leurs relations, en quatre grandes classes qui sont toujours les mêmes, sous des noms divers et des formes multiples.

La classe inférieure : Esclaves, serfs, ouvriers, manœuvres, domestiques, prolétaires; les noms changent selon les époques et le développement acquis.

La classe moyenne : Les chevaliers chez les Romains, le citoyen libre dans la cité grecque, les corporations et maîtrises au moyen-âge, le tiers-état à la Renaissance, les petits propriétaires, industriels, commerçants modernes.

La classe dominante : Les patriciens et les eupatrides de l'antiquité, les seigneurs féodaux au moyen-âge, la noblesse de robe et d'épée à la Renaissance, les autorités politiques, militaires, administratives, financières et industrielles de notre temps.

La classe enseignante : Caste ou non, corps fermé ou ouvert, elle est, comme les autres classes, de tous les temps, et comprend les églises et les universités, les prêtres, professeurs et maîtres de toute espèce, formant ce vaste réseau en chaque État civilisé qui enveloppe et soutient l'éducation et l'instruction générale.

Dans sa formation, comme dans sa déformation, ses progrès et ses décadences, chacune des classes se modifie dans ses caractères et son rôle, absolument comme les tissus organiques changent de l'enfance à la vieillesse. Vouloir que les classes disparaissent c'est demander la mort de l'organisme politique. Les nécessités de la vie individuelle et sociale les imposent à partir de la motte de terre que l'on doit soulever pour avoir du pain jusqu'au chef souverain qui représente l'unité de l'État. Il en est des peuples, des États, comme de chaque famille : il faut qu'une famille se nourrisse, se dirige, se défende et s'instruise, et ce n'est que parce qu'il faut que chacune d'elles le fasse pour pouvoir subsister, que les quatre grandes classes se forment, et que les relations s'établissent entre les familles, selon les aptitudes propres à chacune d'elles. Ces habitudes deviennent coutumières, traditionnelles, et le peuple, l'État, se développe, progresse à mesure.

Les classes sociales sont véritablement les tissus généraux de l'organisme politique ; on les rencontre partout et à chaque époque ; plus ou moins parfaites ou plus ou moins déformées. Elles n'en sont pas les organes.

Les organes du corps politique sont ses divisions territoriales.

Dès leur réunion en peuple et leur constitution en État les hommes se groupent et se divisent en classes sociales, suivant les relations qui s'établissent entre eux, mais ils se distinguent en outre selon les parties du territoire qu'ils occupent. Les habitants des côtes se donnent d'autres coutumes, d'autres mœurs que ceux de l'intérieur, les montagnards diffèrent par leurs besoins comme par leur travail des habitants des plaines, et les usages, les habitudes varient chez ces derniers selon la nature du sol, sable ou argile, fertile ou aride, comme ils se modifient encore selon qu'ils restent disséminés dans la campagne ou forment de grands centres d'échange ou de production.

Le territoire, habité par un peuple, fait plus qu'on ne pense corps avec l'État. La diversité et la multiplicité des ressources qu'il offre s'identifient avec la population et sont aussi persistantes et aussi profondes que celle des différents organes du corps humain.

Ces différences peuvent même être portées au point que des oppositions d'origine et de race se maintiennent pendant des siècles au sein d'un même État. En ce cas le peuple, l'État, quelles que soient les institutions qu'il se donne, reste formé d'organes hétérogènes. La vitalité des peuples dépend à la fois de la diversité et de la cohésion des provinces, comme le génie de l'homme se mesure à la variété et à la disposition qu'il a de ses aptitudes.

Les divisions territoriales sont si bien les organes du corps politique que non seulement ses ressources matérielles, morales et intellectuelles changent avec elles, mais encore certaines parties peuvent en être détachées, si douloureusement que ce soit, sans porter atteinte à la vie de l'ensemble, tandis que d'autres en sont comme les organes centraux, sans lesquels la vie politique ne subsisterait plus. Sans la France, Paris n'est rien ; mais la France sans Paris n'est plus la France.

La qualité d'organes d'un peuple ou d'un État, que possèdent ses divisions territoriales est tellement un résultat de la force des choses, que la même organisation reparaît dans la situation respective des États. Un foyer de civilisation se forme, d'autres moins développés dans leur constitution sociale et politique se groupent autour, et sans cesse les uns agissent et réagissent sur les autres, jusqu'à ce que le foyer premier et avec lui la civilisation entière disparaissent. Après la chute de Rome il n'y eut plus d'empire romain, après la disparition d'Athènes plus de Grèce.

Nous insistons sur ce caractère si curieux des organismes politiques dont les formes se répètent jusque dans le gouvernement des États, en apparence indépendants les uns des autres, et qui n'en appartiennent pas moins à une même civilisation. Les plus grandes fautes dans la science et l'art politique ont toujours été commises par la méconnaissance de la nature organique aussi bien de chaque province dans un État, que de chaque État dans l'ensemble d'une civilisation. Pas plus qu'en médecine une maladie ou une fièvre, en politique une guerre ou une révolte ne change la nature des organes.

Les divisions territoriales ont une fixité qui tient de la constitution même des États, les divisions politiques ont à la fois un caractère plus général et plus mobile.

Quels que soient les noms que prennent les ambitions qui séparent les partis politiques ils se réduisent à deux : l'un formé par tous ceux qui recherchent une extension plus grande de leur activité personnelle, l'autre qui comprend tous ceux que leurs intérêts ou leurs affections portent vers une cohésion plus forte de l'entente commune. Les deux sont comme la circulation veineuse et artérielle du sang.

Innées en chaque individu parce que chacun cherche, à la fois et d'instinct, à donner l'expansion la plus grande à son initiative propre et, vivant en société, une entente plus complète avec autrui, les deux tendances sont également nécessaires à la vie politique. Mais au lieu de rester personnelles elles se distinguent et se coordonnent selon les institutions sociales et publiques du moment. Peu importe la nature de ces institutions, à partir de celles de la famille, des associations privées et des corporations, jusqu'à celle du gouvernement : les uns, qui sont à la tête de ces institutions aussi bien que tous ceux qui se trouvent satisfaits du rôle qu'ils y jouent, forment, en prenant les expressions dans leur sens le plus général, le parti gouvernemental, tandis que les autres, dont ces institutions gênent ou entravent la spontanéité personnelle, sont le parti de l'opposition.

Les deux expressions d'artériel et de veineux, si extraordinaires qu'elles puissent paraître, sont, grâce à l'image qu'elles renferment, infiniment plus justes que celles de gouvernemental et d'oppositionnel, parce qu'au lieu de ne s'arrêter qu'aux apparences, elles expliquent non seulement la vie, mais encore les progrès politiques des peuples, absolument comme la circulation du sang la vie et la croissance du corps humain.

Il n'existe pas de parti de gouvernement et de parti d'opposition par eux-mêmes. Toute opposition qui parvient au pouvoir se transforme aussitôt en parti de gouvernement, et le parti gouvernemental qui a été au pouvoir, ayant perdu son rôle et son action, devient un parti d'opposition, comme tous les autres partis qui aspirent à une expansion, à une liberté individuelle plus grande. Les partis par eux-mêmes sont donc aussi instables que les deux épithètes de gouvernemental et d'oppositionnel qu'on y attache sont confuses. De plus, ces deux épithètes n'expliquent en rien comment un même parti, comme notre ancienne monarchie aristocratique, peut rester des siècles au pouvoir, sans qu'un instant la vie politique ne s'arrête et que les institutions ne cessent de se développer. Et elles expliquent encore moins comment, dans les temps modernes, le changement continuel des partis arrivant au pouvoir n'entraîne que des changements éphémères dans cette même vie politique.

Le phénomène physiologique dont nous entendons parler, le courant gouvernemental et oppositionnel, — dans le sens d'artériel et veineux, — des opinions humaines, est tellement différent de nos divisions superficielles, que tantôt les uns, croyant cimenter l'union commune en arrivant au pouvoir, ne font que la désorganiser, tantôt les autres, s'imaginant, dans les mêmes circonstances, donner un essor plus grand aux initiatives particulières, les étouffent ou les affaiblissent, aussi inconsciemment que le sang circule dans nos artères et nos veines.

Toujours, il est vrai, ceux qui ont en main la direction centrale s'efforcent, par cela même, de fortifier l'entente commune, tandis que les autres, ambitionnant une action personnelle plus étendue, s'unissent et se groupent pour parvenir à modifier la direction centrale. Les formes importent peu; c'est une question de science et d'art politiques : c'est une question de science, car l'observation directe peut seule donner les connaissances nécessaires des aspirations et des besoins des masses; c'est une question d'art, car seul l'art, le génie politique peut révéler les mesures qu'il faudrait prendre pour fortifier à la fois le pouvoir central et accroître l'initiative individuelle. Mais quelles que soient l'ignorance ou l'inspiration qu'on y mette : abus de pouvoirs, coups d'Etat, complots ou révolutions, le même phénomène social et politique reparaît; il tient de la nature humaine. Le parti qui se trouve ou qui arrive au pouvoir modifie les institutions existantes de façon à les affermir et à donner en même temps satisfaction aux aspirations individuelles du moment. Les institutions sont élargies et la même tendance vers une initiative personnelle plus grande encore renaît sous une forme nouvelle. Voilà ce que nous entendons par la circulation artérielle et veineuse des opinions politiques. Elle surgit dès l'origine des peuples, se maintient à travers leur existence entière et renferme le secret de leurs transformations et de leurs progrès politiques du même coup qu'elle explique et leurs troubles et leurs désordres.

Tout parti qui, dans ses ambitions, n'a d'autre objet que de vouloir satisfaire des ambitions personnelles, est un parti condamné. La direction de l'ensemble ne se maintenant que par l'entente commune, il est incapable de la comprendre. Par contre, tout parti qui, arrivé au pouvoir, se figure s'y maintenir par les seules institutions du moment, est encore un parti qui se perd, parce que sans le concours des initiatives individuelles, il n'y a ni entente ni institutions communes.

Les premiers sont les anémiques, les seconds les apoplectiques de la vie politique.

Aucune doctrine, aucune théorie n'y changera rien. Le courant des opinions et les divisions politiques qui en résultent représentent exactement la circulation veineuse et artérielle, tendant sans cesse vers une union et une cohésion plus fortes, à mesure que le peuple se donne des institutions publiques, et du même coup vers une indépendance et une initiative individuelle plus grande, à mesure que ces institutions réagissent sur l'ensemble.

Enfin, les peuples, les États sont si parfaitement des organismes, que semblables à chaque organisme qui ne vit que par l'oxygène qu'il inspire et le carbone qu'il expire, tout peuple ne subsiste, en chacune de ses cellules familiales, de ses tissus sociaux, de ses organes territoriaux et de ses partis politiques, que par une cause uniforme qui est la production et la consommation de tous.

Nous écrivions dans nos Éléments d'économie politique : « on distingue en général la production de la consommation, et l'on commence à traiter du premier de ces deux phénomènes, sous prétexte qu'une chose pour être consommée doit préalablement avoir été produite : manière de raisonner dont le moindre tort est de nous empêcher de saisir la portée entière de la question.

« Le physiologiste, lorsqu'il examine les phénomènes de la respiration, ne sépare point l'inspiration de l'expiration, encore qu'il faille que le vide se fasse d'abord dans les poumons pour qu'ils puissent après cela s'emplir ; mais ce vide momentané ne constitue qu'une des phases de la respiration et doit être accompagné, corollaire indispensable, de l'arrivée immédiate d'une quantité d'air nouvelle. L'inspiration et l'expiration s'unissent, se touchent, se confondent ; elles ne peuvent en aucun cas aller l'une sans l'autre ; et, au moment même où le sang s'oxyde dans les poumons, il faut qu'il se désoxyde dans les membres. Il en est de même de la consommation et de la production. Comme la respiration est la condition essentielle de la vie, la solidarité de la consommation et de la production est la condition de l'existence de la société humaine.

« Rien ne se perd, mais aussi rien ne se crée, rien ne naît de rien. Tout ne fait que changer, se transformer ; pour produire ce qu'il y a de plus grossier au monde, nous devons user des matériaux, des forces, et par cela même que nous les consommons, nous les transformons. nous produisons.

« Peu importe que le mobile de la production soit ou non légitime, que nous changions les valeurs existantes en valeurs plus grandes ou en valeurs moindres, que nous modifiions à notre profit ou à notre perte les formes des choses, le fait indéniable est que nous ne produisons jamais sans consommer, ni que nous ne consommons sans produire.

« Nous n'avons pas à étudier ici ces êtres abstraits que l'on nomme le producteur et le consommateur : ces êtres abstraits n'existent pas. Nous avons à étudier uniquement les manières dont l'homme consomme et produit. dont il produit et consomme.

« Assurément il y a des hommes qui produisent plus que d'autres, qui consomment davantage, ou qui consomment plus qu'ils ne produisent. Cela tient au phénomène de la production des richesses et des misères. et n'infirme en rien la solidarité qui existe entre la production et la consommation. Le désœuvré le plus dissipateur contribue à la production en raison même de ses dissipations. le mendiant le plus misérable y contribue par les aumônes qu'il dépense. La solidarité de la consommation et de la production est un principe absolu. C'est d'elle que dérive la fatalité de la solidarité sociale en matière économique. Si les hommes ne se développent intellectuellement que par l'échange de leurs paroles et de leurs pensées, ils ne se multiplient et ne prospèrent que par la solidarité de leur consommation et de leur production. Chacun consomme et produit non seulement pour soi, mais encore pour autrui ; ainsi la famille se fonde, les nations se forment. Et la famille ne se maintient, les nations ne progressent qu'à mesure que la solidarité entre la consommation et la production de tous se maintient et progresse. Dès que le père cesse de produire pour le jeune enfant ou l'enfant pour le père vieilli, la famille se rompt; de même les nations se désorganisent dès que leurs différentes classes sociales cessent de consommer et de produire les unes pour les autres. »

De ces caractères de la consommation et de la production résulte que la prospérité et la puissance matérielles sont l'objet principal de la politique. Elle ne dispose ni de la morale sociale, ni de la morale individuelle, quoi qu'elle se trouve dans l'obligation de les protéger et de les défendre, mais elle dispose des moyens d'assurer la sécurité du travail, qui est la prospérité publique, et elle dispose des moyens d'action et de coërcition, qui sont la puissance publique.

Aussi, de la même manière que le médecin juge de la bonne ou de la mauvaise santé de son client d'après le degré de température où se porte l'oxydation et la désoxydation du sang, l'homme d'État qui fait l'histoire, et l'historien qui la raconte, ne doivent, l'un entreprendre de diriger les événements et l'autre de les expliquer, que s'ils se rendent compte avant tout de l'état de la production et de la consommation du peuple. C'est le phénomène le plus général de l'organisme politique, c'est de lui que tous les autres procèdent, et c'est à lui que tous reviennent. Un homme d'État qui ne comprend pas la vie économique du peuple, et qui ordonne des dépenses, perçoit des recettes, est comme l'historien qui prétend expliquer les faits sans remonter à leur cause, et les deux sont comme le médecin qui voudrait traiter un malade sans s'assurer de la nature ni de l'intensité de son mal.

Une seconde conséquence qui dérive du rôle de la consommation et de la production dans la vie des États et des peuples, et qui est d'ordinaire non moins méconnue, est le caractère profondément égoïste de la politique.

L'on a soutenu qu'il y avait deux morales, l'une propre aux personnes, l'autre aux gouvernements. Il n'y a qu'une morale, mais il importe de la concevoir dans toute sa grandeur. Le tuteur, qui s'élève dans la vertu jusqu'à présenter la joue gauche quand on l'a frappé sur la droite, et qui abandonne son habit après qu'on lui a pris le manteau, serait un fort méchant homme s'il laissait traiter et dépouiller de la même façon ses pupilles.

Loin de là; la même morale qui nous prescrit de pratiquer pour nous-mêmes l'abnégation et le renoncement à l'égard de nos semblables nous ordonne de mettre les mêmes vertus en pratique pour protéger de toutes nos forces les intérêts de ceux qui nous sont confiés. Il en est comme du meurtre : crime commis dans la vie sociale, il est un acte héroïque, lorsqu'il est accompli pour défendre cette même vie sociale. Or, la consommation et la production étant la condition principale de la vie des États et des peuples, l'homme politique ne saurait jamais être assez dévoué à leurs intérêts, et doit, par cela même, se montrer d'un égoïsme absolu quand il s'agit de les protéger et de les défendre.

Ces points établis il est aisé de nous rendre compte de nos folies et de nos sottises en politique. Nous opposons le peuple à l'État alors qu'ils sont la même chose. Nous parlons de classes productrices et de classes consommatrices, de classes travailleuses et de classes exploitant les travailleurs, alors que chacun produit et consomme, consomme et produit selon l'organisme social et politique auquel il appartient. Nous distinguons les intérêts de nos départements les uns des autres et nous protégeons ceux-ci, nous sacrifions ceux-là, alors que tous sont des organes également nécessaires à l'existence de l'ensemble. Enfin, nous nous séparons en partis politiques de toute espèce, chacun s'imaginant que la prospérité et la puissance publiques ne sont que de son camp, alors que le tout se réduit à des ambitions de prospérité et de puissance personnelles, et, tout cela, parce que nous ne savons ni ce que c'est qu'un État, ni ce que c'est qu'un peuple. En nous voyant nous démener de la sorte : nous forgeant des théories chimériques, nous excitant dans nos oppositions, prêchant la haine, le désordre, la révolte, nous ne faisons qu'une chose : la douloureuse et fatale expérience de l'étroitesse de nos idées.

Toute communauté politique renferme sous une forme plus

ou moins parfaite les mêmes éléments constitutifs : familles, classes sociales, divisions territoriales, partis politiques, et subit la même condition d'existence par la solidarité de sa production et de sa consommation. Mais inconscient du rôle de ces grands facteurs politiques, chacun se prend soi-même pour mesure et confond son petit horizon avec celui de l'État. Les événements surgissent sans qu'on puisse les prévoir, les institutions se transforment sans qu'on en découvre les raisons, et les peuples, les États, arrivent à l'apogée de leur prospérité ou en déchoient sans qu'on soit capable de s'en rendre compte. Loin de là, chacun jugeant toute chose à son point de vue, les mots mêmes changent de sens, la puissance paraît faiblesse, la prospérité misère, le progrès décadence, la décadence progrès, l'État tyrannie ou droit, le peuple droit ou tyrannie, et toutes les notions devenant troubles, confuses, les familles se désorganisent, les classes sociales se déforment, les divisions territoriales se désagrègent, les deux grands partis politiques se divisent en coteries et factions, en même temps que la production et la consommation faiblissent et que la population décroît.

Ainsi les États, les peuples disparaissent dans les éléments mêmes par lesquels ils sont constitués, de la même façon que tout être organisé meurt parce que les cellules dont il se compose s'oblitèrent, ses tissus s'épaississent, ses organes s'épuisent et sa circulation comme sa respiration s'éteignent. Il n'y a qu'une différence, une seule, les organismes meurent parce que c'est une loi de leur nature, mais les États, les peuples disparaissent parce que c'est un effet de leur responsabilité.

VI

LE POUVOIR SOUVERAIN ET LES FONCTIONS PUBLIQUES

La plus grande erreur politique des deux derniers siècles réside dans ces quelques lignes de Montesquieu : « Tout serait « perdu si le même homme ou le même corps de principaux, « des nobles ou du peuple exerçait ces trois pouvoirs : celui « de faire des lois, celui d'exécuter les résolutions publiques « et de celui de juger les crimes ou les différends des parti- « culiers. »

On crut Montesquieu sur parole, et, sans se donner la peine de rechercher en quoi consistait en réalité le pouvoir, on échafauda une doctrine, en apparence aussi raffinée que savante, sur la division du pouvoir en législatif, exécutif et judiciaire. On entreprit, le plus sérieusement du monde, la tâche fantastique de couper la lune en morceaux.

Tout pouvoir, quel qu'il soit, est à la fois législatif, judiciaire et exécutif, fût-ce celui d'un garde-champêtre ; il n'est un pouvoir qu'à cette condition. Le garde-champêtre interprète les coutumes ou les règlements communaux et se fait pouvoir législatif; il les applique à un cas particulier et se transforme en pouvoir judiciaire, il exécute la décision prise en vertu de son pouvoir exécutif, ne chasserait-il qu'une vache d'un pré. S'il néglige de remplir l'une ou l'autre attribution de son modeste pouvoir, il s'expose aux réprimandes du maire, lequel est soumis aux observations du sous-préfet, qui, à son tour dépend du préfet, et de la sorte jusqu'au ministre. Et chacun d'eux exercera son pouvoir dans la même forme : interprétera, jugera et exécutera. Pour que l'homme agisse il faut qu'il interprète l'objet de son action, absolument comme n'importe quel législateur, juge de la façon dont il l'accomplira et exécute sa décision. Sans l'un ou l'autre des trois termes : interprétation, jugement, acte, il ne reste de tous ses pouvoirs à l'homme que des rêves, tel que celui de couper la lune en morceaux.

Supposons, non pas des centaines de législateurs, des milliers de juges, et des centaines de mille de fonctionnaires, mais seulement trois frères, si intimement liés qu'au lieu d'interpréter, de juger et d'exécuter, chacun, ses actes, selon son pouvoir propre, ils prennent la résolution, le premier, d'interpréter l'objet des actes à accomplir, le second, de juger les cas de leur accomplissement, et, le troisième, de commettre les actes. Tous les trois nous apparaîtront comme des fous. Pas plus que la lune on ne taille un pouvoir humain en trois.

Aussi, malgré l'abus des mots, n'existe-t-il pas une constitution au monde dans laquelle le pouvoir soit réellement divisé en pouvoir législatif, pouvoir exécutif et pouvoir judiciaire, car il n'en est pas une qui permette aux corps législatifs de décréter les lois qui leurs plaisent, aux magistrats de juger comme il leur convient et aux ministres d'agir selon leurs fantaisies.

On ne divise pas un pouvoir ; toute division d'un pouvoir le détruit. Mais on divise les fonctions et on délègue le pouvoir nécessaire à leur accomplissement.

Du chef de l'État au garde-champêtre, les fonctions ont été divisées et multipliées à l'infini, de même que de l'électeur au député, de l'huissier au juge, et chacun d'eux exerce dans ses fonctions un pouvoir indivisible : il interprète, juge et exécute, sinon il n'agirait point.

Montesquieu et ses successeurs ont été dupes d'une illusion. Ils confondirent le pouvoir public avec les fonctions publiques, et, ces dernières étant divisibles, ils s'imaginèrent que le pouvoir l'était également.

Le résultat le plus net de leur erreur fut la recherche de la quadrature du cercle en politique sous la forme de l'équilibre des pouvoirs.

Parmi les innombrables constitutions, faites et défaites depuis la célèbre division de Montesquieu, il n'en est pas une qui n'ait eu pour objet cet idéal rêvé par les législateurs : l'équilibre des pouvoirs ! Et ce qui en résulta régulièrement ce fut : la lutte pour le pouvoir. Il n'en pouvait être autrement, le pouvoir étant indivisible. Les Chambres cassèrent les ministres, les ministres procédèrent à la dissolution des Chambres : tous interprétant les nécessités du moment, jugeant les cas spéciaux et exécutant les actes résolus, jusqu'à ce que le peuple interpréta, jugea et exécuta à son tour, se mit en révolution ou acclama des coups d'État. Et si dans cette lutte continue et dans ces troubles périodiques le troisième pouvoir prenait une part, si petite qu'elle fût, les deux autres le menaçaient dans son indépendance ou portaient atteinte à ses prérogatives.

Si, au lieu de rêver une division impossible des pouvoirs et de rechercher un équilibre illusoire, on s'était simplement borné à déterminer exactement la nature des fonctions publiques on aurait évité tous ces déboires.

Il en est de l'équilibre des pouvoirs dans la politique intérieure comme dans la politique extérieure de l'équilibre des puissances. Tant que les États vivent tranquillement l'un à côté de l'autre sans qu'aucun froisse les ambitions ou heurte les intérêts du voisin, l'équilibre le plus parfait règne entre eux, si petits et si grands qu'ils soient. Mais dès que la moindre difficulté surgit, aussitôt l'équilibre se rompt et les intérêts ou les ambitions des plus forts prévalent. Depuis la paix de Westphalie, où l'on inventa cette autre théorie, il n'y a point de violence, point de guerre, qui n'ait eu lieu au nom du prétendu équilibre des puissances; jusqu'au partage de la Pologne qui se fit sous ce prétexte.

Il en est même de l'équilibre des pouvoirs.

Aussi longtemps que le chef de l'État, les électeurs, les Chambres, la magistrature, le gouvernement remplissent leurs fonctions, les uns au contentement des autres, la paix intérieure se maintient, c'est-à-dire que les pouvoirs publics, quelle que soient leurs formes, se trouvent en équilibre. Mais aussitôt que, par des contrariétés ou des oppositions, ils entravent leur action, ce n'est ni la lettre de la constitution, ni de vaines théories qui en décideront : ce sera l'autorité du pouvoir qui, dans le moment, sera le plus puissant. Des chefs d'État seront exécutés, exilés ou destitués, les lois constitutionnelles modifiées, les Chambres dissoutes, les ministres cassés, les magistrats révoqués, des coups d'État plébiscités ou des révolutions accomplies ; de tous les pouvoirs publics il n'en est pas un qui n'ait déjà succombé dans la lutte. Divisez, subdivisez donc le pouvoir ; prenez toutes les précautions imaginables ; cherchez toutes les garanties possibles, l'exercice d'un pouvoir quelconque dépend de la supériorité avec laquelle celui qui en est chargé interprète la situation, juge les adversaires et exécute ses résolutions, absolument de la même manière qu'un État plus fort impose sa volonté à un État plus faible. Il en est des traités de paix comme des constitutions, ces traités de paix intérieurs. On y définit les pouvoirs respectifs ; mais ce qu'aucune constitution ni aucun rêve d'équilibre ne saurait prévoir ou conjurer c'est l'incapacité ou les ambitions des hommes qui les détiennent.

De tous les États de l'Europe l'Angleterre est celui qui, depuis deux siècles, donne le spectacle de la plus grande stabilité des institutions. Si, au lieu de suivre Montesquieu nous avions réellement imité les Anglais qui n'ont pas plus de théorie *à priori* sur leurs droits publics qu'ils ne possèdent de constitution écrite, nous aurions, comme eux, limité les fonctions du pouvoir souverain, sans songer un instant à le diviser, et, comme eux encore, nous aurions d'époque en époque déterminé de plus en plus exactement les fonctions des ministres, des chambres, des électeurs, parvenant, comme eux enfin, à prendre l'habitude de nous gouverner nous-mêmes, au lieu d'être devenus, malgré toutes nos révolutions, le peuple le plus gouverné du monde.

En nous imaginant le pouvoir divisible, nous en avons perdu la notion, au point de le laisser à la merci de tous les faiseurs et de tous les ambitieux, du même coup que nous avons perdu la capacité de nous gouverner nous-mêmes.

Nous parlons du pouvoir souverain du peuple. C'est une seconde erreur, conséquence de la précédente. Il n'existe pas plus de pouvoir souverain populaire qu'il n'existe de pouvoir divisible. Mais ayant commis la faute de diviser le pouvoir, le pouvoir disparut et naïvement nous nous sommes figuré qu'il fallait le retrouver dans la volonté du peuple en le divisant à l'infini. Dans le premier cas nous confondîmes le pouvoir avec les fonctions et dans le second le pouvoir avec la puissance.

Autre chose est le pouvoir, autre chose la puissance.

La somme des particuliers fait la masse du peuple et constitue l'État. Si dans cette masse chacun pouvait agir comme il lui plairait, en d'autres termes, si la volonté d'un chacun était souveraine, il n'y aurait ni ordre ni harmonie, comme dit Bodin, partant point de peuple, point d'État. Dans les démocraties les plus parfaites aussi bien que dans les monarchies les plus absolues, le peuple ne représente qu'une collection des volontés individuelles. Il n'existe point d'autre volonté que des volontés individuelles. Il en résulte d'une part que c'est du peuple qu'émane toute puissance publique : les volontés, sans cesser un instant d'être individuelles, se coordonnent de manière à prendre une direction uniforme, à tendre vers un but commun ; mais ce n'est point à la façon des gouttes d'eau devenant sources et des sources devenant rivières : au sein du peuple, malgré la communauté des tendances et l'identité du but, toutes les volontés restent distinctes, individuelles. Il en résulte d'une autre part que, dans l'uniformité de leurs tendances et l'identité de leur but, toutes les volontés se concentrent forcément en une volonté unique ; il n'y en a point d'autre. C'est la volonté souveraine. Elle n'est pas la puissance ; la puissance continue à résider dans la masse des volontés particulières ; mais elle est la volonté souveraine qui, par la nature même des volontés particulières, en est l'expression et se transforme en pouvoir souverain, au-dessus duquel il n'y a plus, comme dit Grotius, d'autre volonté humaine. Voilà le pouvoir public souverain. C'est « l'entéléchie des États », écrit Montchrétien ; « c'est l'âme », traduit Richelieu, « qui anime les États et leur inspire autant de force et de vigueur qu'il y a de perfection. » « Un peuple sans puissance souveraine, nous dit Bodin, est un navire désemparé qui n'est que bois. »

De plus, ce pouvoir est toujours absolu. « C'est autre chose, « écrit Bossuet, que le pouvoir soit absolu, autre chose qu'il « soit arbitraire. Il est absolu par rapport à la contrainte, « n'y ayant aucune puissance capable de forcer le souve- « rain qui, en ce sens, est indépendant de toute volonté hu- « maine. Mais il ne s'ensuit pas que le gouvernement soit « arbitraire. C'est qu'il y a des lois dans les empires contre les- « quelles tout ce qui se fait est nul de droit... Le gouverne- « ment est établi pour affranchir tous les hommes de toute « oppression et de toute violence, rien n'étant, dans le fond, « moins libre que l'anarchie, qui ne connaît d'autre droit « que celui de la force. » Nous n'avons fait que donner une forme plus simple à la pensée de Bodin, de Grotius, de Montchrétien, de Richelieu et de Bossuet en disant que l'uniformité des tendances et l'identité du but de toutes les volontés individuelles constituait la puissance, et l'expression qu'elles trouvaient dans une volonté unique le pouvoir souverain.

C'est à nos anciens qu'il faut revenir pour se former des idées justes et fortes en si difficile matière. Le pouvoir souverain est toujours et nécessairement l'expression la plus haute de l'union et de l'entente du peuple, et exprime l'accord le plus parfait possible entre les hommes qui le composent.

Quelle que soit la forme sous laquelle la communauté des volontés s'exprime : croyance religieuse, tradition et coutume similaires, suffrage direct ou indirect, universel ou restreint, volontés individuelles ou majorité; et quelle que soit la forme sous laquelle le pouvoir souverain s'exerce : héréditaire ou éligible, unique ou multiple, conseils ou directoires interprétant, jugeant et exécutant toutes les volontés individuelles; les formes n'influent pas sur le fond. Pour qu'il y ait pouvoir public et volonté souveraine, il faut qu'il y ait une volonté unique.

Peu importe encore qu'en dernière analyse ce soit une favorite qui dispose d'une volonté royale ou un tribun qui décide de la volonté d'un peuple assemblé ou un collègue qui détermine celle d'un conseil, qu'au moment d'une révolution ce soit un maître boucher, un tanneur, et en cas de danger public un général victorieux, jamais la somme des volontés singulières ne s'exprimera que sous la forme de la volonté d'un seul.

Emporté par l'illusion de Montesquieu sur la division des pouvoirs, Benjamin Constant s'écriait : « Voyez comme le « pouvoir royal peut mettre fin à toute lutte dangereuse et « rétablir l'harmonie entre les pouvoirs. L'action du pouvoir « exécutif est-elle dangereuse, le roi destitue les ministres. « L'action de la chambre héréditaire devient-elle funeste, le « roi lui donne une tendance nouvelle en créant de nouveaux « pairs. L'action de la chambre élective s'annonce-t-elle « comme menaçante, le roi fait usage de son *veto*, ou il dis- « sout la chambre élective. Enfin l'action même du pouvoir « judiciaire est-elle fâcheuse, en tant qu'elle applique à des « actions individuelles des peines générales trop sévères, le « roi tempère cette action par son droit de faire grâce. » Cependant, continue Benjamin Constant quelques pages plus loin : « le pouvoir exécutif réside de fait dans les ministres ; « le pouvoir ministériel est réellement le seul ressort de l'exé- « cution dans une constitution libre, le roi ne propose rien « que par l'intermédiaire de ses ministres ; il n'ordonne rien « que leur signature n'offre à la nation la garantie de leur « responsabilité. » Ainsi le pouvoir souverain serait à la fois le *deus ex machina*, apparaissant toujours à point pour préparer le meilleur dénouement, et le légendaire roi soliveau, incapable d'ordonner quoi que ce soit sans contre-seing ministériel. Contradiction qui souleva émeutes et révolutions et jeta bas aussi bien les ministres avec leurs signatures que les rois avec leur couronne.

Il n'y a qu'un pouvoir souverain, quelles qu'en soient les formes : il est toujours l'expression de la masse des volontés particulières, qui sont la puissance ; hors de là, il n'est qu'illusion ou erreur. Il est ferme et stable, fondé sur des volontés fermes et stables ; il est débile, incertain, fondé sur des volontés débiles, incertaines ; dans le premier cas, il peut tomber entre les mains d'un enfant ou d'une femme sans cesser d'être ferme et stable ; dans le second, être exercé par un homme de génie et rester débile, incertain.

Tel est le pouvoir souverain, aucune institution n'y changera rien. Sans lui, un peuple ne constitue plus un État, il ne forme même plus un peuple, mais une collection d'individus sans lien commun, une bande d'aventuriers ramassés au hasard, moins encore qu'un peuple plongé dans l'anarchie, car celui-ci peut du moins sortir de ses désordres, en trouvant un homme capable de coordonner les aspirations et d'exprimer les volontés de tous.

Dans une de nos dernières élections, une affiche parisienne proposait de remplacer le président de la République par un cachet en caoutchouc humide à 3 fr. Supposons que nos Chambres aient trouvé ce moyen pratique, aussitôt la main qui tenait le cachet devenait la main souveraine. Allons même plus loin ; divisons encore ce dernier vestige des fonctions souveraines et qu'un homme soit chargé de détenir le cachet, un second de l'humecter et un troisième de l'apposer, — les trois pouvoirs de rigueur, — le dernier, quoi qu'on fasse, redeviendra le pouvoir souverain, unique, indivisible, absolu, du moment que, interprétant, jugeant et exécutant sa résolution d'apposer ou de ne pas apposer le cachet il se sentira soutenu par la puissance des volontés de la masse.

La division du pouvoir souverain est une utopie, à quelque point de vue que nous l'envisagions. Que ce pouvoir ne consiste que dans le rôle d'une poupée couronnée devant laquelle la masse vient de temps en temps se prosterner, si cette poupée a le génie nécessaire pour comprendre la volonté de cette masse, sa puissance sera sans bornes; qu'elle possède, au contraire, toute l'autorité imaginable qui puisse être confiée à un être humain, elle ne sera qu'un jouet entre les mains de ses créatures si elle ne possède les moyens nécessaires pour exercer son autorité, parce que sous toutes les formes les fonctions du pouvoir souverain se divisent et son autorité se délègue, d'un roi à une favorite, d'un conseil à un de ses membres, d'une assemblée populaire ou élue à un chef, tribun ou *leader*. Les formes de la délégation sont infinies comme les passions et les volontés humaines; vouloir en fixer les règles c'est ne rien y comprendre. Au-dessus du pouvoir souverain, il n'y a plus de volonté humaine.

Aucun pouvoir ne se divise, pas plus le pouvoir souverain qu'un autre; mais tout pouvoir se délègue : bon pour pouvoir et une signature suffisent. Ah! si au lieu de prendre à la lettre l'*Esprit des lois*, qui ne fut que « de l'esprit à propos des lois » et surtout des lois étrangères, on s'était efforcé de pénétrer un peu davantage notre histoire législative propre, combien d'erreurs et de fautes on se serait épargné! Fasciné par le pouvoir, on en méconnut les fonctions, et ceux qui le détenaient aussi bien que ceux qui l'ambitionnaient. Nos mauvais rois et nos gouvernements déplorables, nos coups d'États et nos révolutions n'eurent pas d'autres origines.

A force de parler de la souveraineté nationale sans en avoir la moindre idée précise, de diviser les pouvoirs sans parvenir à en diviser un seul, de rechercher leur équilibre en n'organisant que leur lutte, de vouloir des garanties sans en découvrir d'autres que la force, nous sommes arrivés, en science politique, à ce point que si nous prétendions que M. Carnot est notre souverain, nous ferions pousser un haro général, non seulement par les monarchistes, mais encore par les républicains.

Nous n'avons plus de pouvoir souverain, puisqu'il est divisé ; mais nous avons un président de la République qui est le représentant de ce pouvoir souverain. Il choisit ses ministres, préside leurs conseils, promulgue les lois, signe les traités avec les puissances étrangères, accorde des grâces et dissout, de concert avec le Sénat, les Chambres.

Nous avons des ministres qui ne sont pas davantage le pouvoir souverain, puisqu'il est divisé, mais qui dirigent les affaires, négocient avec les Chambres, traitent avec les pays étrangers et qui sont, en tout cela, vraiment souverains : aucune organisation, aucune loi, aucun arrêté, aucun acte du président n'a de valeur sans leur contre-seing.

Nous avons une Chambre qui n'est rien moins que souveraine, puisque chaque loi qu'elle vote doit être ratifiée par le Sénat, promulguée par le président, contresignée par un ministre, et que la majorité, le plus souvent, dépend d'une minorité infime, laquelle décidant du nombre impose ses volontés propres en souveraine, et cependant ce n'est pas cette minorité, c'est la majorité qui est souveraine et qui oblige le Sénat à céder, des présidents de la République à donner leur démission et les ministres à faire place à d'autres.

Nous avons un Sénat qui, moins encore que la Chambre, est souveraine, et qui l'est cependant davantage, car de lui dépend le vote définitif des lois, qu'il amende et modifie à sa guise ; c'est lui qui, de concert avec le président, dissout la Chambre, et, se transformant en haute cour, juge en souverain des procès politiques.

Enfin nous avons encore un pouvoir judiciaire souverain en ces décisions, et cependant il y a du temps qu'il n'est plus question de sa souveraineté.

Il ne reste donc, grâce à l'idée confuse que nous avons de la souveraineté nationale, que le vrai, le grand souverain, le peuple. Lui seul, en dernier ressort, juge ses députés et ses sénateurs, renouvelle ou ne renouvelle pas leurs mandats, et par eux dispose de la nomination du président de la République, des ministres et de toutes les affaires du pays. Il n'y a qu'un mal : pour disposer des affaires, il faut les connaître et chacun ne peut en juger que par les petits intérêts qu'il comprend et les petites ambitions qu'il éprouve, tandis que tout pouvoir souverain est la coordination de tous les intérêts en un intérêt unique et de toutes les ambitions en une volonté suprême.

« Auparavant, nous dit Bodin, qu'il n'y eut ni cité, ni ci-« toyen, ni forme aucune de République entre les hommes, « chaque chef de famille était souverain en sa maison ». Espèce de souveraineté qui est la négation même de la souveraineté véritable, qui n'est pas même l'anarchie, l'impuissance, mais qui est l'arbitraire en tout et partout. On peut en faire une doctrine politique. De quoi ne peut-on faire de doctrine ? Mais ce n'est point de la sorte que subsiste un peuple, qu'il constitue un État.

Et cependant, tout en ne découvrant le pouvoir vraiment national et souverain nulle part, nous sommes un des peuples les plus puissamment constitués et les plus fortement organisés du monde.

D'où provient et que signifie cet étrange phénomène ?

« Depuis que la force, la violence, l'ambition, l'avarice, la « vengeance, écrit Bodin, eurent armé les hommes les uns « contre les autres, l'issue des guerres et des combats don-« nait la victoire aux uns, rendait les autres esclaves ; et, « entre les vainqueurs, celui qui était élu chef et capitaine et « sous la conduite duquel les autres avaient eu la victoire, « continuait en la puissance de commander aux uns comme « aux fidèles et loyaux sujets, aux autres comme aux escla-« ves. » Bodin oubliait sa belle définition de l'État. La victoire des uns et la réduction en esclavage des autres eussent été impossibles si, avant le combat, ceux qui sont devenus les fidèles et loyaux sujets ne s'étaient entendus entre eux de manière à se donner un chef commun.

Si faibles qu'aient été d'abord les liens entre les hommes, il a fallu qu'ils commençassent par observer la paix entre eux, qu'ils eussent un chef justicier, — qu'ils s'entendissent dans leurs aspirations communes, —qu'ils obéissent à une même direction religieuse, — se donnassent une entente suffisante pour se défendre ou attaquer de concert,— qu'ils eussent un chef militaire. Le premier souverain véritable, en temps de paix comme en temps de guerre, fut un chef à la fois religieux, justicier et militaire, fonction triple, issue de la nécessité de l'entente des hommes entre eux, qui exprime sous la forme la plus complète la puissance la plus grande possible de l'autorité suprême. C'est la forme de gouvernement propre à tous les peuples à caractère primitif.

Avec le progrès et la civilisation, ces trois fonctions échappent de plus en plus au pouvoir souverain, et deviennent, par division et délégation, de simples pouvoirs publics. Par suite de la diversité des croyances nées du développement même des croyances primitives, le pouvoir souverain perd son caractère religieux : la multiplicité des coutumes aussi bien que l'extension de la population lui enlèvent son caractère justicier, et la nécessité d'organiser des moyens de défense régulière en même temps que l'importance croissante des guerres l'obligent de confier au plus capable le commandement de l'armée. Ainsi la triple fonction du pouvoir souverain, à mesure que les États grandissent, se fortifient, se civilisent, échappe à sa puissance et, se divisant, se subdivisant, forme l'organisation religieuse, judiciaire et militaire.

En revanche, il est une quatrième fonction qui, d'abord insignifiante, se bornant à la gestion de la maison propre, s'étend et grandit en proportion que les fonctions précédentes se détachent du pouvoir souverain, c'est la fonction administrative.

Cette transformation du pouvoir souverain, nous pouvons la suivre aussi bien dans notre propre histoire que dans celle de tous les autres peuples.

Autrefois, quelques millions d'impôts paraissaient au pays une charge insupportable ; il paie aujourd'hui autant de milliards sans se plaindre. La différence de richesse n'y est pour rien. Des villages élevaient alors des cathédrales que la construction d'une maison d'école ruine aujourd'hui. Mais autrefois chaque localité, chaque seigneurie s'administrait elle-même, aujourd'hui l'administration est devenue une fonction du pouvoir souverain. Autrefois, « nul n'était tenu de payer un impôt si ce n'était de son plein gré » ; aujourd'hui, personne ne peut s'y refuser. En d'autres termes, le droit d'exiger le payement des impôts est devenu un droit souverain en même temps que celui d'en voter le montant un droit public.

La chose se fit de la façon la plus simple. Philippe-le-Bel, impuissant de continuer, au moyen des seuls revenus de son domaine, la lutte contre les riches villes des Flandres, qui s'étaient révoltées contre leur comte, son vassal, convoqua les premiers états-généraux pour leur demander les ressources nécessaires pour l'host des Flandres. En fait, la fonction du pouvoir souverain de fournir aux dépenses nécessaires à l'exercice de ce pouvoir furent divisées. Le roi, poussé par la nécessité, s'empara du droit de demander l'impôt, et, pour l'obtenir, laissa au pays celui d'en voter le montant. Dans l'origine, la forme ne fut ni nette ni tranchée ; mais, avec le temps, l'administration devenant de plus en plus une fonction souveraine, le vote de l'impôt prit aussi une importance de plus en plus considérable. Il ne changea en rien de nature : il est encore de nos jours ce qu'il fut à l'époque de Philippe-le-Bel, quoique la fonction en soit devenue de mieux en mieux ordonnée. Il prit surtout en Angleterre, à la suite de révolutions nombreuses, une forme régulière, ce qui trompa Montesquieu. Voyant la Chambre des communes voter l'impôt et le faire sous la forme de lois, il crut sincèrement à une division des pouvoirs en législatif et exécutif, auxquels il ajouta, sans doute, en tenant compte du rôle important des Parlements en France, le pouvoir judiciaire.

Son erreur fut excusable : ce qui le fut moins, c'est qu'on en fit une doctrine, en dépit de tous les faits, et qu'on s'égara jusqu'à se figurer que, par cela seul que le peuple paie les impôts et nomme ses députés pour voter des lois concernant l'intérêt général, il était souverain ou exerçait sous une forme quelconque le pouvoir souverain.

En matière de science politique nous en sommes encore à l'époque de Philippe le Bel, malgré les milliards que nous payons. De la même façon qu'à la veille de la guerre de cent ans on opposa le pouvoir royal à celui du peuple, sans comprendre qu'ils étaient la même chose, et les fonctions publiques les unes aux autres, sans concevoir leur solidarité, — la guerre n'aurait point duré un siècle, — nous recherchons aujourd'hui un équilibre des pouvoirs sans parvenir à le trouver, et nous attribuons la souveraineté au peuple en même temps qu'au président de la République, et notre état révolutionnaire dure depuis un siècle encore. Il faudra cependant finir par s'entendre, sinon avec les autres, ce serait trop demander, du moins chacun avec soi-même.

Il existe un pouvoir chez nous, vraiment souverain celui-là, par son homogénéité comme par sa force. Sans lui aucun de nos pouvoirs divisés : contribuables et électeurs, Chambre et Sénat, Ministres et Président ne se maintiendraient pendant vingt-quatre heures. Pouvoir dont personne ne parle et qui les tient, les domine tous ; qui fait les majorités dans les votes populaires, qui interprète et applique les lois des Chambres, qui dicte et fait leurs leçons aux ministres et soutient l'autorité du chef souverain ; c'est tout simplement l'administration. Elle est en notre siècle de révolutions, de coups d'État et de désastres, ce que fut la croyance en la royauté pendant les désastres, les coups d'États et les révolutions de la guerre de cent ans.

En 1870, lorsque coup sur coup les sombres nouvelles de la défaite de Sédan, de l'armée et de l'empereur prisonniers, de l'impératrice et de son fils en fuite, se répandirent et que la Chambre, sans mandat, proclama la République et institua le gouvernement de la défense nationale, on annonça cette révolution, la plus rapide et la plus complète que la France ait faite dans son histoire, au directeur d'une de nos grandes administrations. Il se tourna tranquillement vers le garçon de bureau : descendez les cachets de la République ! et la France rebondit, plus unie, plus forte, aussi vaillante que jamais : son administration s'était révélée sa vraie souveraine.

La raison en fut des plus naturelles. Dans l'administration on ne divise pas les pouvoirs, mais on divise les fonctions, à partir des directeurs généraux jusqu'au dernier facteur du plus petit hameau ; et, loin d'organiser la rivalité et la lutte entre eux, sous le fallacieux prétexte de leur équilibre, on détermine leurs fonctions de manière à ordonner l'accord, l'harmonie générale par le pouvoir spécial attribué à chacun d'eux, des directeurs aux chefs de bureaux et des commis aux derniers expéditeurs. Ce fut l'administration qui, en dépit de deux ministères, l'un à Paris, l'autre à Tours, et sans Chambre ni Président de République aucun, leva, après la perte de l'armée officielle, une armée d'enfants, et sauva, sinon la gloire, du moins l'honneur de la France ; ce fut elle qui, tenant tous les liens du pays, maintint l'unité nationale ; ce fut elle qui, prélevant toutes les recettes, faisant toutes les dépenses, improvisa un nouveau matériel de guerre. Ce fut elle enfin qui, lorsque la résistance devint impossible, permit de payer les milliards de la libération du territoire, régla la cession des provinces, réorganisa l'armée, malgré une législation déplorable, et rendit sa force et sa prospérité à la France, malgré les démissions successives de ses présidents et le changement continuel de ses ministères et de ses Chambres. C'est qu'elle réunit, comme la royauté durant la guerre de cent ans, tous les dévouements et les efforts de chacun vers le relèvement national. Aussi, sa puissance est telle qu'il n'y a point de parti politique, si ineptes qu'en soient les opinions et absurdes les rêves, qui ne s'imagine qu'en mettant la main sur l'administration il ne réaliserait toutes ses ambitions, et que c'est autour d'elle en somme que se groupent toutes nos discussions politiques, à partir des comités électoraux jusqu'au sein des Chambres et des conseils de cabinet. Elle est notre reine d'Angleterre à nous, notre empereur d'Allemagne, notre tsar de toutes les Russies, notre vraie souveraine, et elle le restera tant que nous nous imaginerons que c'est par la division des pouvoirs et non par leur organisation, que nous assurerons nos libertés et notre puissance politique.

Emportés par des idées fausses sur la nature du pouvoir souverain, nous avons cru briser avec l'ancien régime alors que nous l'avons porté au comble. A partir de la Terreur jusqu'à la République actuelle, pas un gouvernement qui ne se soit efforcé de reprendre et de continuer l'œuvre commencée par Hugues Capet, et dont les traditions reprises de règne en règne, de ministère en ministère, n'aient tendu sans interruption vers l'accroissement du *pouvoir administratif*.

Montesquieu le confondit avec le pouvoir exécutif, et nous persévérons dans la même illusion. L'un n'est pas l'autre : le premier ne fait qu'obéir, le second ne fait que commander; l'autorité de celui-ci est une part du pouvoir souverain, l'autorité de celui-là n'en est qu'une délégation; c'est le serviteur chargé de tenir la maison, et qui par lui-même ne commande rien. Mais le maître s'étant mis dans l'impossibilité d'ordonner avec une régularité quelconque, le serviteur, en tenant la maison, est devenu le maître réel. Sans lui, ni ordre, ni tenue, et le tout s'en irait vers une désorganisation d'autant plus rapide que nous en avons fait la maison du bon Dieu, où chacun se croit souverain et maître.

Heureusement que, dans notre incapacité et notre inintelligence de ce qui constitue réellement le pouvoir, nous sommes impuissants d'ordonner quoi que ce soit de durable en dehors de nos petits intérêts et de nos petites ambitions personnelles. Ignorant en outre en quoi consiste réellement le pouvoir administratif, — il n'y a pas un homme en France qui connaisse, nous ne disons pas l'administration, mais un seul de ses immenses services, — nous nous trouvons dans l'impossibilité, malgré notre division du pouvoir souverain, ou plutôt, à cause de cette division même, d'y faire un changement sérieux quelconque. Aussi, en dépit de nos déclamations creuses et de nos velléités de réformes, nous en restons, sinon « les fidèles et loyaux », du moins les très soumis sujets.

VII

LA SITUATION EXTÉTIEURE

Il y a deux sortes de revanches.

L'une passionnée, irréfléchie, qui s'acharne après les pertes qu'on a subies comme un joueur court après son argent, toujours prêt à remettre à un dernier coup du sort ce qui lui reste de fortune et d'avoir

L'autre avisée, prudente, décidée à ne rien laisser au hasard, que la partie se passe sur le tapis vert des cabinets ou sur le champ de bataille.

C'est cette dernière que nous voulons. C'est elle, si nous avons un peu de patience, que nous aurons.

Pour s'assurer la possession pacifique de ses nouvelles frontières, l'Allemagne fit d'abord alliance, comme pour en faire les garants invincibles, avec l'Autriche et la Russie.

Pour détourner en même temps notre attention des conquis et exilés de nos provinces perdues, le nouvel empire nous encouragea à toutes les entreprises lointaines.

C'était un système complet de politique. Il s'écroula avec le traité de Berlin, qui semblait en être le couronnement.

Depuis, les efforts de la diplomatie allemande se concentrent : à profiter de l'état de la presqu'île des Balkans pour opposer à l'Est, tantôt la Russie à l'Autriche, tantôt celle-ci à la première ; à se servir de la situation de l'Egypte pour entretenir les méfiances entre les deux grandes rivales de l'Ouest, et à maintenir, au Sud, l'Italie dans l'obédience, en lui faisant redouter, selon les circonstances, ou l'ascendant du Pape, ou les ambitions de la France.

Ce n'est plus que de la diplomatie d'expédients.

Le jour où ces États posséderont des hommes d'État assez éminents pour s'entendre directement, l'Autriche et la Russie règleront, suivant leurs intérêts, la questions des Balkans, la France et l'Angleterre décideront de concert du sort de l'Égypte, et l'Italie reviendra à la France pour parvenir, sans déception, à réaliser du moins une partie de ses aspirations.

Sous bien des rapports, la situation extérieure ressemble à la situation intérieure. Ce n'est pas UN homme, ce sont des hommes qu'il faut.

Pour le moment, c'est la mode de compter sur l'alliance de la Russie, sans pour cela nous rendre mieux compte ni du caractère ni de l'histoire de cette alliance.

Plaine immense, peuple sans bornes, domination mongole, influence byzantine, autocratie et nihilisme, doctrinarisme et humanitarisme, conjurations de palais, complots, assassinat, knout et licence, terre et ciel, tout nous a servi pour expliquer la Russie.

Au fond, elle est la puissance, la plus simple, j'allais dire la plus élémentaire de tous les Etats européens. Qu'on se figure une masse énorme de quatre-vingt-dix millions et plus de paysans et de nomades, administrant parfaitement leur commune ou leur horde, et ne reconnaissant en dehors d'elles qu'une seule autorité humaine, représentant la force et la justice sur le globe : le tsar ; voilà la vraie Russie.

Greffez sur cette fougère gigantesque les modes et les sciences, l'administration et le commerce, l'industrie et l'organisation militaire, les théories vagues et les utopies chimériques, ces lianes écloses dans nos serres chaudes, elles pousseront, pulluleront sur sa rude écorce, sans l'entamer, et vous aurez une idée assez exacte de la Russie.

Elle n'est pas plus notre alliée naturelle que celle de l'Allemagne ou de l'Autriche, de l'Angleterre ou de la Turquie ; elle n'a qu'un souci, s'étendre, qu'une ambition, grandir. Si elle y met des formes, c'est pour se faire mieux comprendre et admettre dans le prétendu concert européen.

Tout le monde et personne peut compter sur elle. Nous lui faisons des offres, elle les présente à Berlin, qui lui en fait de meilleures ; c'est à prendre ou à laisser, sans fausse honte ni faux honneur ; son honneur, sa conscience, c'était elle-même. Elle n'en admet point d'autres.

L'Autriche la gêne, l'Allemagne la tracasse, elle se fait l'alliée de l'une et de l'autre, ne pouvant se faire l'alliée de l'une contre l'autre. Si le lendemain elle a changé de politique, c'était pour suivre la même.

Empêchée de s'étendre sur la Vistule, elle s'étend sur l'Amour ; forcée d'organiser ses provinces conquises, elle revient vers l'Afghanistan ; obligée de discipliner des tribus à peine soumises, elle laisse les Anglais se fortifier dans les Indes et se tourne vers Constantinople. Toute alliance qui l'aide à grandir est bonne, toute autre mauvaise. Elle participe au partage des Etats avec la même désinvolture qu'elle marche à leur conquête ; réduit la Pologne et soulève les Balkans parce qu'il sont slaves et annexe Chinois, Turcomans, Arméniens parce qu'ils ne le sont pas, mais parce qu'elle est toujours elle, la Russie.

L'alliance de la Russie !

La Russie n'a qu'une alliée, c'est elle-même, et, comme Médée, elle trouve que c'est assez ; mais le jour où nous prouverons que nous pouvons compter sur nous-mêmes, elle sera notre meilleure amie.

Dès le lendemain de la guerre de 1870, nous avons recherché son amitié, tandis que nous tenions rancune à l'Autriche de ce qu'elle ne nous avait pas mieux soutenu durant nos désastres. Ce fut une double sottise ; plus que la guerre, elle changea la face de l'Europe.

Menacée d'être coupée en deux par le panslavisme d'une part et le pangermanisme de l'autre et négligée par nous, l'Autriche accepta les avances de l'Allemagne, ce qui porta, en matière d'affaires étrangères, l'influence allemande de la Baltique à la Méditerranée et des Vosges aux Karpathes, tandis que l'empire des Habsbourgs, acceptant le programme de 1859 de M. de Bismarck, parut résolu à transporter de plus en plus son centre de gravité à Bude-Pesth et son activité vers les Balkans.

En réalité, l'Autriche est le seul État de l'Europe qui fasse encore de la vieille diplomatie.

Refusant de suivre nos colères et nos rancunes pour des désastres passés, elle s'y soumet avec bonne grâce et conserve sa liberté d'esprit.

Battue en 1859 par nous et les Piémontais, elle est dans les meilleurs termes avec l'Italie et, des deux côtés de la Leitha, nous conserve de bons amis. Rebattue en 1866 par la Prusse et rejetée de l'Allemagne, elle est devenu sa grande et fidèle alliée. Tout ce que veut l'Allemagne, elle le fait ; tout ce qu'elle souhaite, elle le désire. Les rochers qu'on ne ne peut faire sauter, il faut les tourner ; elle s'y résout avec une placidité et un savoir-faire que pourraient lui envier nos ingénieurs et avocats diplomates.

Lorsque nous ne songeons plus à 1815, et que nous avons complètement oublié nos frontières de 1789, pour ne nous souvenir que de 1870, l'Autriche n'a pas plus perdu la mémoire du vol de la Silésie que la défaite de Sadowa. Elle y pense et y tient ; mais pourquoi faire étalage de passions profondes alors qu'il est plus utile de vivre en paix avec son plus dangereux voisin.

Jusque dans sa diplomatie, elle est slave d'une part et reste allemande de l'autre.

Les Madgyars font tache dans sa politique ; elle se conduit à leur égard comme envers tout le monde, leur abandonne en apparence la moitié de l'empire pour maintenir l'ensemble. Les Madgyars restent bons Autrichiens, malgré leurs velléités d'opposition, absolument comme tous les royaumes, pays et comtés de l'empire.

Chambre des seigneurs, chambre des magnats, délégations communes, diètes générales et parlements provinciaux, tour de Babel où l'on se dispute en toutes les langues, et où tout le monde, sauf quelque Madgyars, aveuglés par leur suprématie apparente, et quelques Allemands, ahuris par les succès de la Prusse, pense et sent de la même manière.

Constituée de la sorte, l'Autriche ménage encore plus d'une surprise à l'Europe.

Pendant des siècles, elle a dominé les Slaves et les Madgyars, grâce à sa suprématie en Allemagne ; aujourd'hui ce sont les Madgyars et les Slaves qui tendent à diriger ses provinces allemandes. Au fond elle est restée la même : l'Autriche, dont on a pu dire qu'elle était une expression géographique, sans que le mot fût plus juste à l'époque de Marie-Thérèse qu'aujourd'hui.

La Russie la ménage par crainte de l'Allemagne ; l'Allemagne la soutient par crainte de la Russie, et toutes deux l'ont forcée au partage de la Pologne pour la même raison qu'elles l'obligeront encore au partage des Balkans : la crainte d'une guerre entre elles. Elle le sait et en attendant elle prend la plus grosse part du gâteau.

Aussi turbulents dans leur indépendance que sous la domination turque, les peuples balkaniques n'échapperont pas au sort des Polonais. La Russie ne peut les soumettre sans soulever l'Allemagne et l'Autriche contre elle, ni l'Autriche sans l'opposition de la Russie et l'assentiment de l'Allemagne et cette dernière les y pousse l'une et l'autre absolument comme au temps du grand Frédéric, dans l'espérance de les éloigner de ses frontières.

La France et l'Angleterre protesteront derechef et l'histoire suivra son cours.

Voilà l'Autriche ; un peu moins bonne fille et moins adroite dans sa diplomatie, ses deux grand voisins la couperaient en deux ; elle aime mieux les aider à lui faire faire sa propre politique.

Dans ces circonstances, il est trop tard de revenir sur l'erreur d'avoir négligé son alliance. Pour sortir de notre isolement, il ne nous restait d'autre issue que de nous tourner du côté de l'Angleterre.

Malheureusement, faire de la politique avec ou contre notre ancienne rivale, a toujours été la pierre de touche de la valeur de nos hommes d'Etat.

Pour les uns, terre de toutes les libertés ! pour les autres, patrie de toutes les perfidies ! notre politique à son égard n'a jamais été qu'une série d'écoles, car elle n'a jamais été que le fait d'une illusion ou d'une erreur.

Au siècle dernier, à la paix d'Utrecht, elle revendiqua le droit de fournir d'esclaves les colonies espagnoles ; au commencement de celui-ci, elle se fit le champion de l'abolition de cet horrible commerce ; de notre temps, elle inventa celui des coolies, et laissa Gordon rétablir la traite sans le moindre cri d'indignation.

Cette histoire est l'exemple le plus parfait de la politique anglaise. Elle prend et abandonne, reprend et reabandonne, exige ou concède, accorde ou réclame, selon ses intérêts et les possibilités du moment. Appelez cette politique de l'égoïsme de la petitesse d'esprit, de la politique de boutique ou de mauvaise foi ; dans son ensemble, elle nous est aussi incompréhensible qu'elle nous est impraticable.

Se passionnant aussi peu pour les questions de principes que pour les affaires de sentiment, elle met, dès qu'une résolution lui paraît la plus pratique, une persévérance, une énergie dans son exécution qui nous semble hors de mesure au milieu des écarts dans lesquels nous nous plaisons pour faire valoir nos principes ou manifester nos colères.

Sa lutte contre la première république et l'empire a été épique. Elle continue la même lutte avec la Russie, nous entraîne dans la guerre de Crimée, excite l'Autriche, retient l'Allemagne, ne cède qu'à contre-cœur à la paix de Paris.

La Russie veut prendre sa revanche ; elle l'oblige à renoncer à ses victoires et au traité d'Andrinople ; lui impose le congrès de Berlin ; soutient une principauté dans sa révolte contre la Turquie son alliée, et s'en fait une alliée contre le tsar ; impose le désarmement à la Grèce, son ancienne favorite ; arme et fortifie l'émir de l'Afghanistan, s'agite en Perse, suscite l'offensive de la Chine, attaque et se défend, avance, recule, pousse, repousse de tous côtés à la fois, et, lorsqu'elle ne pourra plus couvrir Constantinople ni empêcher l'invasion des Indes, elle fera de l'envahisseur son meilleur client et des vastes provinces perdues un débouché plus étendu pour son commerce et son industrie.

Telle fut sa politique à l'égard des Etats-Unis ; telle elle est à l'égard de ses colonies, de l'étranger, de tout le monde.

Malgré les reproches d'égoïsme, de contradiction, de tracasserie que nous pouvons lui faire, elle paraît avant tout suivre une politique de bon sens et de force : le secret de son extension et de sa prospérité continues, que nous n'avons jamais compris ni voulu comprendre.

Aussi toutes les parties que, dans les deux derniers siècles, nous avons entrepris de jouer avec elle, si parfois nos partenaires, comme les Etats-Unis, y ont gagné, nous, nous les avons toujours perdues. Le jeu de ses hommes d'État fut toujours le même, et le nôtre plein de surprises, d'éclats subits, de faiblesses insignes : l'éternelle fable de la tortue et du lièvre.

Un moment, à propos de l'intervention en Egypte, nous tenions son alliance dans la main. Pour le plaisir de faire sauter un ministère, la Chambre l'a perdue et avec elle l'Égypte. L'Angleterre y restera d'autant plus sûrement qu'elle nous assurera plus longtemps qu'elle est décidée d'en sortir ; et en même temps elle mettra la meilleure grâce à s'entendre avec nous pour le partage de l'Afrique, nous abandonnant, bien entendu, les déserts et se réservant les contrées fertiles.

Pour pouvoir négocier entre Etats il faut quelque peu parler le même langage. Nous ne comprenons pas plus, en politique, celui de l'Angleterre qu'elle ne comprend le nôtre. Ils renferment cependant des rapports curieux : nous changeons d'aperçus politiques selon nos fantaisies, elle modifie les siens suivant ses intérêts. Avec des vues plus élevées d'une part et plus profondes de l'autre, on s'entendrait ; mais si des hommes d'État de cette trempe se rencontrent, c'est par hasard et jamais des deux côtés du canal à la fois.

Le même sort nous sépare de l'Italie, quoique nous soyions censés mieux comprendre notre sœur transalpine que notre rivale d'outre-Manche.

Nous avons fait non seulement l'unité de l'Italie, nous l'avons encore élevée au rang de grande puissance. Ce fut, prétend-on, deux erreurs. C'eût été un trait de génie si nous avions su lui donner en même temps les traditions diplomatiques et l'intelligence du rôle d'un grand État. Au lieu de cela nous en avons fait une parvenue et nous pâtissons de notre faute.

L'Italie continue à rester la même et à faire la même politique qu'elle a déjà suivie du temps des Guelfes et des Gibelins.

Aux époques de ses plus grandes dissensions intérieures, comme actuellement, elle s'est toujours adressée au plus fort et s'est mise sous sa protection. Depuis Charlemagne et Frédéric Barberousse jusqu'à Napoléon III et Guillaume Ier sa politique n'a point changé.

Dans les guerres franco-autrichienne et austro-allemande cette politique lui a du reste parfaitement réussi. Battue régulièrement pour sa part elle participa des victoires de l'allié et acheva son unité. Mais il ne faut pas qu'elle se trompe dans ses calculs, comme durant les luttes entre les maisons d'Autriche et de France, où ce fut toujours elle qui paya les pots cassés.

Notre unique, notre véritable alliée naturelle est l'Espagne.

Louis XIV fit avec elle le pacte de famille.

La Révolution le transforma en pacte national.

Il appartenait à la troisième République de le méconnaître.

Le 16 mai encouragea les carlistes, l'opportunisme soutient les zorillistes croyant tous deux faire merveille en faisant une sottise.

De toutes les politiques extérieures la plus inepte est celle qui se transforme en politique intérieure.

La seule excuse de Napoléon III d'avoir entrepris sans généraux, avec ses trois cent mille soldats une guerre contre les états-majors allemands et leur million d'hommes, fut la candidature d'un Hohenzollern au trône d'Espagne.

Est-ce donc si difficile de nous souvenir que l'Espagne a peut-être encore d'anciens droits à faire valoir sur la Sicile et Naples, et qu'avec un bon traité de commerce nous la mettrions à même de reconstruire sa flotte qui bombarderait au besoin tous les ports italiens sans que cela nous coûte un boulet, et reprendrait tous ses officiers en demi-solde au service pour former une armée qui, au lieu de s'amuser à des pronunciamientos, nous garderait les Alpes et descendrait dans le Milanais sans que cela nous coûte un homme.

Avec l'alliance de l'Espagne et l'amitié de la Russie notre situation serait la plus forte de l'Europe. L'Autriche et la l'Italie, malgré tous leurs traités, attendraient prudemment l'issue de la première bataille avant de passer, l'une le Danube et l'autre les Alpes.

Mais pourquoi la bataille?

Notre meilleur allié contre l'Allemagne est l'Allemagne elle-même.

« Ne cherchez pas à faire, laissez venir les événements ! » disait Talleyrand à ses diplomates ; « pas de zèle, surtout pas de zèle ! » leur répétait-il.

Dans une génération à peine, le nouvel empire allemand sera redevenu l'ancien empire germanique, et le Reichstag de Berlin la vieille Diète de Francfort.

Nous n'en voulons pour preuve que les événements les plus récents : le Conseil fédéral décide l'adoption du monopole du tabac d'abord, de l'alcool ensuite ; les Chambres de Bavière et de Wurtemberg décident que ces projets ne sauraient leur convenir, et le Reichstag les rejette en bloc. Par contre, le même Reichstag refuse, en séance plénière, d'accepter le plan d'expulsion des Polonais, adopté par la Chancellerie ; et la Chambre prussienne vote à une grande majorité le même plan, mis aussitôt à exécution.

Le Conseil fédéral et le Reichstag, placés entre les Chambres particulières et les gouvernements souverains des différents pays de l'Empire, se trouvent aussi en l'air que la Diète de Francfort avec son Conseil restreint.

A l'inverse des Chambres austro-hongroises où tout le monde parlant des langues différentes, pense et sent de même, dans les Chambres allemandes Français, Polonais, Danois, Prussiens, Bavarois, etc. se servent de la même langue mais sentent et pensent différemment.

Les 17 voix de la Diète de Francfort sont remplacées par autant de partis politiques, leur siège est transporté à Berlin, les noms et les formes ont changé, le fond est resté le même; ce sont toujours les mêmes Allemands et toujours la même Allemagne.

Au lieu des 350 Etats de la paix de Westphalie, elle compte aujourd'hui 397 circonscriptions électorales; et à la place des rois, ducs, comtes, évêques, abbés, abesses, villes libres, qui formaient les souverains des anciennes diètes impériales, le dernier Reichstag se composait de 109 députés catholiques de la Bavière, des provinces rhénanes et de la haute Silésie; de 76 féodaux-conservateurs et 27 membres du parti de l'empire élus par les ancienes provinces de la Prusse, de 24 nationaux-libéraux envoyés par le Palatinat et les capitales des petits Etats; de 66 libéraux progressistes, 7 démocrates et 24 socialistes venant des grandes villes et des districts industriels, de 16 Polonais, 15 Alsaciens-Lorrains et 1 Danois. Quiconque veut se donner la peine de découvrir les causes de ces divisions, apercevra derrière les étiquettes des partis, des oppositions nationales et des séparations géographiques autrement profondes que celles qui se groupent autour des simples questions de libertés constitutionnelles et parlementaires.

La politique extérieure de la nouvelle Allemagne ne s'est pas modifiée davantage. L'alliance de l'Autriche lui est toujours aussi nécessaire qu'elle le lui fut autrefois, et les traditions de famille maintiennent, comme jadis, la paix avec la Russie.

La maison de Hohenzollern a remplacé les maisons de Souabe, de Saxe, de Bavière, de Habsbourg, pour la même raison que chacune, en son temps, a dirigé les destinées de l'Allemagne: une force militaire bien organisée à la disposition d'un homme.

Depuis Othon-le-Grand, c'est toujours la même histoire ; que l'homme manque à l'armée ou l'armée à l'homme, l'anarchie, la désunion renaissent d'elles-mêmes.

Depuis mille ans, il n'y a qu'une chose de changée, ce n'est pas tant l'Allemagne que la Russie. Inconnue, il y a deux siècles, elle est aujourd'hui une masse compacte de 100 millions d'habitants ayant une foi commune dans leur avenir et une même haine, celle de l'Allemand.

Laissons donc venir les événements. Le jour viendra où la Prusse, notre ancienne alliée, nous présentera sur un plateau d'or les clefs de Metz, et de Strasbourg, en nous priant de vouloir bien oublier l'erreur qu'elle a commise de les prendre.

Il y a, de plus, un second événement, non moins moderne, qui a contribué à compliquer encore la situation intérieure de l'Allemagne : le mouvement social et la chute du Prince de Bismarck.

En publiant l'édition française de la correspondance diplomatique de M. de Bismarck, 1851 à 1857, nous l'avons appelé son « grand livre, » et nous écrivions qu'il fallait les voir de près, ces hoberaux du Nord, francs, ouverts, joyeux convives à table, excellents compagnons de chasse pour comprendre de combien de finesse et de savoir faire ces natures, en apparence si primitives, sont susceptibles. Mélange curieux de réserve et d'abandon, de rudesse et de perspicacité, de naïveté et de raffinement qui explique comment la diplomatie, qui, pour nous autres occidentaux, et en même temps la science de la constitution des Etats étrangers et l'art d'y faire prévaloir les intérêts de sa patrie, est au fond, pour de tels caractères, quelque chose de spontané, d'irréfléchi. » Ce fut le génie du Prince de Bismarck. Energique, rude, dominant les instincts du hobereau de la Marche, les sentiments de la discipline politique et militaire, les affections qu'il partage avec tous les habitants des vieilles provinces pour la maison royale l'ont aussi admirablement servi dans l'appréciation de la faiblesse des gouvernements de France et d'Autriche, que son esprit net et ferme, lui fit facilement découvrir les lacunes de leur organisation militaire, les vanités qu'il fallait encourager et les illusions qu'il importait de faire naître pour parvenir à triompher de l'une après l'autre.

Après 1859, ce n'est plus M. de Bismarck qui continue son « grand livre », c'est M. de Moltke qui commence le sien. Frédéric II, Napoléon Ier dirigeaient à la fois leurs armées et leur diplomatie. Mais un diplomate secondé par un général heureux doit lui céder la plus belle part, la victoire.

En diplomatie, le dernier mot est et restera le succès pacifique.

M. de Bismarck arrivé au pouvoir, sortit des données simples de la politique extérieure, perdit la prudence imposée au diplomate, la circonspection obligée, se trouva abandonné à lui-même ; son esprit moitié mystique, ses sentiments moitié féodaux prirent le dessus, et sa pensée, débarrassée des digues qui en empêchaient le débordement, ne vit plus d'obstacles. S'il en surgit, M. de Moltke les brisera ; et, au retour de la paix, les qualités du hobereau de la Marche, qui avaient fait tous les succès du diplomate, se transformèrent en autant de défauts du ministre tout-puissant.

Les instincts froissés par les souvenirs de Louis XIV et les humiliations d'Erfurt eurent plus de part dans la conclusion de la paix de Francfort qu'une intelligence sereine de la situation européenne.

Comment, lorsqu'on a sur les frontières de l'Est, soumis à la volonté d'un seul homme, 100 millions de Slaves, dont l'unique mobile national est la haine de la prédominance allemande, on ose, aux frontières de l'Ouest, arracher à une nation, centralisée comme aucune puissance au monde, et, malgré ses défaites, illustre dans l'histoire par ses grandes guerres, deux de ses plus belles provinces, et cela pour faire une ennemie implacable d'une alliée sûre contre l'invasion du Nord ou le retour éventuel des ambitions autrichiennes ?

Il n'y a que les préjugés et les rancunes invétérées du hobereau qui puissent expliquer un tel acte d'aveuglement.

Pendant dix-neuf ans, tout le malaise de l'Europe, ses crises,

ses inquiétudes en provinrent, à tel point que le chancelier lui-même fit de la crainte d'une conflagration générale un moyen régulier de gouvernement et de pression électorale. Ce furent là de bien tristes, de bien lugubres succès diplomatiques. Le souvenir des victoires de M. de Moltke dut soutenir le chancelier jusque dans les moindres actes de sa politique intérieure.

Il n'a pas été plus heureux dans sa politique sociale ; les erreurs qu'il y a commises eurent la même origine : les préjugés du hobereau. Il parlera de la façon la plus pittoresque « du pauvre homme », estimera que la question d'Orient ne vaut pas les os d'un grenadier poméranien, et causera plus amicalement avec un de ses paysans ou de ses gardes qu'avec un diplomate ou un prince du sang ; mais les illusions d'un Lassalle trouvèrent chez lui une oreille d'autant plus bienveillante que les ouvriers lui semblaient les frères de ses paysans, et la haine du chef socialiste contre le capital rencontrèrent un écho d'autant plus retentissant auprès du hobereau de sang et de race qu'il professait le même mépris pour le bourgeois. Le résultat en fut l'exécution du programme de Lassalle et la création de gigantesques assurances contre les accidents, les maladies, les vieillesses d'un nation entière : encore un peu, il décrétait : défense à tout Allemand de mourir sans sa permission.

Pas plus que le prince n'a compris la situation de l'Europe, en se laissant aller à ses rancunes à la paix de Francfort, il n'a su distinguer, emporté par ses préjugés, la question sociale de la question ouvrière.

Jamais les classes ouvrières ne se sont révoltées, jamais leurs membres les plus exaltés n'ont eu recours aux complots, parce qu'ils étaient exposés à des accidents, leur vieillesse infirme, leurs veuves, leurs orphelins abandonnés. Toutes choses auxquelles ils pourvoiraient d'eux-mêmes si leur travail était moins lourd, leurs salaires plus élevés.

C'est en vue de satisfaire leurs besoins que tous font effort, bourgeois, ouvriers ; là où cette satisfaction leur échappe et ne répond pas à l'estimation qu'ils en font, les premiers abandonnent leurs entreprises pour placer leurs capitaux ailleurs, et les seconds font grève ou se révoltent s'ils n'arrivent pas à augmenter leur gain et à diminuer leur labeur en raison du besoin qu'ils en éprouvent.

Aucune loi d'assurance, fût-elle écrite de la main même du chancelier, aucun secours imaginable, absorberaient-ils toutes les forces vives de la nation, ne modifieront ces effets des passions humaines.

Loin de là, de même que par le traité de Francfort il a soulevé toutes les haines nationales, il a, par son socialisme d'État, donné une existence légale à toutes les revendications sociales. Mais les états de siège, petits et grands, les lois et les rigueurs contre les socialistes furent aussi impuissants d'en réprimer la propagande et l'extension que l'accroissement continu des armements fut impuissant d'éteindre les rancunes nationales surexcitées. Les uns et les autres ne servirent que de stimulants à des oppositions plus implacables.

Le prince de Bismarck a eu, au point de vue diplomatique, des éclairs admirables dans la direction de la politique extérieure de la Prusse; il n'a fait que rassembler des orages dans la politique générale de l'Europe comme dans la politique intérieure de l'Allemagne. Et si, lors de sa chute, il s'écria *le roi me reverra!* il songea sans doute aux difficultés immenses dans lesquelles il laissait l'empire.

Dans ces conditions, ce serait folie à nous de vouloir une nouvelle guerre. Laissons donc venir les événements!

Le nouvel empire est comme un de ces vieux châteaux restaurés en plâtre et en carton des bords du Rhin; à peine achevés, ils se lézardent.

VIII

LES QUESTIONS SOCIALE ET OUVRIÈRE

Autre est la question sociale, autre la question ouvrière. La première est propre à tous les Etats de la civilisation moderne ; la seconde, aux grandes villes et aux centres industriels. Celle-ci s'est manifestée de tous les temps : au moyen âge, sous l'ancien régime, de nos jours, d'une façon passagère à chaque crise de la production, à chaque chômage du travail. L'autre a surgi et s'est développée régulièrement avec les progrès politiques et intellectuels de tous les peuples. Petits paysans, petits bourgeois, domestiques et ouvriers mécontents, employés subalternes forment les éléments de la question sociale ; le taux des salaires, les heures de travail, les époques de chômage et de crises sont, les éléments de la question ouvrière. Les démagogues et les utopistes ne les distinguent pas l'une de l'autre. Il est de l'intérêt des premiers de les confondre, et de la sottise des second de les méconnaître.

Tant que la noblesse a rempli son rôle d'initiatrice du progrès, de gardienne de la prospérité et de la sécurité publiques, son action prédominante fut justifiée dans l'histoire. Mais lorsque, méconnaissant sa mission, cette sécurité fut compromise et cette prospérité perdue, les droits qu'elle s'était acquis se transformèrent en abus, et ses privilège en un non-sens historique.

Les tiers-état d'autrefois, la bourgeoisie actuelle, ne suffirait-elle plus, à son tour, à sa tâche ? Parvenus par le travail, l'industrie, le commerce, la science, les Etats européens succombent sous leurs charges financières ; les crises industrielles et commerciales se succèdent ; l'agriculture, chez tous, est en détresse ; leur science officielle, l'instruction publique, est partout sophistiquée de la même manière, et, loin de garantir la sécurité, les armements prennent des proportions de plus en plus menaçantes.

Le côté le plus grave de la question sociale n'est ni la situation des classes inférieures, ni les ambitions des démagogues ou les idées creuses des utopistes ; mais cette autre question : la bourgeoisie des Etats modernes, comme la noblesse d'autrefois, se serait-elle survécu à elle-même ?

Indistinctement, tous les peuples européens marchent vers la démocratie ; le suffrage des masses devient de plus en plus une nécessité pour leur maintien, et si ce mouvement prend le nom de démocratique et social, c'est uniquement parce que la bourgeoisie dans son avènement n'a su nulle part développer au profit des masses les causes de son avènement, ni se fortifier dans la direction des affaires dont elle s'était emparée.

Telle est la nature de la question sociale. En voici les solutions: dans l'antiquité, où les esclaves représentaient, non pas nos classes populaires, mais les domestiques et les ouvriers étrangers à meilleur marché, le mouvement social fut semblable à celui de la société moderne. Les classes moyennes finirent, en Grèce comme à Rome, par remplacer ou par absorber les familles aristocratiques et patriciennes, et, devenues dirigeantes, elles furent annihilées ou absorbées à leur tour par la masse du peuple.

Alors les débris des classes dirigeantes, par des demi-mesures, des promesses illusoires, maintinrent les classes inférieures jusqu'à ce que celles-ci, lasses de déceptions, en fissent table rase pour retomber aussitôt sous le même régime et recommencer les mêmes révoltes, qui ne s'arrêtèrent qu'avec l'épuisement général. — Ce fut la solution de la Grèce et la fin de ses petites républiques.

La seconde solution fut qu'une suite de Césars-tribuns se saisirent du pouvoir et maintinrent, par une garde prétorienne, les masses, quitte à leur jeter de temps à autre un riche en pâture pour les nourrir, et un chrétien aux bêtes pour les amuser. — Ce fut la solution romaine, et la fin de la grande République.

L'histoire ne nous offre point d'autre solution de la question sociale : l'imbécillité alexandrine, ou la dégradation romaine ; à moins que, par une réforme complète de l'instruction publique, ce levier qui manquait à l'antiquité, les Etats modernes ne parviennent à entrer dans une voie plus heureuse.

Malgré l'état déplorable de notre instruction, c'est encore nous qui, de nos jours, souffrons le moins de la question sociale. Grâce à nos révolutions successives, toutes les barrières sociales ont été rompues les unes après les autres. Le suffrage universel, le morcellement de la propriété, l'avancement à l'ancienneté ou au choix dans toutes les branches et toutes les carrières, ont fait perdre à la question sociale son caractère aigu. Si chaque soldat porte son bâton de maréchal dans sa giberne, chaque citoyen peut avoir aussi dans une de ses poches un portefeuille de ministre, et dans l'autre un bilan de millionnaire. Nous avons poussé à l'excès notre esprit de sociabilité, au point de ne plus conserver de notre ancien état social que les fondements les plus primitifs. La question ouvrière a, par cela même, acquis chez nous une importance d'autant plus grande que notre ouvrier, dans la gêne, se trouve d'autant plus malheureux que son sentiment de l'égalité est devenu plus vif.

C'est par ce seul côté que la question sociale touche à la question ouvrière.

Dans sa forme actuelle, la question ouvrière date de la proclamation de la liberté du travail. Au siècle dernier, des privilèges, droits, péages de toute sorte, empêchaient à la fois l'expansion industrielle et la facilité des relations commerciales. En proclamant le nouveau principe, on n'oublia qu'une chose : la nécessité du travail, sa fatalité brutale. La question ouvrière, dans sa forme moderne, est née de là.

Les anciens avaient observé que des mouvements du soleil provenaient le changement des saisons, et de ceux de la lune le beau et le mauvais temps ; ils généralisèrent leurs observations et firent des astres les régulateurs des destinées terrestres. De même, après avoir remarqué les résultats qui dérivèrent de l'abolition des privilèges, droits et entraves de l'ancien régime, on attribua à la liberté du travail tous les progrès matériels, industriels et commerciaux. Alors, comme les dieux moteurs des astres étaient devenus les maîtres de l'heur et du malheur des hommes, les possesseurs de richesses, seuls libres de disposer de leur travail, apparurent comme des dispensateurs du bien-être privé et public. Et finalement, de même que les prédictions des astrologues avaient fait croire au peuple qu'ils étaient des sorciers qu'il brûla en place de Grève, les ouvriers de nos jours, en cas de crise ou de manque de travail, incendient les fabriques et attentent à la vie de ces autres sorciers, les possesseurs de richesses.

Le parallèle est complet ; rien n'y manque, si ce n'est que les astrologues, avec les progrès de la science, sont devenus des astronomes, tandis que les économistes, avec le développement de la leur, se sont changés en alchimistes.

Les alchimistes s'étaient figuré que, par la découverte de formules cabalistiques et de combinaisons ténébreuses, ils parviendraient à transformer le plomb en or ; ainsi certains économistes finirent par croirent que par des combinaisons non moins mystérieuses — crédit gratuit, coopération, participation, socialisation — on changerait la misère du grand nombre en la richesse de tous.

Les siècles se succèdent, l'erreur est de tous les temps. Elle change de langage et d'objet ; ses causes restent les mêmes, elles étaient à l'époque de Nostradamus et de Paracelse ce qu'elles sont à la nôtre : dans l'impuissance de découvrir les causes véritables, on s'attache à des analogies ou à des faits secondaires. Le travail est un phénomène général et ses effets sont infiniment trop vastes pour qu'une de ses formes particulières : crédit gratuit, coopération, participation, etc..., puisse y suppléer.

On a cru, toutefois, découvrir deux solutions de la question ouvrière. Toutes deux ont été mises en pratique : la première par le puissant ex-chancelier d'Allemagne, la seconde, par les syndicats des ouvriers anglais.

L'ex-chancelier fit voter coup sur coup, après de longs et pénibles débats, par le Reichstag allemand, des lois d'assurances pour les classes ouvrières contre les accidents, la maladie, la vieillesse, et de vastes organisations furent étendues, pour chaque espèce de métier à des contrées entières. Le résultat en fut que, sans le maintien des « états de siège », sans une législation qui défend toute réunion, toute publication révolutionnaires, et sans une exécution draconnienne des mesures de police, l'Allemagne se serait peut-être trouvée en pleine anarchie.

Le chancelier, en touchant maladroitement à la question ouvrière, ne fit que soulever la question sociale.

Il en est quelque peu des ouvriers allemands comme de nos paysans au dernier siècle. Le servage dont nos paysans s'étaient débarrassés, les propriétés qu'ils avaient acquises, les jetèrent dans la révolution au seul décret de la confiscation des biens du clergé et des émigrés ; mais les excès de la Terreur les ayant dégoûté de la République, ils firent la force de l'Empire, débordant sur l'Europe pour maintenir leurs acquisitions. Ainsi, non seulement les ouvriers allemands, mais tous les sujets des classes inférieures, revenant en triomphateurs de la France abattue, ayant conquis des provinces et des milliards, éprouvèrent des aspirations qui leur avaient été inconnues et auxquelles l'ex-chancelier par sa législation maladroite n'a fait que donner une existence légale, sans satisfaire en rien aucune des grandes aspirations de gloire et de prospérité qu'il avait lui-même soulevées.

Encore, si, en décrétant les assurances obligatoires, le prince avait maintenu haut et ferme, en dépit de la crise, la pratique du libre-échange, l'état du pays aurait pu, avec le temps, se calmer. Mais en passant au protectionnisme et à la guerre de tarifs avec les nations voisines, il a rendu la situation insoluble.

Ce n'est pas un général se mettant à la tête de la démocratie française qui bouleversera de nouveau le monde, comme le grand chancelier en a menacé à Reichstag — *non bis in idem* — mais ce sera la première Chambre allemande, fût-ce le Landtag de Berlin, qui, poussée par la force des choses, décrètera la déchéance des « magnats agraires et industriels » d'outre-Rhin.

Si M. de Bismarck avait tant soit peu compris la différence qui existe entre la question sociale et la question ouvrière, loin de prendre en 1871 l'Alsace et la Lorraine, et de nous imposer une indemnité de cinq milliards, il aurait insisté sur la déclaration royale que l'Allemagne n'avait fait la guerre qu'à l'Empire, non à la France ; il aurait vanté la défense héroïque de nos armées d'enfants, et nous eût offert, en échange de l'honneur de notre alliance, un traité d'union douanière. C'eût été non seulement la solution de la question ouvrière allemande, mais encore la couronne de Charlemagne sur la tête de son roi.

Il est même incompréhensible que le grand diplomate, lui qui durant son stage à Francfort avait si parfaitement compris l'importance des unions douanières, et les avaient si bien défendues contre l'Autriche, n'ait point songé à cette solution.

Les mêmes causes qui, en 1852, éloignaient l'Allemagne de l'Autriche, la rapprochaient en 1871 de nous : la grande différence des salaires dans les deux pays.

Notre centralisation industrielle et commerciale, nos vastes colonies qui manquent de population, nos milliards restés disponibles, tout, jusqu'à la contrefaçon de l'industrie allemande, aurait achevé de faire de la France, avec l'union douanière, une terre conquise.

Le Palatinat et Iéna, deux souvenirs, et la révolte de la commune, nous sauvèrent du danger. Le grand ministre oubliant les vues limpides du diplomate, eut peur d'une nation dont il croyait avoir à se venger, et qui lui parut insensée. Il ne comprit plus la situation.

Ce que c'est qu'une fausse politique ! Il remplaça la couronne de Charlemagne par toutes les drogues de l'infirmerie sociale : coups de fusils et de pistolets, dynamite et complots, états de siège petits et grands, lois contre les socialistes, lois contre les accidents, les maladies, la vieillesse, rien n'y manqua, il alla jusqu'à conclure des triples et quadruples alliances pour mettre en quarantaine la prétendue patrie des révolutionnaires. Un bon médecin n'aurait eu que faire de ces drogues ; on les appelle symptomatiques : dans l'impuissance de guérir le mal, on s'en prend aux apparences.

La solution trouvée par les ouvriers anglais, se distingue, du tout au tout, de celle imposée par l'ex-chancelier allemand.

Abandonnant aussi bien le côté social que le côté politique de la question, ils organisèrent, après des efforts inimaginables, leurs puissants syndicats.

Le mouvement commença au siècle dernier, où les grèves furent non moins nombreuses que dans le nôtre, et se rattachaient à l'organisation des anciens compagnonnages. La grande industrie en éloignant de plus en plus les compagnons du maître, porta naturellement les ouvriers à resserrer leurs liens entre eux. Pendant la lutte de l'Angleterre avec Napoléon Ier, leur situation devint navrante. Au retour de la paix, ils se donnèrent leur organisation actuelle ; les grèves les révoltes contre les entrepreneurs et chefs d'instructions se multiplièrent, et aboutirent au mouvement des chartistes. Le mouvement fut étouffé : mais le Parlement ordonna enquête sur enquête ; elles resteront des témoignages impérisssables des recherches et des études minutieuses, des efforts d'hommes animés d'un esprit d'impartialité admirable. Peu à peu la législation fut transformée, des lois sur le travail des enfants, sur l'inspection des fabriques, sur les habitations ouvrières, furent promulguées ; enfin parut, le 29 juin 1871, la loi qui accorda aux syndicats ouvriers tous les droits civils. La loi ne fit que ratifier les faits accomplis. Les syndicats avaient acquis une organisation telle que la plupart dédaignèrent profiter des nouveaux droits.

La journée de travail se trouvait réduite de dix-huit et seize heures à douze et dix heures ; les salaires avaient doublé et triplé : le bien-être, la santé physique et morale, s'étaient améliorés dans une large mesure.

L'organisation des syndicats ouvriers anglais est intéressante à plus d'un égard. Chaque syndicat ne comprend que les ouvriers d'un même métier, et s'étend sur le pays entier. Dans chaque localité où le métier est exercé existe une section dont la direction est confiée à l'assemblée locale et à son secrétaire.

Les membres des diverses sections choisissent parmi les commissaires et les présidents, le comité central exécutif, dont le secrétaire est nommé pour dix ans. Ce secrétaire est la cheville de l'organisation entière ; il reçoit un traitement, se trouve en relation avec les diverses sections, adresse ses rapports au comité exécutif, lequel décide souverainement et en dernier ressort. On dirait le plan emprunté à la conquête jacobine de notre révolution. Voici par où il s'en distingue : les membres versent un droit d'entrée ainsi qu'une cotisation hebdomadaire; le comité, en cas d'urgence a, en outre, le droit d'imposer une taxe supplémentaire. Les sections reçoivent et administrent les fonds qui appartiennent néanmoins au syndicat tout entier Chaque ouvrier du métier qui désire faire partie du syndicat doit faire assurer par deux membres qu'il est bon ouvrier ; tout mauvais est exclu. Le syndicat exige en retour des entrepreneurs et chefs d'industries, qu'ils ne prennent qu'un nombre fixe d'apprentis, s'arrêtent à un salaire minimum et à une durée de travail maximum ; ils jugent en outre de la façon dont ils traitent ses membres. Tout chef industriel qui refuse de se soumettre à ces demandes est mis en interdit. L'ouvrier et sa famile reçoivent en cas de maladie des secours, en cas de chômage des soutiens, et en cas de grève particulière des subventions de la part des comités locaux. Dans les grèves générales, le comité exécutif entre en œuvre, et, en cas d'épuisement des fonds, il s'adresse aux syndicats des autres industries, jusqu'à ce que les chefs se soumettent à ses exigences.

Le secrétaire exécutif tient une liste de tous les membres ; ceux des sections lui font parvenir régulièrement celle des emplois vacants ou des membres inoccupés de la section. Si le travail se ralentit, on n'admet pas de réduction de salaire, mais une diminution des heures de travail ; et, si le moyen est insuffisant, les ouvriers reçoivent des avances pour se rendre aux colonies.

Telles sont les grandes lignes de cette organisation, d'autant plus puissante que l'ouvrier a pour son syndicat un dévouement et une obéissance sans bornes.

Aussi leur autorité et leur action se sont étendues à un point tel que les chefs d'industries n'apparaissent plus en quelque sorte que comme les entrepreneurs de leurs ouvriers.

Ceux-ci leur fixent leur gain, leur dictent les conditions et les formes du travail, les améliorations, les augmentations qu'ils exigent et, avec les sommes considérables dont leurs syndicats disposent, deviennent, en apparence, les maîtres de la production. Ce serait cependant une grande illusion que de croire qu'ils le deviennent réellement.

Si les ouvriers anglais sont parvenus à améliorer leur situation d'une façon remarquable et à obtenir des résultats merveilleux, ces progrès ne sont rien en comparaison de ceux faits par l'industrie et le commerce de l'Angleterre pendant la même période. Ses capitaux immenses sont tombés à 2 ½ 0/0 d'intérêts, son commerce s'est étendu sur le monde entier, et son industrie est devenue l'initiatrice des progrès industriels des États civilisés.

Aujourd'hui que tous ces résultats ont été obtenus et que les progrès se sont étendus à tous les pays, il en est résulté la surproduction et l'avilissement des prix sous la forme d'une crise générale s'étendant à l'industrie, au commerce, à l'agriculture de tous les États. Les ouvriers ont beau se syndiquer et les patrons se contre-syndiquer, le beau temps des grèves est aussi bien passé pour les uns que celui des entreprises grandioses pour les autres.

En réalité, les ouvriers des syndicats anglais ont formé une aristocratie ouvrière : la misère de la masse de la population n'a cessé de croître, et si, par leurs exigences, ils sont parvenus à mettre momentanément un terme à la question ouvrière, cette même question s'est transformée en une question sociale le jour où la bourgeoisie anglaise a cessé de progresser dans les mêmes proportions que les exigences des ouvriers. Ces derniers l'ont admirablement compris et sont arrivés à faire de leurs aspiration, tout comme en Allemagne et en France, une question sociale et politique.

Il importe d'étudier d'autant plus sérieusement les différentes formes de la question ouvrière.

Tant que les grèves, ou, pour parler plus scientifiquement, tant que, par une organisation mieux entendue de leurs forces, les ouvriers parviennent à augmenter leurs salaires et à diminuer leurs labeurs, il y a une question ouvrière, de même qu'il y a une question industrielle et commerciale tant que les patrons peuvent produire mieux et plus, et vendre dans des conditions plus heureuses.

Les deux sont au fond une même question. Mais dès que les patrons, fussent-ils même syndiqués, sous la forme la plus absolue, dans l'État propriétaire et producteur de toutes choses, sont incapables, sous quelque forme que ce soit, de produire mieux et de vendre plus, il n'y a plus de question ouvrière ni de question industrielle et commerciale. Mais la question sociale surgit sous toutes ses formes et avec tous ses dangers.

Les crises ouvrières et les crises industrielles et commerciales sont un même phénomène et, à travers des retours en quelque sorte périodiques, entraînent toujours la même solution : une reprise des affaires et un progrès dans la prospérité générale.

Les crises sociales sont des phénomènes infiniment plus profonds. Elles surgissent dès la formation des peuples, persistent durant leur histoire entière et amènent leur disparition pour ne pas en avoir trouvé la solution. Dès l'origine de la civilisation moderne, elles prirent la forme de l'affranchissement des communes et de l'abolition du servage ; sous l'ancien régime, elles se continuèrent par la lutte entre la bougeoisie et la noblesse. A notre époque, elles sont avant tout le symptôme d'un état moral dont la caractéristique est moins l'incendie de quelques monuments ou la fusillade de quelques malheureux, que la perte des traditions sociales, l'abaissement des intelligences et la dégradation des caractères. Leur côté le plus grave n'est pas la situation des classes inférieures, mais bien celles des classes dirigeantes.

Dans cet immense engrenage, formé de rouages infinis, qu'on appelle la vie d'une nation, les aspirations des classes inférieures ne constituent qu'un élément isolé.

Comment se fait-il qu'il y ait des époques où toutes les entreprises sont heureuses : mesures politiques et administratives, affaires commerciales et industrielles, luttes et guerres extérieures ? C'est que partout le direction se trouve entre les mains d'hommes d'initiative et d'action, peu importe d'où ils sortent : noblesse, bourgeoisie ou peuple !

Il y d'autres époques, au contraire, où chaque effort est une souffrance, chaque tentative un échec ; c'est qu'à la tête de toutes les entreprises militaires, politiques, administratives, économiques se trouvent des pantins, des faiseurs ou des cuistres.

Quand les hommes travaillent et se soutiennent mutuellement, en pensée et en acte, chacun arrive à son rang et à sa place. Mais lorsque les idées perdent leur consistance, les sentiments leur direction commune, alors le voisin se méfie du voisin, l'ami de l'ami, l'ouvrier de son patron, le soldat de son officier, et de l'impuissance générale naît l'anarchie intellectuelle et morale, de laquelle, finalement, surgira à son tour la haine de tous contre tous. A ce point de vue, la question sociale ne se transforme plus en crise, mais prend le nom de dissolution ou de décadence nationale.

Mais jusque dans la disparition des Etats, la question ouvrière reste distincte de la question sociale, et sa solution est toujours la même : l'activité industrielle et commerciale croissante de la nation. Elle ne saurait en recevoir d'autre : pas plus qu'avec des moyens mystérieux on ne transformera du plomb en or, on ne change par des combinaisons artificielles la misère en richesse ; comme pour l'or, il faut en découvrir la mine.

Quand à la solution de la question sociale, à part celle de la Grèce et de Rome, on n'en a trouvé jusqu'ici aucune.

Si, pour les uns, ce sont les partis révolutionnaires et le suffrage universel qui en sont les causes, et pour les autres l'abus des institutions parlementaires ou l'oubli des doctrines chrétiennes, etc., il n'y a qu'une cause qu'on oublie, la seul véritable : l'incapacité politique de tous ceux qui font ces sortes de raisonnements.

Ainsi que les enfants et les infirmes de la pensée, on accuse autrui des erreurs et des fautes qu'on a soi-même commises.

Si la nation a oublié ses anciennes croyances, pourquoi ceux qui en avaient la direction les lui ont-ils laissé perdre ?

Si les libertés constitutionnelles et parlementaires sont méconnues, pourquoi ceux qui en étaient les représentants ont-ils conduit le peuple à tant de révolutions successives ?

Si le parti radical et révolutionnaire est le grand danger, pourquoi ceux qui représentent les opinions modérées lui ont-ils laissé prendre un tel ascendant ?

Si le parti monarchique, par son opposition, empêche le triomphe des opinions modérées, pourquoi exprimentelles si peu les aspirations des masses.

Et si c'est le suffrage universel qui est la cause de l'impuissance de tous, pourquoi ne sait-on pas mieux manier ce suffrage?

La réponse à toutes ces questions serait la solution du problème social.

C'est l'éternelle sottise humaine d'exiger des autres plus d'intelligence qu'on n'en a soi-même, et lorsque par hasard une pensée plus juste se manifeste, on ne la comprend qu'à la condition qu'elle s'impose. Aussi sommes-nous non moins éloignés de concevoir une solution de la question sociale qu'une solution de la question ouvrière.

Cette dernière qui, momentanément, est la plus importante,

chez nous, est cependant susceptible d'une solution effective. Elle est intimement liée à notre situation financière et à la crise industrielle et commerciale que nous traversons.

IX

LA CRISE INDUSTRIELLE ET COMMERCIALE

Toutes les causes imaginables ont été supposées pour expliquer la crise que traversent depuis 1877 l'industrie et le commerce : la concurrence extérieure des ouvriers étrangers ; les traités de commerce et la clause de la nation la plus favorisée ; le défaut de libre-échange ou l'insuffisance de protection ; le régime des chemins de fer et la cherté des transports ; la dépréciation de l'argent ; l'accroissements des budgets ; les déficits et les charges militaires. Pas un phénomène qui concourre à la production, la facilite ou l'entrave, n'a été oubliés, et la crise persiste, aussi inexpliquée que si l'on ne s'en était pas occupé.

Les petits esprits voient les choses par le petit côté, ce qui ne veut pas dire que les esprits forts les observent souvent par le grand. La crise est générale ; les petits et les grands États, l'Europe comme l'Amérique la subissent, et suivant les circonstances, elle prend des formes diverses. Ici, c'est l'agriculture qui en souffre ; plus loin, c'est le petit commerce et la petite industrie ; autre part, c'est, au contraire, le grand commerce et la grande industrie. De plus, sous ses formes multiples, elle se complique partout de la question ouvrière et de la question sociale. Aussi, loin de diminuer, elle s'étend, menaçant de se transformer, dans les États les plus éprouvés, en un véritable danger public.

Posée en ces termes, la question prend sa véritable envergure. La crise apparaît, non sous la forme d'un accident passager, mais comme provenant de causes si vastes, si profondes, qu'elles échappent aussi bien à l'économiste qui s'efforce de les étudier qu'aux gouvernements qui prétendent y remédier.

Certes, chacune des raisons qu'on s'est plu à supposer a exercé et continue à exercer son action propre; mais, comme des effets provenant de la crise, devenus causes à leur tour, elles réagissent pour la compliquer ou l'aggraver.

Considérées en elles-mêmes, ces causes sont si peu les véritables qu'il suffit de les envisager à des époques de prospérité industrielle et commerciale pour qu'elles les expliquent de la même façon. La concurrence étrangère devient, en ce cas, un stimulant heureux à mieux faire; les ouvriers étrangers, un moyen nécessaire pour accroître la production nationale; les traités de commerce, — que ce soit la protection ou le libre-échange qu'on pratique, — les sources mêmes de l'essor industriel et commercial, et la clause de la nation la plus favorisée, la garantie la plus certaine qu'aucun tarif arbitraire ne troublera le marché extérieur; la cherté des transports se transforme en une conséquence nécessaire de l'augmentation de la richesse générale, de même que la dépréciation de l'argent, monnaie de petite valeur, à l'encontre de la hausse de l'or, monnaie des grands échanges. Quant à l'accroissement des budgets, aux déficits, aux charges militaires et aux plaintes qui en résultent, ils sont de toutes les époques, qu'il y ait crise ou prospérité; il ne s'est pas réuni une assemblée, depuis les États-Généraux de 1302, qui n'ait émis les mêmes et éternelles doléances.

Les progrès accomplis depuis le commencement du siècle ont forcément abouti, dans tous les États, à augmenter le nombre des mesures administratives, la facilité des moyens de communication, par suite, à étendre la prospérité publique au dedans et au dehors et à accroître les budgets dans les mêmes proportions qu'augmentait la richesse nationale.

Des erreurs, des fautes ont pu être commises, mais la cause de l'augmentation continue des budgets n'en reste pas moins l'expression du progrès industriel et commercial ininterrompu.

Les deux mouvements furent parallèles et solidaires l'un de l'autre.

Si, depuis que la crise a éclaté, les budgets pèsent de plus en plus sur l'industrie et le commerce, et si les déficits sur les prévisions annuelles en sont la conséquence fatale, ce sont là des effets de la crise, non des causses.

Rien ne le démontre mieux que la situation des États-Unis de l'Amérique du Nord, dont les finances se trouvent dans un état de prospérité inouïe, qui comptent les bonis par milliards, au point qu'ils forment comme un danger national, la crise industrielle et commerciale y sévit cependant comme dans les État les plus surchargés de l'Europe, et dont les déficits budgétaires sont les plus constants.

Nous pouvons faire la même observation pour les excès du militarisme. Il épuise, certes, un grand nombre de forces, et les forces les plus vivantes des nations; mais il suffit de songer au licenciement de toutes ces armées formidables pour comprendre que, loin de mettre fin à la crise, il ne ferait qu'en doubler l'intensité. Le tout n'est point d'avoir des travailleurs en grand nombre, mais d'être à même de leur donner un emploi utile. Or, c'est ce que fait précisément défaut; les petits États européens aussi bien que les grands États américains, qui ne supportent que des charges militaires relativement insignifiantes, en éprouvent les difficultés de la même façon que les grandes puissances militaires de l'Europe.

Le rôle attribué à la perturbation monétaire et à la dépréciation de l'argent repose sur la même illusion. Comment, lorsque des États tels que l'Autriche et la Russie ne se servent que de papier-monnaie et que dans toutes les colonies du monde la circulation monétaire reste des plus défectueuses, les quelques centaines de millions vendues par l'Allemagne et quelques autres centaines produites par les mines du Nevada auraient occasionné une baisse d'un quart sur les milliards d'argent qui se trouvent en circulation dans le monde? L'affirmative est un enfantillage; mais cet enfantillage est poussé à à l'absurde lorsqu'on prétend expliquer ainsi la crise industrielle et commerciale. Elle règne aussi bien dans les États qui ont de l'argent en abondance, comme l'Amérique du Nord et la France, que dans ceux qui en manquent, comme l'Autriche et la Russie.

Ce caractère distingue la crise actuelle de toute les crises passagères et locales. Depuis qu'elle a commencé, elle est générale ; elle échappe aux raisons particulières qu'on en peut donner, et nous porte forcément à rechercher une cause aussi universelle qu'elle l'est elle-même.

La cause universelle de toute industrie et de tout commerce, est le travail ; c'est dans une transformation des conditions uniformes du travail qu'il faut découvrir l'explication de l'étendue, ainsi que de la persistance de la crise.

En effet, il suffit de suivre les pas de géant que la découverte de la vapeur et de l'électricité, les inventions ininterrompues dans les sciences de la mécanique, de la physique, de la chimie, et l'établissement d'innombrables écoles spéciales et techniques, ont fait faire depuis la première moitié de ce siècle dans toutes les directions de l'activité humaine, pour se convaincre qu'un moment devait fatalement arriver où la grande industrie et le grand commerce, soutenus par toutes les forces de la nature et de la science, domineraient le petit commerce et la petite industrie, confiés aux seules mains humaines et aux leviers les plus élémentaires qu'offrent leurs ressources toujours personnelles et locales.

Tant que le petit commerce et la petite industrie continuèrent à subsister, à se maintenir, à se développer même, à côté des progrès immenses de leurs deux puissantes rivales, le ciel de la production resta serein, le progrès semblait indéfini. Mais dès que la première petite industrie fit place à une grande, et que, successivement, chacune des petites industries finit par pâtir de l'infiltration des produits frabriqués en masse, par des moyens plus simples, à meilleur compte, les nuages s'amoncelèrent. Ce ne fut cependant pas encore la crise.

Elle éclata le jour où la grande industrie et le grand commerce en éprouvèrent le contre-coup.

Toute grande industrie, comme tout grand commerce, est, en définitive, de quelque façon que ce soit, destinée à la consommation, consommation qui se fait et se fera toujours par les petites industries et les petits commerces. Du moment que ceux-ci se trouvaient atteint par la concurrence avec la grande industrie et le grand commerce, leur force d'absorption se restreignit et la crise éclata avec toutes ses conséquences: surproduction et avilissement des prix, perturbation monétaire, dénonciation et revision des traités; rien n'y manqua ; pas même les théories qui achevèrent d'égarer les esprits. On s'imagina trouver dans une protection à outrance, ou un libre-échange sans entrave, la solution d'une crise qui, en réalité, n'en était pas une: c'était une révolution dans les formes de la production, conséquence des progrès mêmes qu'on y avait réalisés.

La fin en est aussi facile à prévoir que difficile à éviter. Le petit commerce et la petite industrie seront de plus en plus écrasés, et, à mesure que le grand commerce et la grande industrie s'épuiseront, faute de débouchés, il ne subsistera que quelques vastes associations de production et de consommation, suppléant à la faiblesse de tous, grâce à leur situation spéciale et privilégiée.

Le fameux Karl Marx a crié le danger par dessus les toits ; il en accusa le capital, et excita à la révolte les classes ouvrières. Ce serait porter au comble la misère et la détresse générales pour combattre une chimère qui n'existe que dans l'imagination de sectaires. Les grands coupables sont les progrès des sciences, les forces de la nature et du génie humain, condition de toute prospérité imaginable. On ne se révolte point contre la force des choses ; le tout est d'apprendre à compter avec elle par les leçons qu'elle nous donne. Il y aura toujours, quoi qu'on fasse, du petit commerce et de la petite industrie, par le fait seul que la consommation des produits de la grande industrie et du grand commerce se fera toujours par le détail. Tout le secret de la prospérité publique dans l'état actuel de leurs rapports, est de parvenir à rendre aux premiers une prospérité relative, et de ne pas continuer à nous abandonner en aveugles à une révolution dans la production, dont nous ne savons mesurer ni les causes ni la portée.

La crise varie dans ses formes et dans son intensité suivant les pays ; mais, de tous, c'est peut-être, après l'Italie, la France qui en pâtit le plus. Aussi, est-ce au point de vue de nos intérêts propres qu'il importe d'examiner les raisons particulières qui, sans avoir occasionné la crise elle-même, ne laissent point que de l'aggraver.

Un mot résume notre situation. A différentes reprises le ministère du commerce a été trouvé trop insignifiant pour ses titulaires, et afin d'accroître leur prestige, il a été question d'y adjoindre ou les douanes, ou les postes et télégraphes. Tout cela s'est dit et s'est fait dans la patrie même de Colbert.

De tous les ministères, le plus important est celui du commerce ; quand ses titulaires le trouvent insuffisant, ce n'est pas le ministère, ce sont eux qui le sont. Tâchons, avant tout, d'avoir des ministres du commerce capables. Parmi les nombreuses causes particulières qui pèsent sur notre état économique, il n'en est pas une qui ait des effets plus désastreux que l'incapacité des ministres et des Chambres en matières commerciales et industrielles,

Passons aux causes secondaires.

Que n'a-t-on pas dit, que n'a-t-on pas écrit contre la concurrence allemande ? jusqu'à se dégrader par les délations les plus indignes, les excitations les plus haineuses.

Lorsque nous accusons les Allemands de nous voler nos modèles, d'étudier nos formes, de vivre de notre contrefaçon, nous ne nous doutons pas que ces récriminations sont vieilles comme notre histoire.

Les Allemands ont déjà fait la même chose au treizième siècle. Nos ouvriers, nos architectes, construisirent leurs cathédrales, et ils appelèrent notre grande architecture le style allemand.

Encore au dix-huitième siècle, ils agissaient de même. Nos

archives sont remplies d'accusations d'ouvriers débauchés, de modèles et d'inventions secrètement achetés, de ministres et d'ambassadeurs compromis dans ces tripotages.

A la fin du même siècle, nous eûmes les grandes guerres de la Révolution, l'empire et ses désastres. Au retour de la paix, nous commençâmes insensiblement une seconde Renaissance, en nous inspirant du goût et du style de la première. Et les Allemands sont revenus prendre nos formes et nos modèles pour les appeler *altdeutsch* « vieil allemand », absolument comme au treizième siècle.

On ne vole pas le génie d'un peuple.

La question change de nature lorsque nous attribuons la concurrence désastreuse que nous fait l'industrie allemande sur notre propre marché, à la fameuse clause du traité de Francfort accordant à l'Allemagne le traitement de la nation la plus favorisée. Mais il ne faut pas oublier que nous avons obtenu la même clause, et que, si nous n'avons pas su en profiter, la faute en est à nos ministres successifs du commerce, trouvant leur ministère trop étroit.

Le lendemain de la conclusion de la paix, l'Allemagne s'empressa de dénoncer ses traités de commerce, et de diriger exclusivement son tarif général contre nos exportations. De 300 millions celle-ci tombèrent à 150, tandis que de 150 millions nos importations de l'Allemagne s'élevèrent à 300. Le coup fut rude.

Battus sur le champ de bataille, nous le fûmes encore sur le terrain industriel et commercial.

Il eût été cependant si facile d'éviter cette seconde défaite. Ayant refusé à l'Allemagne, par un aveuglement incompréhensible, de renouveler l'ancien traité de commerce, qui nous avait été si profitable, nous avons repris les traités avec toutes les autres puissances, sans nous douter des avantages que chacun d'eux rendait à l'Allemagne, grâce à la clause de la nation la plus favorisée, et sans compensation aucune.

Nous n'avions que deux issues : imiter l'exemple de l'Allemagne, dénoncer tous nos traités de commerce pour diriger notre tarif général particulièrement contre ses exportations ; — ou bien, renouveler nos traités de commerce avec les autres pays, en obtenant d'eux que les exportations allemandes fussent frappées des mêmes droits prohibitifs qu'elle imposait aux nôtres.

Nous n'avons eu ni le courage de prendre cette dernière mesure, ni l'intelligeance de nous résoudre à la première.

Les résultats ne se sont pas fait attendre : la crise générale s'est doublée chez nous des erreurs de notre politique commerciale, et nous nous sommes jetés de plus en plus, alors qu'il était trop tard, dans toutes les illusions du protectionnisme.

Il ne tombe pas du ciel de brouillard aussi épais que ceux qui descendent des hauteurs des théories économiques sur notre état industriel et commercial. En fait, tout le monde est naturellement protectionniste en tant que producteur, et libre-échangiste en tant que consommateur. On est libre-échangiste en cherchant à acquérir les objets dont on a besoin au meilleur marché possible ; on est protectionniste en demandant pour ses produits et les peines qu'on se donne, le prix le plus élevé qu'on peut.

Cette observation, qui a l'air d'une vérité de M. de la Palisse, ne perd rien de son évidence si nous l'appliquons à l'ensemble des producteurs et consommateurs d'un pays.

Les citoyens qui se disent libres-échangistes veulent vendre ou acheter les produits au meilleur marché aussi bien à l'intérieur qu'à l'étranger ; en réalité, ils sont protectionnistes à outrance demandant que l'État propre aussi bien que l'État étranger ne grève de droit ni d'impôts les produits de leur choix ; leur prétention constitue même un privilège tellement abusif qu'il est irréalisable.

Les citoyens qui se prétendent protectionnistes réclament, au contraire le libre-échange intérieur comme un privilège non moins abusif. Ils exigent que l'État grève les produits étrangers de droits tels qu'à l'intérieur tout le monde puisse fabriquer et vendre dans les conditions de production propres au pays, les mêmes pour tous, utopie non moins irréalisable.

Les uns et les autres sont libres-échangistes et protectionnistes à la fois, selon leurs intérêts ou leur ambitions ; faire de ces passions des principes de la science économique, n'est pas la comprendre.

Passons aux États : l'Angleterre, libre-échangiste par excellence, frappe d'impôts considérables les thés, les cafés, les tabacs, les vins ; les États-Unis, protectionnistes contre les produits industriels de l'Europe sont libres-échangistes pour le commerce de leurs produits agricoles. Absolument comme les particuliers sont libres-échangistes pour les produits qu'ils consomment, et protectionnistes pour ceux qu'ils produisent, les États sont naturellement libres-échangistes pour les industries dans lesquelles ils dominent, et protectionnistes pour celles où ils sont dominés.

En somme, toutes les disputes sur la vérité des deux doctrines aboutissent à l'apologue de la fable, qu'on ne peut contenter tout le monde et son père. Dans ces circonstances, l'État c'est le père qui ne demande pas mieux de conduire l'âne au marché, mais chacun veut que ce soit à sa façon, et que ce soit lui qui monte la bête.

Les tarifs douaniers et les traités de commerce sont des impôts comme les autres impôts, avec la seule différence que les premiers se perçoivent aux frontières, et les seconds à l'intérieur, que ces derniers, le contribuable les sent et les comprend, et que les autres il ne les sent et ne les comprend pas.

Ainsi que toutes les espèces d'impôts pèsent sur certaines classes de contribuables, de préférence à d'autres, dans les tarifs douaniers et les traités de commerce grèvent certaines marchandises et affranchissent d'autres. Et, comme dans l'ensemble du système fiscal on cherche à frapper dans la mesure de leurs ressources tous les contribuables indistinctement, on s'efforce à faire des tarifs douaniers et des traités de commerce les impôts complémentaires des impôts intérieurs.

Si la plupart des États rendent, par exemple, les droits perçus sur une marchandises à son exportation, c'est que, par là, ils espèrent accroître la production et le rendement des impôts de l'intérieur. Tous les impôts, quels qu'ils soient, frappent les produits d'une façon directe ou indirecte. Une marchandise qui entre en franchise de droits, et pour laquelle les taxes ont été restituées à l'exportation par l'État étranger, est un produit qui paie par excellence l'impôt d'une manière *indirecte*. Dans les deux États, on suppose que son importation en franchise augmente le rendement des autres impôts. Une marchandise, au contraire, qui, des deux parts, est également sujette à l'impôt, est un produit soumis, plus que tout autre, à l'impôt *direct*.

C'est à ce phénomène si simple que se réduisent les disputes des libre-échangistes et des protectionnistes.

Dans quels cas vaut-il mieux payer l'impôt à l'État étranger qu'à l'État propre ? Dans quels cas est-il préférable de faire le contraire ?

Le jour où nous comprendrons que les tarifs douaniers et les traités de commerce ne sont en réalité que des impôts, ou extérieurs ou intérieurs, nous parviendrons à nous rendre compte que le libre-échange et le protectionnisme ne sont que des sottises, et qu'il faut étudier avec plus de soin les caractères de nos impôts et leur forme de participer à la production générale, de quelque nature qu'ils soient.

A la suite des tarifs faits au hasard des compétitions et des influences particulières et locales et qui, chez nous, compliquent plus que partout ailleurs la crise générale, il est d'autres plaintes non moins graves qui s'y rattachent. Ce sont celles dont certains journaux ne cessent de se faire l'écho contre la concurrence que des ouvriers étrangers viennent faire à nos ouvriers propres.

Deux cent mille ouvriers étrangers, et plus, habitent notre territoire. Tous travaillent à meilleur marché que les nôtres, font baisser les salaires, et s'accaparent d'industries, d'entreprises entières

Retournés dans leur pays d'origine, ils ont appris à parler notre langue, y rapportent nos formes et nos façons de travailler, et, en cas de guerre, deviennent des aides précieux, autant par les renseignements qu'ils peuvent fournir aux états-majors ennemis, que par la sûreté avec laquelle ils peuvent servir de guides ou d'éclaireurs.

Nous ne nous cachons aucun des dangers qu'entraîne le séjour constant d'un nombre aussi considérable d'ouvriers étrangers chez nous : 200.000 hommes, soit quatre ou cinq corps d'armée ennemis que nous entretenons à nos dépens et à nos frais ! Envisagée à ce point de vue, la situation est tellement grave qu'il semble qu'il n'y ait point d'hésitation possible.

Peu de nos ouvriers se rendent à l'étranger pour la même raison qu'un grand nombre nous en arrivent : l'élévation de nos salaires.

En Belgique et en Italie, les ouvriers français sont traités comme les ouvriers nationaux, et si en Allemagne ils payaient une espèce de capitation sous la forme de l'impôt de classe, les derniers degrés de cette impôt ont été abolis pour nos ouvriers comme pour les travailleurs allemands

Il y a plus : les ouvriers français qui séjournent dans ces pays jouissent, en général, d'une situation privilégiée, comme contre-maîtres ou chefs ouvriers embauchés le plus souvent sur notre propre territoire par des industriels étrangers. C'est un fait qui dure depuis le treizième siècle, depuis que nos ouvriers ont été construire au dehors les cathédrales gothiques, et qui s'est renouvelé de siècle en siècle, pour toutes espèces d'industries. Tout paraît donc, dans cette grave question, à notre désavantage. D'une part, nos meilleurs ouvriers sont attirés à l'étranger par l'espérance d'une situation plus lucrative ; et, d'une autre, des milliers d'ouvriers sans instruction nous arrivent pour accaparer notre travail propre.

Il semble que le patriotisme le plus élémentaire nous commande de prendre des mesures sérieuses.

Et, cependant, il faut y réfléchir à deux fois. Ces mesures présentent, à leur tour, un danger plus grave peut-être que tous ceux que nous voudrions conjurer.

Ne nous arrêtons pas aux représailles dont pourraient user les États étrangers : nous ne ferions qu'y gagner ; nos ouvriers ordinaires ne s'y rendent pas, et nos bons ouvriers ne nous quitteraient pas aussi facilement.

Mais il est un autre danger qui mérite d'être pris en sérieuse considération. Parmi les ouvriers qui nous viennent du dehors, le plus grand nombre sont simples manœuvres, moissonneurs, défricheurs, balayeurs, terrassiers. Les travaux qu'ils accomplissent, sont en quelque sorte la matière première du travail qu'ils font à des prix beaucoup moins élevés que nos ouvriers, intellectuellement plus développés, éprouvant des besoins plus multiples.

En mettant des entraves, de quelque nature qu'elles soient : impôt de capitation ou mesures de police, au séjour en France de cette espèce d'ouvriers, il en résulterait fatalement un renchérissement de la main-d'œuvre élémentaire, grossière, de la matière première même du travail, et toutes nos autres industries, quels que soient les noms qu'elles portent, en souffriraient forcément.

La concurrence avec l'étranger nous deviendrait de plus en plus difficile, et finalement au lieu d'ouvriers les marchandises étrangères inonderaient nos marchés, malgré toutes les mesures protectrices que nous pourrions prendre.

Plus la matière première, dans un pays, est à bon marché, que ce soit grâce au travail de l'homme ou par les avantages du sol, plus il peut développer ses richesses naturelles et son génie industriel.

Il ne saurait donc être question, quels que soient les dangers qui puissent en résulter, d'empêcher la concurrence des ouvriers manœuvres avec les nôtres. Ce serait porter atteinte à la prospérité industrielle de notre pays dont le sol est déjà par lui-même plus pauvre en matières naturelles que celui de nos voisins, Anglais, Allemands ou Belges.

D'une part, les ouvriers étrangers compliquent notre crise intérieure ; d'une autre, ils la soulagent : sans eux nos grandes industries finiraient par succomber sous le poids de la concurrence des industries similaires de l'étranger.

Déjà nous sommes obligés de payer 95 millions de primes à l'industrie sucrière, industrie dont nous avons été cependant les inventeurs, pour qu'elle puisse soutenir la concurrence avec les sucres allemands.

Nos distilleries, nos brasseries, nos filatures, nos papeteries, se trouvent dans le même état d'infériorité ; sauf la métallurgie, aucune n'a acquis chez nous le grand développement qu'elles ont pris depuis vingt ou trente ans, soit dans les autres États de l'Europe, soit en Amérique.

En vain nous nous imaginons qu'un moyen aussi artificiel que le protectionnisme nous permettrait de nous relever de l'état d'infériorité dans lequel nous sommes. A l'abri de cette espèce de muraille de Chine, nous ne ferions que persister dans nos déplorables errements, et, loin de progresser, notre grande industrie déclinerait de plus en plus.

Il en est sous ce rapport de l'industrie en général comme de l'horlogerie. L'Amérique en a fait une grande industrie, et le jour même éclata la crise dans le Jura, la Suisse, le Schwarzwald. Appliquez les droits les plus exorbitants, jusqu'à la prohibition : l'horlogerie, comme petite industrie, n'en aura pas moins vécu, et, à moins de placer un douanier dans chaque poche de chaque voyageur, vous n'empêcherez pas l'introduction des montres américaines.

Il en est de même pour l'agriculture. Toutes nos plaintes, toutes nos doléances, se résument dans le fait qu'en Amérique et en Russie l'agriculture devient une grande industrie, tandis que, à part quelques fermes qu'on peut compter sur le bout des doigts, elle conserve partout sur notre vieux continent son ancien caractère d'une industrie locale.

Il en est du progrès comme du flot montant ; il faut se résoudre à le suivre ou y périr. Quant aux droits protecteurs qu'on lui oppose, ils sont comme ces forteresses de sable que les enfants élèvent sur la plage ; le flot arrive — elles n'existent plus.

La crise générale provient de la prédominance croissante de la grande industrie et du grand commerce sur leurs aînés, les industries et les commerces locaux. Et, si la plupart de nos grandes industries se sont laissées devancer par leurs concurrentes étrangères, il en est résulté que notre petit commerce et nos petites industries ont conservé une prospérité relative. C'est une fiche de consolation. Leurs gains modestes et leurs petites épargnes ont été emportés par nos emprunts successifs, où perdus dans des entreprises fabuleuses, comme celle du Panama.

Ce qui achève enfin de rendre notre situation inextricable c'est la somme énorme de notre dette publique, dont personne ne peut concevoir, même approximativement, la masse. Elle rapportait 4 à 4 $^1/_2$ 0/0, et toutes les épargnes, toutes les économies, ont afflué vers elle, poussées, en quelque sorte, par la crise industrielle et commerciale elle-même. Il en est dérivé, après nos premiers emprunts patriotiques qui épuisèrent les petites épargnes du pays, et les derniers, qui ne représentent plus que des spéculations de la grande banque, la facilité surprenante avec laquelle tous les emprunts intermédiaires ont été contractés.

En temps de crise surtout, l'industrie est chanceuse, le commerce aléatoire. Il est si doux, si commode, de vivre des rentes fournies par le travail d'autrui ! Mais en raison aussi les entreprises deviennent plus rares, le travail plus difficile.

Les jeux de la Bourse, enfin, les hausses et les baisses des rentes, permettent si aisément aux uns d'acquérir les fortunes des autres ! Les ruinés disparaissent, et le jeu continue sans que la fortune de la France s'accroisse d'autre chose que de quelques déclassés ou misérables de plus.

Notre dette, c'est le Prussien chez nous ; c'est notre déficit en permanence, c'est l'impuissance dans le présent, la banqueroute dans l'avenir.

Quant aux rentes que nous nous payons les uns aux autres par l'intermédiaire de l'État, elles sont la rançon que nous continuons à solder à l'étranger. Elles sont une entrave à l'essor commercial et industriel, une cause de la prolongation de la crise, et l'objet de toutes les rancunes de nos classes ouvrières : leurs revendications et leurs violences croissent avec elles.

Si, jusqu'ici, l'amortissement n'a été qu'un rêve, ce rêve peut, aux premiers jours devenir un cauchemar.

Comme une pieuvre immense, la dette pèse sur le pays, et suce de toute part le sang et le travail de la France.

Pendant que l'État paye 4 et 4 1/2 0/0 de l'argent qui lui a été prêté, l'agriculture ne rapporte que 1 1/2 0/0, lorsque les fermes ne sont pas abandonnées ; et combien de nos grandes industries donnent encore 4 0/0 quand un si grand nombre travaillent à perte ?

Bon an, mal an, l'État paye 1 0/0 d'intérêt en plus que la production du pays ne donne.

Il est impossible d'imaginer un moyen plus sûr de nous ruiner systématiquement.

Un Louis XV a pu dire : Après nous le déluge ! Il n'est pas permis à un gouvernement républicain de le faire. Le roi parlait au nom de sa dynastie et il n'a eu que trop raison ; un gouvernement républicain représente la nation.

Ce n'est pas en persistant dans la voie des déficits et des emprunts à jet continu que nous sortirons jamais de la crise. Loin de là, elle s'aggravera de plus en plus, alors que les autres États trouveront les moyens de se retirer.

En dernier lieu, parmi les causes qui chez nous augmentent la crise générale et lui donnent un caractère particulier, il faut compter nos tarifs de chemin de fer.

La France paie annuellement trois milliards pour que l'État puisse remplir sa double fonction d'assurer la sécurité des frontières et faciliter les relations intérieures.

Les Compagnies de chemins de fer remplissent, en partie, cette dernière fonction ; en retour, l'État leur garantit des intérêts, en même temps que les contribuables leur paient des dividendes et des bénéfices. C'est ce qu'on appelle, en théorie, la liberté du travail ; et, en pratique, brûler la chandelle par les deux bouts.

Un exemple entre mille : les fabricants des draps de Sedan achètent les laines australiennes à Londres, d'où ils les font transporter à Anvers, et de là, à travers la Belgique entière, dans les Ardennes. Ce transport en zigzags leur revient à meilleur compte que celui en ligne droite de Londres au Havre et du Havre à Sedan. Le Havre reste un petit port à côté de celui d'Anvers, les chemins de fer se soldent par des déficits pour l'État, et les fabricants de Sedan voient vendre, dans la ville même et à leur barbe, des draps allemands et anglais à meilleur marché qu'ils ne peuvent les produire. Ce n'est plus là brûler la chandelle par les deux bouts, mais la couper en morceaux et la brûler par tous les bouts à la fois ; feu d'artifice, amusement des enfants, mais qui éclaire singulièrement notre situation industrielle et commerciale.

Nos tarifs de chemins de fer sont en moyenne de 20 0/0 plus élevés que ceux des pays voisins, que les lignes soient exploitées par l'État, comme en Allemagne et en Belgique, ou par des ducs et lords industriels, comme en Angleterre.

On a imaginé : le rachat.

Malheureusement, si le gouvernement de Juillet a mal compris ses devoirs et fonctions publiques en abandonnant l'exploitation des voies de communications à des sociétés privées, l'Empire, qui lui a succédé, les a plus mal compris encore en abandonnant la garde des frontières. Le rachat du territoire envahi nous a coûté des sommes telles que nous ne pouvons plus songer à celui de nos voies de communications. Ce ne serait plus brûler la chandelle par tous les bouts, mais la jeter au feu pour la faire flamber d'une pièce. L'Empire a flambé, et nous nous trouvons aujourd'hui devant les cendres de notre ancienne prospérité, pleurant nos plus chaudes larmes, accusant le monde entier, excepté nous-mêmes, et ne sachant à quel saint nous vouer pour faire renaître le phénix.

X

LA DÉGRADATION DE L'INSTRUCTION PUBLIQUE

La question ouvrière trouve sa solution dans la reprise des affaires, dans l'accroissement de la production industrielle et commerciale du pays.

La question sociale a des causes plus profondes. Issue des transformations intellectuelles et morales successives de la nation, elle n'offre, comme pour tous les peuples vieillis dans l'histoire, d'autre solution que la décadence romaine ou la désorganisation grecque, à moins que nous ne trouvions dans l'instruction publique, le moyen de donner des assises plus solides à notre état social.

Malheureusement, loin de concevoir l'instruction publique comme un moyen d'éducation générale, nous l'avons, poussés par la fatalité mystérieuse qui nous emporte vers notre dissolution développée jusqu'à l'exagération dans le sens même de notre dégradation sociale.

Lorsqu'en 1870, on félicita le roi de Prusse de ses victoires, il doit avoir répondu : « Ce n'est pas à moi, c'est à nos maîtres d'école qu'en revient le mérite, »

Depuis cette fatale époque, aucun pays de l'Europe n'a fait autant de sacrifices pour son instruction publique, que la France.

En 1837, 2.040.455 élèves fréquentaient les écoles primaires; ils occupaient 38.465 maîtres et maîtresses, et les dépenses, à la charge de l'État, des départements et des communes, étaient de 9.072.646 fr., de 4 fr. 43 en moyenne, par élève.

En 1884, nous avons eu 4.918.549 élèves, qui suivaient l'enseignement primaire donné par 100.000 maîtres et maîtresses, et les dépenses atteignaient la somme de 111.633.481 fr. ; soit 22 fr. 70 par élève.

On a reproché à la République cet accroissement de dépenses ; on lui a reproché l'instruction rendue obligatoire. Quels reproches ne lui a-t-on pas faits ? excepté ceux qu'il aurait fallu lui faire.

En 1877, un prêtre allemand, chassé en plein Kulturkampf, par le prince de Bismarck, d'une petite ville du Rhin, se réfugia en France, et donna, pour vivre, des leçons dans deux collèges successivement d'une ville du Midi et d'une autre du Nord. Sur notre question : Quelle différence il trouvait entre les enfants français et les enfants allemands ? Il répondit : « Vos enfants de six à douze ans ont des facilités extraordinaires, ils sont affectueux, confiants, généreux ; à côté d'eux, les nôtres paraissent des crétins. En revanche, les efforts que nous faisons en Allemagne pour faire de nos crétins des hommes intelligents, sont compensés par ceux que vous faites, dans votre système d'instruction, pour crétiniser vos enfants de génie. » La réponse était rude, était-elle imméritée ?

Malgré les réformes qu'on a faites pendant ces dernières années, malgré les programmes changés, malgré les examens dédoublés, les organes les plus autorisés de l'Université se plaignent que le niveau des études ait baissé, que les élèves soient mal préparés, les résultats de notre instruction supérieure de plus en plus médiocres, en même temps que les médecins et les pères de famille reprochent à ces études, si notoirement incomplètes, le surmenage auquel elles conduisent, l'affaiblissement de la santé et de la vigueur des enfants, le chiffre croissant des infirmités et des maladies de débilité.

Ainsi, les enfants, peut-être les mieux doués du monde, sont amenés, par des études de 16 à 18 ans, à ne plus suffire à leur tâche, à ne plus répondre, ni au physique, ni au moral, à l'espérance de leurs maîtres et de leurs parents, ni à l'avenir intellectuel de la patrie.

Nous avons dépensé des millions pour refaire notre instruction publique, nous avons quintuplé les dépenses de l'enseignement du moindre de nos enfants, et tout cela, pour aboutir à cette déclaration : le niveau des études a baissé, les élèves sont de plus en plus mal préparés, les résultats de l'instruction supérieure sont de plus en plus médiocres, la santé des enfants est compromise.

Dans notre ardeur de réorganisation, nous avons chargé des membres de l'Institut, des professeurs de faculté, des directeurs supérieurs de l'instruction, de changer les études, d'améliorer les programmes. Ils ont donné aux sciences et aux langues étrangères une importance plus grande, aboli les vers et le discours latins, changé les heures d'étude, etc.., que n'ont-ils pas fait, dans leur désir de bien faire ?

Malheureusement, ces hommes se sont imaginés que tous nos enfants devaient posséder leurs aptitudes et leurs facilités, leur mémoire et leur ardeur au travail, et ils ont, dans toutes les réformes, dépassé le but, s'ils ne l'ont méconnu.

Des travaux, inutiles, peut-être, mais qui n'occasionnaient ni fatigues intellectuelles, ni efforts démesurés, tels que les vers et le discours latins, ont été remplacés par des études scientifiques hors de proportion, qui exigent une tension continuelle de l'intelligence, et entraînent souvent le dégoût, parfois le désespoir, de l'enfant. L'étude des langues étrangères a été développée, mais dans leur enseignement on continue à suivre les méthodes de l'enseignement des langues mortes, et on en a fait un casse-tête chinois sans aucun profit pour la jeunesse.

Enfin, ces études forcées en tous sens, ont été rendues à un tel point uniformes, qu'un jour un ministre a pu tirer sa montre et dire : « Il est neuf heures en ce moment, tous les enfants de tous les lycées de France traduisent tels passages des auteurs. »

Comme si l'enfant provençal ou gascon devait avoir au même âge et à la même heure les mêmes dispositions et les mêmes aptitudes que l'enfant normand, breton ou ardennais ;

comme si l'instruction, pour être intelligente, ne devait point différer, sinon avec les moyens de chaque enfant, du moins avec le caractère général de leur esprit.

Ainsi, dans notre ardeur de faire trop vite et trop bien, nous avons méconnu sous toutes les formes les exigences les plus élémentaires d'une instruction publique bien entendue, et nous avons abouti à justifier, à la fois les plaintes de l'Université, les reproches des parents, et l'observation du professeur allemand qui comparait les efforts que nous faisions pour crétiniser nos enfants à ceux de son pays pour faire des siens des hommes intelligents. Nous trouverions-nous vraiment en présence d'un abrutissement systématique de l'intelligence de la jeunesse française ?

Commençons par examiner le programme de l'enseignement primaire.

Le rêve de tout bon père de famille est que son enfant, en sortant de l'école primaire, sache lire, écrire, calculer ; qu'on lui ait inspiré la haine du mensonge, le culte de la franchise et de la loyauté, et, par-dessus tout, l'amour de la patrie. Le reste, la vie et des études ultérieures le lui apprendront infiniment mieux que toutes les écoles primaires du monde.

Ce n'est pas l'avis du programme prescrit par l'arrêté du 27 juillet 1882 : « L'étude primaire ne consiste pas, — nous transcrivons littéralement, — dans le seul apprentissage de ces premiers instruments de communication : la lecture, l'écriture et le calcul. Le maître doit conduire les élèves, en procédant du connu à l'inconnu, à découvrir les conséquences d'un principe, les applications d'une règle ; ou, inversement, les principes et les règles qu'ils ont déjà inconsciemment appliqués. Il doit les exercer à dégager l'idée abstraite, à comparer, à généraliser, à raisonner, sans le secours d'exemple matériels. Enseignement essentiellement pratique et *intuitif* ».

Intuitif ! on dirait une traduction mot à mot, et fort mal faite, du programme d'un maître d'école prussien, qui doit, non seulement apprendre à lire, écrire et calculer à l'enfant poméranien, mais encore à penser et à réfléchir. Nos gamins n'ont que faire de ce galimatias ; le plus souvent, ils *intuitent* mieux et plus rapidement que leurs maîtres. — Pas une page du programme qui ne renferme des sottises semblables.

Ce que les Allemands entendent par « leçon de choses » est encore un enseignement excellent pour l'enfant poméranien ; il faut lui apprendre à exprimer sa pensée, à dire ce que c'est qu'une chaise, une table, un fleuve, un arbre : exercice parfaitement inutile pour les nôtres, dont la vivacité d'esprit ne leur représente que trop bien les objets qui les intéressent, les entraînent, les dissipent.

Aussi les auteurs du programme ont-ils cru devoir, au cours élémentaire, déjà, remplacer les leçons de choses par — « l'analyse grammaticale », que les Allemands ont trop de bon sens pour avoir jamais essayée ; « la décomposition de la proposition en ses termes essentiels », ce qui constitue la logique entière ; « l'histoire nationale jusqu'à la guerre de Cent ans ; la géographie locale et générale ; les saisons, les pricipaux phénomènes atmosphériques, les accidents du sol, etc..., les éléments essentiels des sciences physiques et naturelles... », et tout cela doit être enseigné, au cours élémentaire, à des enfants de 7 à 9 ans, qui ne savent pas encore lire et écrire ! C'est à ne pas en croire ses yeux ! Voyez pages 17 à 20 du programme.

Nous ne sommes qu'au commencement de cette idiote interprétation des leçons de choses. L'article 6 porte : « Instruction civique, droit usuel, notions d'économie politique. »

Comment, lorsque ces mêmes Allemands, que nous prétendons imiter, reprochent à nos membres de l'Institut d'être en arrière d'un demi-siècle en matière de science économique, nous voulons inoculer à nos enfants les débris de cette science fossile ! Et cela, lorsque ce même programme prescrit, à l'article 7 : « l'étude des principes de numération parlée et écrite, des quatre règles appliquées, intuitivement, d'abord à des nombres de 1 à 10 ; puis de 1 à 20 ; puis de 1 à 100 ». Un enfant qui ne sait compter, pas même *intuitivement*, selon l'article

7, apprendra donc, selon l'article 6, les éléments du droit civique et usuel et les notions de l'économie politique !

En vérité, si jamais un étranger, — nous ne disons pas un Allemand, mais un étranger quelconque — lit notre programme, il croira sérieusement qu'il a été rédigé à Charenton.

Les hommes qui en ont été les auteurs furent cependant de bonne volonté, et n'exigèrent certainement des études aussi insensées qu'en vue du progrès de nos enfants ; mais ils ne songèrent qu'à nos enfants parisiens, si précoces, si déliés d'intelligence. Ce n'est que pour eux que le programme a été fait.

Une preuve suffit : les leçons « de dessin et de moulage » y sont ordonnées « avec une méthode de graduation minutieuse pendant 5 années consécutives », absolument comme si nos 5 millions d'enfants devaient tous devenir des ouvriers sculpteurs ou fondeurs, des brodeuses ou des modistes, sur le pavé parisien.

Tout le programme, du commencement à la fin, est inspiré du même esprit. Pas une étude, pas un exercice ne se trouve à sa place : on dirait qu'on n'a voulu produire le tout que pour un monde d'enfants phénomènes et plaire à la galerie des utopistes et des rêveurs.

Que l'on convoque vingt de nos bons maîtres d'école : en quelques jours ils composeront un programme qui sera un chef-d'œuvre de pédagogie à côté des insanités imposées par l'arrêté de 1882.

Inutile d'aller plus loin et d'examiner les innombrables manuels qui ont été écrits et publiés pour inoculer à nos enfants tout cet admirable enseignement de *civisme*, de *droit* et *d'économie politique* ; pas une phrase qui ne soit un sophisme, pas un mot qui ne soit une erreur ! Apprenons à nos enfants à lire, écrire, calculer ; à être bons et loyaux les uns pour les autres, à aimer leur pays. Tout le reste n'est que de la bêtise ou de la fantasmagorie. Donnons en outre à nos écoles, dès les classes primaires, un caractère professionnel, selon les régions et les localités ; que chacun de nos enfants soit élevé et instruit pour le milieu dans lequel il doit vivre, et les fonctions qu'il doit remplir.

L'exagération et l'uniformité dans l'instruction sont le fléau et non le levier du progrès intellectuel.

Passons à l'enseignement secondaire : la scène grandit, les coulisses changent, le spectacle reste le même.

Si le programme des écoles primaires est absurde, il est encore une œuvre de bon sens à côté des programmes de l'enseignement secondaire. Il ne me souvient pas avoir jamais entendu pître débiter son boniment avec une exagération pareille à celle du simple exposé d'un plan d'études des lycées : « programme de l'enseignement secondaire classique ; imprimerie et librairie classiques. » Tout est classique, du plus pur classique ! Ouvrez et lisez tranquillement, sans parti pris, cette interminable énumération de sciences et de sous-sciences, de littératures et de sous-littératures, plus de trois mille ans de progrès, d'inventions, de découvertes et de chefs-d'œuvre, et, vous obtiendrez la conviction que lorsque votre jeune homme sortira de là, à l'âge de 16 à 17 ans, sachant parfaitement tout ce qu'on lui aura enseigné, Descartes ne sera qu'un cuistre, et Pascal un sot, à côté de lui.

En fait, votre enfant sortira de là ayant épuisé à peu près toutes ses facultés intellectuelles, la mémoire surchargée et accablée d'un fatras de mots et de savoir sans consistance, heureux s'il lui reste assez de discernement pour comprendre qu'il a perdu et toutes ses peines et tout son temps.

Il aura appris à interpréter « le Faust de Gœthe » ou « l'Hamlet de Shakespeare » et quand vous le prierez de vous traduire un passage du « Times » ou un article d'une gazette allemande, il n'y comprendra mot. Il interprétera de même, toujours d'après le programme, Sophocle et Démosthène, l'Iliade et Platon, fier si dans 999 cas sur 1000 il est de force à épeler sans trop d'efforts quelques lignes de grec.

Pour le latin, cela va mieux : Cicéron, Virgile, Lucrèce, Horace, Tacite, aucun des grands ne manque. Déjà en sixième, la moitié du temps des études leur est consacrée. Aussi l'enfant aura-t-il 50 chances sur 100 pour parvenir à la fin à lire . n peu proprement, je ne dis pas tous ces grands, mais le latin très facile des auteurs élémentaires.

Passons : « en Mathématiques, le jeune homme revisera en philosophie les cours d'arithmétique, d'algèbre et de géométrie : trois longues pages d'énumération de calcul et d'opérations mathématiques, » — et si après cela il est encore capable de résoudre une règle de trois et de faire un calcul d'intérêt composé, vous pouvez vous féliciter de son savoir.

Poursuivons : Physique et Chimie, Géologie et Cosmographie ; Zoologie et Botanique, Anatomie et Physiologie animale et végétale..., aucune science de la terre et du ciel ne manque, depuis celle du téléphone et de la galvanoplastie jusqu'aux notions stellaires, depuis l'étude des fonctions animales et végétales de nutrition et de relation, jusqu'aux conceptions sur « la matière et la vie ! »

Vous croyez l'enfant suffisamment accablé. Son abrutissement va seulement commencer. Deux sciences, et des plus élémentaires, la géographie et l'histoire l'inaugurent, et une troisième, la philosophie, l'achèvera. Mais aussi, quelle merveille que la méthode employée ! Je transcris :

« Classe de seconde (quinze ans). — Géographie (1 heure).

Géographie générale. L'atmosphère, vents alizés et vents variables, moussons, cyclones. — Distribution de la pluie.

Lignes isothermes, climats, végétaux.

La mer : Marées, courants. Le fond des mers. Régions polaires.

Les continents : Comparaison des principaux traits de la géographie physique dans les cinq parties du monde. — Montagnes, plateaux et plaines, fleuves. — Notions élémentaires sur la division des races humaines.

Afrique. — Asie. — Océanie. — Amérique : Relief du sol, fleuves, lacs, régions naturelles. — Populations, émigrations, langues et religions. — Principaux états. — Colonie européennes, sauf de la France. — Géographie économique : productions les plus importantes de l'agriculture, des sciences,de l'industrie. — Commerce : principaux ports. — Voies de communication par terre et par mer.

Insister sur l'Égypte, l'empire des Indes, l'Indo-Chine, la Chine et le Japon, les États-Unis, le Brésil, les colonies britanniques et néerlandaises.

Relations commerciales des cinq parties du monde.

Grandes lignes de navigation à vapeur et de télégraphie électrique. »

Marchand d'orviétan, pître, charlatan, arracheur de dents, fondateur de sociétés anonymes, en est-il qui jamais ait fait boniment pareil ?

Et, je répète que ce n'est que le commencement. L'année suivante (seize ans), le jeune homme apprendra la géographie physique, passe, mais la géographie politique ! administrative ! et économique ! de la France et de toutes ses colonies ! La science entière d'un excellent préfet, et d'un parfait gouverneur colonial.

Ce n'est rien : il faut transformer le futur préfet ou sous-préfet en un politicien de premier ordre. C'est plus difficile : le programme s'y prend de loin. Histoire ancienne (sixième) ; celle de la Grèce (cinquième) ; celle de Rome (quatrième) ; histoire de l'Europe, et particulièrement de la France, les années suivantes. On pouvait, dans ce dernier ordre d'idées, choisir deux voies : la première, l'*histoire générale,* des États européens, ou bien l'*histoire seule* de la France dans ses rapports avec celle des autres États. Dans le premier cas, le jeune homme n'apprenait rien ou peu de l'histoire de la France ; dans le second, on ne lui enseignait rien de l'histoire particulière des autres États. Ce fut naturellement le second système qu'on a choisi : — De 395 à 1270 (troisième) ; de 1270 à 1610 (seconde) ; de 1610 à 1789 (rhétorique) ; enfin, histoire contemporaine, de 1789 à 1875 (philosophie) ; plus de trace ou à peu près des États étrangers ; en revanche : Déclaration des Droits de l'homme ; Code civil, Napoléon et Louis XVIII ; révolutions de 1830 et de 1848 ; Deux-Décembre et ses conséquences ; paix de Francfort et insurrection de la Commune ; question d'Orient, et canal de Suez, etc..., trois grandes pages d'énumération ! Pour les naïfs, tout cela est fort judicieux, parce que c'est l'histoire nationale ; pour les gens raisonnables, tout cela est absurde. Enseigner à un jeune homme qui n'a appris l'histoire de la Grèce et de Rome, que comme les enfants l'apprennent, et à peu près rien de l'histoire des États étrangers modernes, c'est décider de parti pris, qu'il ne se forme que des idées absolument fausses sur l'histoire de France, qu'il ne se pénètre que du côté politique des évènements, et, selon les opinions de son professeur, prenne parti pour ou contre la Révolution, pour ou contre l'Empire, pour ou contre la Monarchie de Juillet, pour ou contre tout et rien, raisonne sur les faits, sans en comprendre la portée et devienne, suivant ses petites préférences, un politicien de premier ordre. On se plaint de l'incapacité des gouvernements, de l'incohérence des Chambres, de l'incurie des administrations : tout le monde continue simplement à se conduire suivant la politique apprise au collège.

Lorsque le professeur allemand nous disait que nous faisions de nos enfants de génie des incapables, nous étions loin de soupçonner que les faits lui donneraient si tristement raison.

Il restait cependant un moyen de combattre ce déplorable enseignement et d'en conjurer les dangers : c'était d'enseigner du moins à nos enfants à concevoir des idées justes, à leur apprendre les conditions de la vérité, les règles de tout raisonnement, de toute pensée exacte.

Pendant le Moyen-Age, comme sous l'ancien régime, et même pendant la première moitié de ce siècle, les études de philosophie commencèrent par celle de la logique; il n'y a certes pas homme hors de France, qui s'imagine que nous puissions commencer autrement.

C'est vieux jeu : la logique ! A quoi bon ? Il faut que dans la patrie de Descartes et de Pascal la jeunesse apprenne avant tout ce que c'est que la psychologie expérimentale de M.

Stuart-Mill, et l'association des idées de M. Herbert-Spencer. Ce n'est que lorsque la pensée sera bien pénétrée du galimatias de ces deux remarquables sophistes qu'on essayera de lui inoculer quelques notions de logique ; et quelle logique ! une *olla podrida* d'Aristote et de Port-Royal, de Hegel et de Stuart-Mill, à laquelle le jeune homme finit par ne plus comprendre goutte.

Suivent des apparences de morale et de métaphysique, et *quelques notions sommaires* sur les principales doctrines philosophiques.

Voilà le couronnement de nos études ! Si, en sortant de là, vous demandez au jeune homme ce qu'il pense de la philosophie, il vous répondra, superbe : de la fumisterie !

Il ne reste de vivant en lui que le politicien, préfet, sous-préfet, député ou ministre futur.

Sans aspirations élevées, sans direction précise, sans soutien intellectuel ni moral, il avancera vers son but avec l'assurance d'un Tartarin sur les Alpes : toute sa science est truquée.

Le truc principal consiste dans le concours. Depuis la quatrième, chaque professeur choisit, dans chaque classe, les sujets les mieux doués en intelligence ou en mémoire, les plus souples comme caratère, et qui témoignent quelque goût pour sa branche. Il les soigne, les distingue, les encourage ; néglige en proportion forcément les autres, qui se rangent dans les cancres, les fruits secs ; les premiers deviennent les bêtes à concours, les bœufs. disent les Chinois.

Le résultat en est que les meilleurs sujets qui se sont particulièrement consacrés à une science, aussi bien que les plus mauvais, qui n'en ont mûri aucune, ont également besoin de « colles » et de « piston » pour passer, après le pont des ânes, celui du diable, avec entrée et sortie également dangereuses, le double baccalauréat.

Ce n'est pas une petite affaire ; plus d'un en a pris le vertige : la consécration de huit années de travail et d'études absurdes !

Devant les professeurs inconnus des facultés supérieures, qui le plus souvent ignorent absolument les transformations successives de l'enseignement secondaire depuis qu'ils en sont sortis, il s'agit de passer un premier et un second examen, dans lequel l'examinateur peut demander que le candidat lui dessine l'appareil digestif d'une moule, quand il y a quatre-vingts mille questions de même importance dans les seules sciences naturelles ; dans lequel un premier prix de concours du latin peut être refusé pour cette langue et les premiers élèves des premiers lycées de Paris pour la philosophie, alors que les derniers des classes sont reçus avec succès.

Si on tirait les bacheliers, comme les soldats, au sort, l'armée de notre gente instruite et savante serait certainement mieux composée.

Toute la jeunesse d'un pays de 38 millions d'habitants est instruite, non pas pour savoir, mais pour répondre à des questions probables, possibles ou impossibles, et dont les maîtres les plus savants en méthode, les « colleurs » poussaient déjà, du temps du discours latin, l'art à une perfection telle qu'avec 150 phrases apprises par cœur, ils arrivaient à faire faire une harangue cicéronienne, sur n'importe quel sujet, à leurs élèves, sans qu'il leur fût nécessaire de savoir un mot de latin. Ce fut l'idéal du genre, et c'est encore celui de notre instruction secondaire.

Et ne croyez pas qu'en passant des classes de lettres aux classes de sciences, la méthode change : l'enfant passe simplement d'un bord à l'autre d'une même rivière.

Toutes les chinoiseries du programme des études qui n'ont de classique que la prétention de l'être, disparaissent pour être remplacées par des mathématiques, et encore des mathématiques, et toujours des mathématiques : mécanique, physique, cosmologie mathématiques ; on enseigne même une méthode des mathématiques !

Les mathématiques donnent, assure-t-on, des habitudes de précision à l'esprit, l'amour de la netteté dans l'expression, la passion de l'exactitude... Or, tout le monde sait qu'il n'y a pas d'esprits plus chimériques et de gens plus rêveurs que les mathématiciens.

Il faudrait cependant s'entendre.

Les mathématiques ne sont pas une méthode du tout. Elles sont une des nombreuses formes d'exprimer notre pensée, comme le dessin, l'écriture; le langage... Leurs définitions suivent les règles de la logique la plus vulgaire, leurs raisonnements, inductions, déduction, démonstrations et preuves sont sujets au même conditions de vérité que tous les raisonnements, inductions, déductions, démonstrations et preuves possibles. La pensée ne change ni de nature, ni de lois, qu'elle calcule ou raisonne : les choses dont elle s'occupe diffèrent seules.

Or, en donnant à un malheureux enfant la conviction que, par l'étude des mathématiques, l'esprit acquiert et plus de précision et plus de netteté, l'effet le plus naturel qu'on en obtiendra, sera qu'il s'imaginera, quand il saura ce que c'est qu'un logarithme, être sorti de la cuisse de Jupiter et posséder la science infuse.

Encore, si l'abus des mathématiques s'arrêtait là ; mais le même enfant à qui l'on fait croire qu'il possède véritablement la méthode pour découvrir le vrai et le juste en toutes choses, ne pensera plus que par abstractions, et raisonnera comme tous les esprits faux, incapables de concevoir les faits tels qu'ils sont, et les hommes et les choses tels qu'ils existent en réalité.

Supposons que la moyenne la plus basse de la durée de la vie humaine soit de vingt-cinq ans, admettons encore que la moyenne la moins élevée de la population de la France ait été, depuis la fin du neuvième siècle, de 15 millions d'habitants : il en résulte que, depuis mille ans, quarante générations de 15 millions d'habitants se sont succédé en France ; soit 600 millions d'hommes, sur lequels il y a eu un Pascal. Tout petit Français aura donc, au plus bas, 600 millions de chances contre une, pour ne pas devenir un Pascal. Qu'est-ce que cela prouve ? absolument rien.

Voilà l'abus des mathématiques : faire prendre des vessies pour des lanternes.

Aussi ne reste-t-il à l'élève des sciences, comme à celui des lettres, d'autre issue que la « colle » et le « piston », pour arriver à répondre aux quatre vingts mille questions probables, possibles et impossibles, du baccalauréat ès science.

Pauvres garçons ! Après le baccalauréat leur jeunesse est finie ; à moins qu'on n'entende par là les excès et les débauches dans lesquels un certain nombre d'entre eux se précipitent, s'imaginant pouvoir enfin respirer et vivre librement. Pour les autres, c'est la carrière qui commence. On appelle cela, par une vieille habitude de langage : les études supérieures. Le système des examens et des concours reprend et continue de plus belle, entraînant, comme une maladie éternelle, les emplâtres indispensables de « colle » et de « piston ».

Quand à la carrière, le monde de facultés et d'écoles spéciales qui y conduisent, il est à son tour surfait ou faussé, comme l'esprit des jeunes gens que ces facultés et ces écoles reçoivent comme l'enseignement secondaire qui y mène, comme l'enseignement primaire par lequel le tout commence.

La Sorbone répond si peu à son but véritable, qu'on a cru devoir fonder à côté d'elle, non seulement une École normale supérieure, mais encore une École pratique des Hautes Études, — on ne pouvait en faire une critique plus sanglante ; elle dispense de toute autre.

Le niveau scientifique de l'École de Droit est un des plus faibles de l'Europe, à tel point que, pour y suppléer, on a dû créer une École de Sciences politiques.

La Faculté de Médecine, voyant sa flagrante infériorité, a construit un palais gigantesque pour y faire faire des cours et plus pratiques et plus solides ; sauf les cours d'anatomie, les autres ne se font point ou guère, les salles y restent vides et l'enseignements est à peu près nul. Ce n'est qu'en exigeant la signature des élèves sur un registre de présence qu'on peut obtenir leur assiduité.

École polytechnique, École centrale : établissements superbes, où l'on porte la prétendue méthode des mathématiques à un degré capable d'occasionner des maladies mentales, et dont les suites sont que le manque d'hommes d'initiative et d'action, d'ingénieurs capables et pratiques, est, avec notre situation financière, la cause principale de la crise commerciale et industrielle. Aussi, tout comme pour la Sorbonne, et les Écoles de droit et de médecine, a-t-on fini par créer encore à côté une École de hautes études commerciales où l'on fait — je le donne en mille — surtout des cours de droit !

Pauvre France ! comme à travers ces infructueuses tentatives on voit que tu cherches, on sent tes efforts ! n'épargnant ni peine ni argent, poussant même tes exigences jusqu'à faire de tes enfants des martyrs à force de travail, d'examens, de concours.

En vain, chaque institution nouvelle se transforme en une critique des anciennes, sans en devenir par elle-même meilleure. Partout la volonté est bonne, mais partout l'erreur est la même : faire mieux sans savoir comment. Chaque enfant de province est instruit comme s'il devait devenir un ouvrier de Paris ; chaque élève de nos lycées, comme s'il fallait en faire un politicien, député ou ministre ; et chaque diplômé ès-sciences ou ès-lettres, comme s'il n'avait d'autre issue au monde que l'Institut.

Si le Roi de Prusse a pu dire qu'il devait ses victoires à ses maîtres d'école, nous pouvons répondre que c'est à notre système d'instruction seul qu'il faut attribuer nos désastres.

XI

LA SITUATION FINANCIÈRE

Pas d'impôts, pas d'emprunts nouveaux !

Là-dessus on jétte bas ministère sur ministère, espérant arriver, sinon à équilibrer le budget, du moins à s'emparer du pouvoir.

Parvenu au pouvoir, on fait quelques réductions apparentes ou réelles ; le déficit reparaît implacable, et, à défaut de réductions, on augmente la dette flottante jusqu'à ce qu'on revienne à proposer des impôts ou un emprunt nouveau : nouvelle culbute et le refrain de recommencer.

Si un marchand s'avisait d'établir le budget de ses recettes et de ses dépenses de l'année à venir, cela prouverait-il qu'il fait de bonnes affaires ? Non, pas plus que cela ne prouverait qu'il en fait de mauvaises s'il exige de ses clients un prix plus élevé pour certaines marchandises, ou s'il emprunte de l'argent pour donner plus d'extension à son commerce. C'est à des raisonnements de la sorte que se réduit la chanson : pas d'impôts, pas d'emprunts nouveaux !

Le fait est que nous ne savons plus ce que c'est qu'un budget, un impôt, un emprunt.

Il y a deux espèces de budgets : l'un par lequel le gouvernement et les chambres établissent les prévisions des recettes et des dépenses de l'État pour l'année à venir ; l'autre, par lequel le pays solde ses dépenses et ses recettes véritables. Le premier, tout le monde le connaît ; voté, Dieu sait comme, il est promulgué, chacun sait comment. Le second, tout le monde l'ignore, bien que chacun, pour son compte, sache parfaitement ce qu'il en est.

L'accord de ces deux budgets constitue la situation financière. Augmentez les recettes par des impôts nouveaux, diminuez les dépenses par des économies pour équilibrer le premier budget, dès que le second ne répond pas exactement aux prévisions, l'État continuera à faire de mauvaises affaires.

Augmentez, au contraire, les dépenses, diminuez les recettes; du moment que le budget général y répond, l'Etat fera de brillantes affaires. Comme il y a fagots et fagots, il y a recettes et dépenses. C'est pour avoir méconnu cette distinction élémentaire que nous avons créé notre situation financière.

Nos illusions ont commencé le lendemain de nos désastres, comme si nous devions compléter la ruine de notre gloire militaire par celle de notre prospérité publique.

Nous avons cependant payé, comme par enchantement, une indemnité de guerre sans exemple dans l'histoire, et, comme par une série de coups de baguette de fée, nous avons réussi, par de nouveaux emprunts, à payer nos propres indemnités de guerre, à refaire notre matériel militaire, à construire un nouveau système de forteresses et tout un réseau de chemins de fer stratégiques. Et tous ces emprunts ont été couverts 15, 20, 30, 45 fois : notre prospérité semblait inépuisable.

Ce que nous y avons gagné, c'est le vertige des jeux de la Bourse et des dettes publiques de 40 milliards, représentant le tiers de la fortune totale de la France.

Nos fautes ont commencé avec les emprunts de la libération du territoire : ce fut la gloire de M. Thiers, et une opération financière admirable ! Pour éviter tout échec, pour échapper aux difficultés de crédit et maintenir la facilité des affaires, nous nous sommes surtout servis des fonds français placés à l'étranger ; nul ne s'est douté qu'en employant de préférence les fonds placés à l'extérieur, nous en perdions aussi les ressources, et que nous augmentions en même temps et dans les mêmes proportions nos charges publiques. En réalité la perte fut double.

Nous avons perdu les revenus des capitaux placés au dehors, et en même temps les producteurs continuent à payer annuellement à peu près la même somme aux propriétaires de ces capitaux devenus rentiers de l'État.

Il n'y avait qu'un moyen de payer nos désastres : c'était de prendre les trois milliards en or et les deux milliards en argent qui forment notre richesse monétaire et de les mettre à dos d'ânes pour les envoyer aux Prussiens. Mais, pour ce faire, il aurait fallu que nous fussions tous des hommes sérieux ; que nous nous défendissions tout tripotage dans les affaires, toute émission de valeurs fictives ; il aurait fallu que depuis le premier fonctionnaire de l'État jusqu'au moindre producteur tout produit fut réel, tout échange loyal ; l'État, le garant de l'honnêteté de tous, et tous garants de l'honnêteté de l'État. En ce cas, la perte restait simple, et, en quelques années, nos trois milliards en or et nos deux milliards en argent, après avoir causé à l'Allemagne une crise monétaire effroyable nous seraient revenus battant neufs.

Pour quiconque se souvient que, au milieu même de nos désastres et avant la conclusion de la paix, nos billets de 100 francs faisaient une prime de 5 francs à l'étranger, il ne saurait y avoir un instant de doute.

En réalité nous avons payé de cinq milliards de fonds français placés à l'étranger, le plaisir d'appeler M. Thiers « libérateur », et il nous reste toujours les cinq milliards à payer, car de la dette contractée nous n'avons pas soldé un centime, si ce n'est en monnaie de singe de notre fameux fonds d'amortissement.

L'opération avait donc merveilleusement réussi ! et nous continuâmes à faire coup sur coup emprunt sur emprunt. Les émissions, à peine lancées, furent couvertes de nombres incalculables de fois et nos budgets se soldèrent, bon an, mal an, par 50, 80, 200 millons de boni : la chose tenait du prodige.

Nous ne comprîmes pas plus ces bonis que nous n'avions compris les emprunts.

En 1877, éclata la crise commerciale et industrielle; les bonis persistèrent, et nous votâmes six milliards pour l'achèvement de nos chemins de fer, 700 millions pour l'établissement de l'instruction universelle et obligatoire; les bonis continuèrent.

En 1881, ils s'élevèrent encore à 150 millions, mais l'emprunt de 3 ½ 0/0 amortissable ne fut plus classé et resta entre les mains des banquiers. Les épargnes intérieures et extérieures de la France se trouvaient épuisées. Personne n'avait vu que les bonis successifs avaient été non pas le résultat de la prospérité industrielle et commerciale du budget général du pays, mais des capitaux empruntés et dépensés en travaux improductifs.

L'argent jeté dans ces travaux revenait, par les pores infinis d'un budget de quatre milliards d'impôts à l'État, comme poussé par une presse hydraulique.

L'emprunt de 1881 n'étant pas classé et n'ayant servi qu'à solder des arriérés, les déficits succédèrent aux déficits. On absorba les caisses d'épargne, on porta la dette flottante à un chiffre inquiétant : les déficits persistèrent. On fit un nouvel emprunt toujours couvert un nombre énorme de fois : les déficits continuèrent. La presse hydraulique marchait à vide, et l'on s'écria : plus d'impôts, plus d'emprunts nouveaux !

Ce fut une nouvelle faute.

Ainsi que l'on n'avait pas compris la cause véritable de nos bonis, on ne comprit pas celle de nos déficits.

Comme il y a deux espèces de budgets, il y a deux espèces d'emprunts et deux espèces d'impôts.

Il y a des impôts adroits et d'autres maladroits ainsi qu'il y a des emprunts qui sont l'un ou l'autre.

Un économiste a défini les impôts : une participation aux produits. Il lui semblait, sans doute, qu'il était aussi impossible de percevoir un impôt de celui qui ne produisait rien que de récolter des raves là où on n'en a pas semé. Il est vrai que nous imposons, par exemple, les portes et les fenêtres, qui ne produisent absolument rien, mais derrière ces fenêtres et ces portes, il y a des gens qui travaillent et qui ont besoin de ces fenêtres pour voir clair et de ces portes pour sortir, ne serait-ce que pour vendre les objets qu'ils ont produits et porter chez le percepteur la part qu'il en réclame, sous prétexte qu'ils ont une porte pour sortir et des fenêtres pour voir clair.

Il est vrai encore que nous avons près de 40 milliards de dettes publiques, et que ces 40 milliards de dettes nous donnent un nombre incalculable de rentiers qui peuvent vivre fort à leur aise tout en ne travaillant guère et en ne produisant pas davantage. Ils paient cependant des impôts sous toutes les formes, y compris les portes et les fenêtres; mais il n'en paient point sur leurs rentes. Un impôt sur les rentes, assure-t-on ferait baisser les valeurs publiques, porterait atteinte au crédit de l'Etat et achèverait de ruiner le pays.

Point de doute: l'effet serait certain. Mais pourquoi ne peut-on imposer les rentes sans ruiner le crédit public?

Précisément parce que les rentes ne produisent rien par elles-mêmes.

Il se peut cependant qu'à force d'avoir de ces belles et bonnes rentes, qui ne produisent rien par elles-mêmes, le rentier mène la vie la plus commode et se donne tous les plaisirs et tous les luxes sans produire quoi que ce soit.

Ce sont d'autres producteurs qui paient pour lui.

Cela paraît d'une iniquité criante.

Admettons que notre rentier ait 100.000 francs de revenu, et que, sans en employer un centième à une production quelconque, il les dépense, comme il vide un verre, rubis sur l'ongle.

L'État lui demande, pour qu'il puisse se donner cette fête en toute sécurité, mettons 10.000 francs : c'est peu.

Il les paiera, mais ne dépensera plus que 90.000 francs, et, en réalité, ce n'est pas lui, mais les fournisseurs, les producteurs qui recevront 10.000 francs de moins et l'État 10.000 francs en plus. Qui a payé l'impôt? — Le rentier, pour la forme, le producteur pour le fond. — On a voulu récolter des raves dans un champ où il n'y en avait pas, et on est allé les prendre dans le champ du voisin.

Quoi qu'on fasse, il n'y a pas à sortir de là ; pour qu'un impôt soit payé, il faut qu'il soit produit, et tout système d'impôts, quels que soient leur nom et leur forme, représente la participation de l'État à la production du pays.

Appliquez cette définition à nos impôts, droits et taxes de toute espèce et nature, et, comme un brochet jeté dans l'eau dormante de notre budget de recettes, elle produira une révolution dans ce monde de carpes reposant mollement dans la vase de nos perceptions prétendues directes et indirectes et de nos paiements médiats et immédiats.

Combien d'impôts représentent vraiment la participation de l'État à la production ?

Combien ne sont que des entraves, des obstacles?

Ceux-ci sont les impôts maladroits ; ceux-là, les impôts adroits.

Quant au résultat, on pouvait le prévoir, alors qu'après nos désastres nous avons accru nos impôts avec la même incurie que nous avons contracté nos emprunts.

Le calcul est facile à faire.

En 1869, notre budget était de 1 milliard 800 millions ; nos importations dépassaient 4 milliards, et nos exportations s'élevaient, à quelques millions près, au même chiffre : 3.994 millions de francs.

En retour de cette prospérité que le pays donnait par son travail à l'Empire, celui-ci lui attira l'année terrible. Nous l'avons payée, et nous continuons à la payer annuellement par près d'un milliard, dont notre budget s'est accru de ce chef.

Mais en même temps nos importations ont augmenté, nos exportations ont diminué exactement de la somme prélevée sur la nation par l'accroissement des impôts ; 4.234.367 mille francs à l'importation, 3.300.230 mille francs à l'exportation, 934.133 mille francs de différence.

En raison de ce que nous payons davantage à l'État, nous avons plus importé et moins exporté ; notre production a diminué de la même somme : les impôts sont une participation aux produits.

La participation de l'État aux produits est fatale, inévitable. Elle est heureuse lorsque, avec cette participation, la production ainsi que les exportations augmentent.

Elle est désastreuse, lorsque la production diminue et que ce sont au contraire les importations qui croissent.

En réalité, nous payons un milliard d'impôts de trop, suite fatale de la guerre ; mais ce milliard aurait pu, par un système fiscal mieux entendu, exciter et faciliter la production, comme certains impôts le font, tandis que, prenant l'argent aux contribuables sous toutes les formes où nous pouvions l'atteindre, loin de permettre au pays de prendre un nouvel essor, nous n'avons fait qu'étouffer sa bonne volonté.

Comme ces pur-sang de race, vieillis dans les succès, nous portons dans le concours sur le marché du monde une charge infiniment trop pesante. Nos déficits continus en sont la conséquence necessaire. Nos produits propres étant trop grevés et les importations moins chères, celles-ci présentent plus d'avantages, en même temps que nos exportations devenues trop coûteuses diminuent. Dans ces conditions, nos prévisions budgétaires se soldent forcément par des déficits, absolument comme le premier industriel venu qui, obligé de payer ses ouvriers trop cher, achèterait d'autrui, à meilleur marché, non seulement les objets dont il a besoin mais encore ceux qu'il doit produire.

Les économies ne lui serviront de rien. Tant qu'il continuera à acheter plus et à vendre moins, ses déficits persisteront, tout comme ceux de l'État.

Nous sommes entrés dans un cercle vicieux. On criera bien, et sur tous les tons : pas d'impôts nouveaux ! les déficits persistent et, finalement, on se résout à des emprunts nouveaux.

Malheureusement, le même phénomène des impôts se répète dans les emprunts.

Les intérêts représentent, comme les impôts, une participation aux produits. 100 francs enfermés dans un coffre-fort ne rapporteront jamais un centime d'intérêt. Il faut qu'ils soient dépensés et employés à une production pour qu'à la fin de l'année ils puissent valoir 105 francs.

Le Coran défend de recevoir des intérêts; là dessus les Orientaux dilapident gaiement leur fortune en empruntant avec une légèreté égale à l'usurier juif ou au banquier franc. Incapables de comprendre que les intérêts ne représentent qu'une participation aux produits, ils empruntent sans réflexion aux taux les plus exorbitants, et, le plus inconsciemment du monde, s'en vont, les particuliers à la ruine, les États à la banqueroute. La vache, le cheval, le lopin de terre, la maison, passent insensiblement aux mains du Juif; les douanes, les domaines, les tabacs, les chemins de fer, à celles du financier étranger.

Le petit comme le grand malade de l'Orient, souffrent du même mal, mal qui semble aussi irrémédiable que les versets du Coran sont absolus : l'infirmité de ne pouvoir comprendre ce que c'est qu'un emprunt et ses intérêts.

A force d'avoir emprunté, serions-nous tombés au même niveau ?

Le gouvernement a besoin d'argent : aussitôt les millions, les milliards, sortent des banques de Paris, arrivent de la province, affluent de l'étranger. Le commerce souffre, l'industrie se plaint, les classes ouvrières sont mécontentes; d'où vient cet argent qui n'avait d'emploi nulle part ?

Agirions-nous à l'égard de notre propre pays comme l'usurier juif et le banquier franc envers les malheureux Turcs ?

Si, d'une part, en bon Français nous sommes enchantés de la confiance témoignée au gouvernement ; nous voyons, d'une autre, la crise industrielle et commerciale s'accroître de ces sommes énormes écartées de leur direction naturelle : la production immédiate, utile, nécessaire. Nous voyons notre importation augmenter et notre exportation diminuer, les salaires des ouvriers baisser, et, en même temps, la gêne leur paraître d'autant plus pénible que bourgeois et patrons paraissent manier les millions et les milliards comme à la pelle ! Nous trouvons nos impôts trop nombreux, nos charges trop pesantes ; nous réclamons la protection pour notre agriculture épuisée, la protection pour nos industries qui faiblissent, et, lorsque le gouvernement nous demande 1, 2, 5 milliards, nous lui en offrons 10, 20, 40! C'est de la démence!

Nos ouvriers sont-ils les plus satisfaits du continent, l'agriculture, l'industrie, les plus florissantes? En ce cas, les sommes offertes au gouvernement représentent notre superflu, et notre situation est vraiment prospère.

Notre travail nous paraît-il, au contraire, trop pénible, l'industrie trop difficulteuse, le commerce trop chanceux, et offrons-nous l'argent à l'État pour en recevoir des intérêts plus élevés? En ce cas, c'est notre ruine que nous préparons de gaieté de cœur!

Notre aveuglement a été, sous ce rapport, porté à un degré tel que les auteurs de notre situation financière ont pu supposer sérieusement que les époques de crises étaient d'excellents moments pour contracter des emprunts.

Comment, nos budgets se soldent par des déficits réguliers et ne pouvant les couvrir par des impôts nouveaux, nous les laissons s'accumuler sous des noms divers : compte de liquidation, compte des chemins de fer, compte des caisses d'épargne, bons du trésor;.... jusqu'à ce que toute cette dette flottante devienne un danger, et que nous la consolidions par un nouvel emprunt. L'année suivante, les intérêts à servir n'en seront que plus considérables, le déficit plus certain, et les impôts plus accablants.

Tel est notre système financier.

A force d'avoir fait des emprunts, sans que notre production, notre industrie et notre commerce se soient relevés, il s'est formé une classe de gens qui n'ont d'autre fonction que de prêter à l'État : on l'appelle la haute banque :

Voici comment la machine fonctionne : un emprunt est émis; la haute finance est chargée de l'émission ; trente, quarante, cinquante centimes par coupon sont sa prime, et si elle parvient à faire primer encore l'émission, elle aura, sans débourser un centime, dès l'origine 2 ou 3 pour cent de bénéfice sur le tout. Un ministre a tenté d'échapper à cet abus; non seulement l'émission a été compromise, mais encore le ministre a dû rentrer sous les fourches caudines.

L'emprunt a réussi. Dix, vingt, cent millions, ou plus, selon son importance, sont perçus de ce chef par la haute finance. Le reste est ensuite employé par l'État à combler les déficits accumulés, à changer le matériel de guerre, à construire des chemins de fer électoraux, à tout, excepté à une production nouvelle et plus grande du pays.

Le résultat en est que l'argent employé à des dépenses improductives, loin de rester dans le commerce et l'industrie, revient en peu de temps aux banques. Les déficits continuent, un nouvel emprunt devient inévitable; on spécule sur une émission probable, attendant tranquillement l'émission définitive qui apportera la prime et le reste.

Les primes et les intérêts payés pour le premier emprunt sont repayés pour chaque emprunt nouveau; la somme repasse par l'État et revient à la haute banque qui, à chaque coup, perçoit une nouvelle prime et des rentes nouvelles.

L'argent sans emploi portera même la rente au pair et au delà jusqu'à ce qu'un nouvel emprunt soit contracté; il faut bien qu'il rapporte quelque chose.

C'est réglé comme les petits pâtés.

Le commerce et l'industrie marchent de crise en crise; les budgets continuent à se solder par des déficits successifs, et les capitaux, les richesses de la haute banque croissent à mesure.

Cela pourra durer longtemps de la sorte, jusqu'au moment où les importations dépassant de plus en plus les exportations, l'argent finira par ne plus venir aux banquiers et par rester à l'étranger.

Ce sera la banqueroute.

Tandis que la Turquie, lorsqu'elle fait de mauvaises affaires, se contente de ne ruiner que ses créanciers étrangers, nous, nous avons trouvé le secret de marcher à notre perte par l'abus de nos propres richesses.

XII

CONGRÈS, CONFÉRENCES, COMMISSIONS

Lorsqu'en politique surgit une difficulté, nationale ou internationale, de laquelle on s'imagine pouvoir triompher autrement que par le fer et le feu, on convoque un congrès, une conférence, une commission. Particuliers, gouvernements, empereurs, tout le monde s'abandonne à la même espérance, et, naïvement, on se figure que la solution que l'on cherche va être découverte par une réunion plus ou moins officielle et nombreuse. L'échange des lumières! on fait appel aux noms les plus illustres, aux hommes les plus experts : les obstacles vont être levés, les difficultés vaincues, et la solution la meilleure sera sûrement trouvée !

Le congrès, la conférence ou la commission se réunit ; les journaux en sont pleins ; ils font l'historique et la caractéristique des membres. On nomme des sections et sous-sections, on distribue le travail, on divise la tâche ; des assemblées générales et partielles sont convoquées ; on prononce des discours admirables, l'enthousiasme est porté au comble ; les dîners, les toasts, les réceptions se succèdent ; les distinctions honorifiques et les décorations pleuvent ; et, finalement, avec une croix et un souvenir en plus, on se trouve avec une illusion en moins. Il s'agissait de trouver une solution inconnue que personne n'avait eu la vue assez perçante pour apercevoir, et tous n'ont fait que s'égarer mutuellement. C'est l'histoire de la plupart des congrès, conférences et commissions. Plus leur convocation fait de bruit, plus on peut être certain qu'il n'en sortira que du vent.

Il n'y a de ce genre de réunions que deux espèces qui aient une portée sérieuse : la première comprend celles qui n'ont pour objet qu'une simple étude et se résument dans une enquête consciencieuse ; l'autre, celles dont les difficultés se trouvent résolues d'avance et où il ne reste qu'à s'entendre pour l'exécution. Toutes les commissions et conférences, tous les congrès ayant l'un ou l'autre de ces deux caractères ont une issue heureuse.

C'est un enfantillage de croire atteindre par le même procédé la solution de difficultés pour lesquelles l'entente commune ou les moyens font défaut. L'échange des idées, le concours des lumières, les communications des documents, la concentration des forces sont de fort belles choses ; encore faut-il posséder les idées pour pouvoir les échanger, les lumières nécessaires pour concourir, et les moyens indispensables à la concentration des forces.

Qu'un entrepreneur offre des actions pour une bonne ou une mauvaise affaire, les actionnaires pourront lui accorder à leur risque les fonds nécessaires; mais s'il les convoquait pour leur proposer de voter d'abord les fonds, s'engageant à trouver ensuite l'affaire, on le mettrait à Charenton.

La plupart des conférences, commissions et congrès, tant à la mode de nos jours, ne sont autre chose qu'une mise de fonds, en attendant la découverte de l'affaire ; mais l'illusion est si grande que personne ne songe à Charenton.

Pendant des milliers d'années les hommes ont vu couler les rivières, tomber les pierres, l'eau monter dans les pompes, et pendant des siècles ils ont délibéré, à commencer par l'Académie d'Athènes jusqu'aux écoles de la Renaissance, sur l'horreur de la nature pour le vide et la tendance des corps lourds vers le bas, des corps légers vers le haut; vint Galilée qui découvrit la pesanteur. Ce qu'un seul est incapable de trouver, aucune assemblée au monde ne saurait l'entrevoir ; ses membres ne peuvent que se fortifier réciproquement dans leurs erreurs.

Congrès pour la paix universelle ! conférences pour l'arbitrage général ! commissions pour la solution de la question ouvrière ! si on savait en quoi consiste réellement la paix, ce qui constitue véritablement l'arbitrage, ce qui forme le fonds de la question ouvrière, on se garderait de se donner tant de tourments ; mais que feraient les faiseurs, les naïfs et les malades de discours rentrés ?

Les commissions, conférences et congrès chimériques, pour les appeler par leurs noms, ont toutefois une portée politique réelle qui, à l'occasion, n'est point à dédaigner. On demande à un chef d'Etat, à un gouvernement, à une Chambre la solution d'une question qui inquiète les esprits. Aussitôt on convoque une commission, une conférence, un congrès selon l'importance de la question. Le public en suit les incidents et débats ; l'affaire s'en va à vau l'eau, mais il ne s'occupe plus du chef de l'Etat, du ministère ou de la Chambre. C'est un truc, non une solution.

Une dernière espèce de ce genre de réunion est plus sérieuse et en même temps plus difficile à expliquer. On convoque, sous un titre pompeux, grands et petits Etats à un congrès ; les grands font leurs petites affaires, et—on abandonne la solution aux générations futures ! Cette espèce, non moins inconsistante que les précédentes, a du moins cet avantage que sous l'apparence extérieure s'agitent des questions réellement pratiques.

Il y a peu de temps la Belgique, devenue souveraine du Congo, convoqua les puissances pour lui venir en aide et s'entendre avec elle pour l'abolition de l'esclavage.

Abolir l'esclavage ! alors qu'il est, non-seulement dans la pratique, mais encore dans les mœurs et les coutumes de deux continents entiers et chez des peuples qui ne sont ni de notre race, ni de notre civilisation, cela nous paraissait extravagant. Des Etats à esclaves, tels que la Turquie, et des roitelets nègres, se firent représenter ; nous ne comprenions plus. Il ne nous restait qu'une espérance : que la conférence nous enseignerait du moins en quoi consistait l'esclavage qu'elle prétendait abolir.

Il y en a de différentes sortes : l'un qui est un crime ; c'est l'esclavage pratiqué par quelques chefs sanguinaires, tels que celui du Dahomey, qui ne conservent leurs vaincus que pour faire de leurs massacres des fêtes publiques. On entendait si peu, à la conférence de Bruxelles abolir cet esclavage, le plus odieux, que, lors de nos difficultés avec le roi du Dahomey, tout le monde nous conseilla de ne pas nous aventurer dans ce guêpier, et nous nous en sommes prudemment abstenus, en dépit de la convention que nous venions de signer.

Une seconde sorte d'esclavage a été inventée par les Européens eux-mêmes, après la découverte du Nouveau-Monde ; c'est l'esclavage industriel. Il est une infamie. Portugais, Espagnols, Anglais, Français, l'ont pratiqué et protégé jusqu'à ce que les abus en soient devenus tellement révoltants, que finalement, tous consentirent, les uns après les autres, selon leur intérêt du moment, à l'abolir en Amérique et dans leurs colonies.

Restait l'Afrique où l'esclavage se maintient sous toutes les formes, et où la traite continue plus cruelle que jamais. La conférence eut pour objet de rechercher, au nom de l'humanité, de la civilisation et du progrès, les moyens de mettre fin à cet abominable et honteux trafic. C'était sa mission officielle.

Le Portugal, dès les premières séances, proposa d'établir sur le territoire des traitants arabes des stations fortement occupées, grâce auxquelles on empêcherait cet affreux commerce. Que devenait en ce cas la chasse à l'ivoire, aux bois de caoutchouc, aux mines d'or et de diamants, qui ne pouvait se faire qu'avec l'aide de ces mêmes arabes ? La proposition n'eut point de suite.

La seconde porta sur la défense absolue d'importer des armes et des munitions de guerre en Afrique. Mesure encore excellente ; mais que feraient les armuriers de Scheffield, et les gouvernements eux-mêmes, de leurs armes vieillies ? La proposition tomba.

La troisième stipulait une défense non moins absolue d'importer des alcools, qui non-seulement empoisonnaient les noirs, mais les excitaient à vendre leurs semblables pour se procurer l'eau de feu. Mesure parfaite ; mais que ferait l'Allemagne des produits manqués des grands distillateurs de Hambourg ? La troisième proposition eut le sort des autres.

La quatrième eut pour effet de régler les croisières le long des côtes, pour empêcher le transport d'esclaves d'Afrique en Asie. Il en fut comme des canons et cuirasses des croiseurs : à mesure qu'ils sont montés de canons plus puissants, ils sont armés de cuirasses plus fortes ; le commerce des esclaves continua sur la côte africaine exactement dans les mêmes proportions, mais au lieu de navires les négriers se servirent de boutres dont les esclaves échappent aux croiseurs. Toutefois, l'Angleterre a obtenu le droit de visite, droit de guerre qu'elle exerce en pleine paix, et qui mettra dans ces régions, au moment où elle le voudra, tout le commerce étranger à sa merci.

Enfin, pour achever l'énumération des résultats obtenus par la conférence de Bruxelles ; toutes les puissances, excepté la Hollande, autorisèrent la Belgique à percevoir, contrairement à la convention de Berlin, des droits douaniers sur le Congo,—et l'Allemagne, l'Angleterre, la France se partagèrent à quelque chose près l'Afrique. Quant à l'esclavage lui-même, les sociétés de l'Est et de l'Ouest, du Nord et du Sud africain, du Niger, du Congo, du Zambèze, etc., qui poursuivent absolument le même but que les vieux planteurs et les anciennes sociétés des Indes occidentales, elles le rétabliront identiquement dans les mêmes formes.

Les révélations de la compagnie Stanley et Barthelot nous en donnent déjà un singulier avant-goût. On changera le nom d'esclave en celui de *travailleur libre, volontaire, porteur*, et le public, qui se contente si facilement de mots, sera satisfait.

Pour que les sociétés de l'Est, de l'Ouest, etc., africains exploitent les richesses du sol, des forêts, des mines et des eaux, il leur faut des ouvriers connaissant le travail. Les nègres l'ignorent, comment le leur apprendre ? Il n'y a qu'un moyen : l'esclavage, quel que soit le nom qu'on lui donne et les déclarations fallacieuses que l'on fasse. Tout être humain obligé d'accomplir un travail qui n'est ni dans ses mœurs, ni dans ses coutumes, un travail en un mot qu'il ignore, fait forcément métier de bête de somme, laquelle ignore aussi le travail qu'on lui demande ; l'un et l'autre sont des condamnés aux travaux forcés, que le fouet pousse ou retient.

A bas donc cette horrible hypocrisie parlant de civilisation, de progrès, de liberté sur la terre d'Afrique quand l'unique but qu'on poursuit n'est autre que de remplacer le traitant arabe par le trafiquant d'Europe. « Les sociétés des missions « anglaises paient cent francs par tête d'esclave qui leur est « remise. Elles acquièrent ainsi pour cent francs un nègre « qui leur coûterait trois ou quatre cents francs sur la côte. Il « est vrai qu'on l'appelle un néophyte ». Qu'on l'appelle comme on voudra, le nom ne change pas la chose ; tout travailleur non instruit par son éducation première dans le métier qu'il doit exercer devient de toute nécessité un esclave, un cheval, un chien, n'importe quel animal dressé à la volonté du maître.

Il n'y a que le cardinal de Lavigerie et ses missionnaires qui aient compris leur noble mission. Ils n'ont rien de commun avec la conférence de Bruxelles.

Trois lignes du gouvernement turc en disent plus sur cette comédie diplomatique que tout ce que nous pourrions écrire : « tout en adhérant aux mesures destinées à la repression de « la traite des noirs le représentant du sultan n'admettra point « que la croisade antiesclavagiste soit généralisée de façon à « atteindre le commerce des blanches circassiennes, qui se pra- « tique encore dans certaines parties de l'Empire ». Ce fut un comble ! Nous exposerons nos missionnaires, notre argent, nos soldats, nos matelots et nos navires pour défendre aux arabes la traite des noirs et nous permettrons aux Turcomans la traite des plus belles créatures de notre race ?

Pas un diplomate de sang circassien, plus ou moins dégénéré, ne sourcilla. Tous les intérêts étaient satisfaits. La question ne fut pas même soulevée.

La conférence, du reste, eût été incapable de la résoudre. Elle est liée à celle de l'esclavage domestique et tous deux tiennent au degré du développement intellectuel et moral des peuples, à leurs mœurs, à leurs coutumes, à leur religion.

Que deviendrait notre civilisation si vantée si tout d'un coup disparaissait la domesticité? Le domestique ne vend pas comme l'ouvrier le produit de son savoir faire à un patron, mais pour un salaire mensuel ou annuel il met ses actes, son travail et sa personne à la disposition d'un maître; c'est l'esclave antique; il n'y a qu'une différence: l'esclave antique était acheté, l'esclave moderne se place.

Un jour, peut-être, la civilisation sera portée au point qu'on n'aura plus besoin de domestiques, et, ainsi que cela se fait déjà dans certaines maisons anglaises, Mesdemoiselles et Madame serviront à table, feront les chambres et les lits et le soir recevront au salon. Nous n'en sommes pas encore là. Ce degré de civilisation supérieure nous est même incompréhensible. La domesticité restera longtemps encore une forme nécessaire, un fléau de notre état social, disent les Parisiens, et une condition de notre civilisation même.

Dans la Turquie d'Asie, lorsqu'un homme perd, pour une cause ou une autre ses moyens d'existence, il ne songe pas un instant à se faire domestique; mais il se fait brigand; homme indépendant, toute servitude lui paraîtrait dégradante. L'état social dans l'antiquité fut sous bien des rapports semblable, à commencer par l'enlèvement des Sabines qui eut pour objet de procurer des femmes aux ravisseurs, jusqu'à la réduction en esclavage des vaincus. Dans la cité antique, il n'y avait pas plus d'hommes libres disposés à se faire domestiques, qu'il n'en existe de nos jours en Turquie. L'esclavage fut, dès l'origine de la civilisation ancienne jusqu'à sa fin, une institution sociale indispensable, tout comme la domesticité moderne, et l'esclavage domestique parmi tant de peuples et peuplades d'Asie et d'Afrique.

La réduction en esclavage fut un progrès immense sur le massacre des vaincus. A la fin de l'empire romain, le servage remplaça l'esclavage ; ce fut un nouveau et grand progrès ; et du serf émancipé, sans tenure ni métier, est né le domestique de notre civilisation. Il a fallu trois mille ans de progrès et plus pour que cette profonde et lente transformation s'opérât dans les états sociaux successifs. Et encore, chaque fois que nous, les modernes, qui avons fait de la liberté personnelle le principe de toutes nos institutions politiques, nous nous trouvons dans des contrées où les hommes, dans leur indépendance individuelle, ne connaissent ni le servage ni la domesticité, nous revenons forcément à l'esclavage qu'ils pratiquent pour pouvoir y subsister et vivre.

Quant à la polygamie, elle porte les mêmes caractères. Dans l'origine et chez tous les barbares, la femme est la première sinon la seule esclave de la maison. Selon son aisance le maître en prend plusieurs. L'abus devient coutume, loi, religion. L'ancien testament et le Coran reflètent le même état social.

C'est dans ces grands livres et dans les grandes croyances qu'il faut étudier l'histoire de l'humanité. Les hommes doivent mériter leur civilisation par leur dévouement, leur abnégation, leur soumission les uns aux autres, et, s'ils en sont incapables, c'est par leurs excès, leur violences et leurs crimes qu'ils déchoient de la civilisation qu'ils ont atteint.

Que pouvait changer cette pauvre conférence de Bruxelles à cette grande loi morale de l'humanité ? Elle ne la comprenait même point, sinon elle se serait rangée derrière le cardinal de Lavigerie et ses missionnaires. Aussi ne fit-elle que suivre les Allemands dans leur jeune ardeur coloniale, adopta la théorie superbe de l'*Hinterland*, le système de conversion à coups de fusils et de civilisation à coups d'alcool. Les formes diplomatiques furent admirablement observées, et les plus puissants s'entendirent pour partager l'Afrique comme un gâteau de Savoie.

La conférence de Bruxelles restera un exemple mémorable de cette espèce de conférence, de commission ou de congrès que nous appellerons abusifs. Les trafiquants d'Europe succéderont aux traitants arabes, et se conduiront d'une façon pire en remplaçant l'esclavage domestique, qui est du moins une forme primitive de civilisation, car l'étranger, le soumis, le vaincu se relève en entrant dans la famille, par l'esclavage industriel qui en est la dégradation.

Une dernière espèce de congrès,conférences ou commissions est à la fois abusive comme la précédente et chimérique comme les conférences pour la paix universelle, la solution de la question ouvrière, etc.

Nous prendrons un exemple des plus simples et en apparence des plus pratiques : la question monétaire. L'exemple est d'autant plus intéressant qu'il montre l'abîme qui sépare les commissions, conférences, congrès sérieux de ceux qui ne sont que des illusions ou moins encore des trompe-l'œil.

L'Italie,la Suisse,la Belgique acceptèrent de conclure avec la France une union monétaire. Les questions à régler furent d'une difficulté extrême : les rapports de l'or et de l'argent devaient être déterminés, les alliages, les poids, les mesures,les échanges, la frappe fixés. Ce fut fait comme par enchantement. Depuis un siècle toutes les solutions étaient acquises. La Grèce se joignit à l'union monétaire latine, et l'Autriche, sans y accéder, en adopta,sans négociation aucune, les principes et les règles.

Survient un petit fait en apparence insignifiant. Jusque-là, à travers des baisses et des hausses sans importance, on avait considéré l'or comme valant, à poids égal, 15 fois plus que l'argent ; sa valeur devient 16 fois plus considérable, puis 17, 18, 19, 20. On nomma des commissions, on convoqua conférences sur conférences, on créa des associations et des journaux pour relever la valeur de l'argent ; rien ne servit. Du matin au soir, toutes les pièces d'argent en cours étaient devenues de la fausse monnaie ne valant que les deux tiers de leur taux légal.

Au sein de la conférence,la plus importante qui se soit réunie à cette occasion, à laquelle la plupart des gouvernements étaient représentés, on accusa l'Angleterre et sa politique de cet état de choses. L'Angleterre n'admet chez elle que l'or comme monnaie légale et permet à ses colonies de conserver l'étalon d'argent; celles-ci lui versent, par suite, bon an mal an, trois cent millions d'argent environ en intérêts sous toutes les formes. La métropole ne sait qu'en faire et doit s'en débarrasser à tout prix; de là la baisse sur le marché de Londres.

On accusa l'Allemagne qui, après sa fameuse indemnité de guerre, voulant faire grand en matière financière, adopta, comme l'Angleterre, l'étalon d'or et vendit son argent démonétisé.

On accusa l'Amérique et ses mines d'argent du Nevada qui, pendant quelques années, avaient produit plusieurs centaines de millions de trop.

Et Allemands, Anglais, Américains accusèrent la France et l'union monétaire latine laquelle,de crainte d'être inondée par l'argent allemand, anglais et américain, avait arrêté chez elle la frappe libre de l'argent.

C'était une question de bourse et de vie.On inventa les systèmes du monométallisme et du bimétallisme, les économistes même se divisèrent, et tous les organes officieux et officiels des gouvernements prirent part à la lutte. Si l'Angleterre consentait à donner chez elle un cours légal à l'argent! s'écriaient les uns; si tout le monde avait le courage d'imiter l'Allemagne! répondaient les autres, tout serait sauvé. Et dans l'un comme dans l'autre cas, rien n'aurait été fait, sauf la fortune de quelques spéculateurs à la hausse ou à la baisse.

On prétendait régler encore une fois une question dont on ignorait à la fois le sens et la portée.

Il eût été cependant si facile de se demander, ce que c'était que l'or et l'argent? on les avait dans la main, et à défaut du premier, on pouvait même s'adresser aux gros sous, ils en donnaient l'explication entière.

Les États de l'union monétaire latine, en abolissant la

frappe libre de l'argent, n'accomplirent qu'un acte de légitime défense. En continuant à recevoir l'argent démonétisé des autres États, ils auraient fini par devenir des pays d'argent comme la Chine ou les Indes. Ils ne furent pas plus la cause de la crise qu'ils ne sont celle de la maladie des porcs, parce qu'ils en défendent l'entrée.

L'Angleterre adopta son système monétaire au commencement du siècle, sans causer la moindre crise monétaire.

Les mines d'Amérique ont produit, en certaines années, pendant la même période, des quantités d'argent plus considérables, et la valeur de l'argent, loin de baisser, a haussé sur le marché.

Quant à l'Allemagne, si elle a vendu de son argent, elle s'est empressée de conserver ses vieux thalers sur la plainte de ses provinces, qui les voyaient disparaître sans recevoir de l'or en retour.

Pas une des causes attribuées à la crise ne supporte l'examen, surtout lorsqu'on songe que la plupart des colonies n'ont qu'une circulation monétaire infime et que deux grands États, l'Autriche et la Russie, s'ils pouvaient se défaire de leur papier-monnaie, absorberaient dix fois plus d'argent que l'Amérique, l'Angleterre et l'Allemagne n'en ont jeté sur le marché.

Arrivons aux gros sous. Pourquoi possédons-nous une si abominable monnaie? Il semble que c'est parce qu'il y a des objets de si minime valeur qu'on ne peut les acheter avec de l'argent ou de l'or : une livre de pain, un plat de légumes. Si tout le monde ne mangeait que des gâteaux et des primeurs dont les moindres auraient la valeur d'une pièce de cinquante centimes, il est évident que nous ne nous servirions plus de gros sous et qu'ils perdraient leur valeur comme monnaie. Or, les sous sont, relativement à l'argent, ce que l'argent est par rapport à l'or; et, de même que les sous perdraient de leur valeur si l'on n'achetait que des objets pouvant être payés par de l'argent, celui-ci perdit la sienne parce qu'on payait en or les marchandises qu'on achetait auparavant avec de l'argent. Et on le fit, non pas parce que ces marchandises étaient devenues plus chères, au contraire, elles étaient devenues meilleur marché, mais parce qu'on les produisait en plus grandes masses et qu'on les vendait en plus grande quantité. Le maraîcher et le boulanger, en vendant leurs marchandises au prix des sous, n'achètent pas, l'un son établissement, l'autre son champ avec des sous; ainsi tout le petit commerce, toute la petite industrie n'achetèrent plus leurs marchandises et leurs matières premières au prix de l'argent, parce que le grand commerce et la grande industrie les leur procuraient en plus grande quantité et à meilleur compte au prix de l'or. De la sorte, l'argent perdit son office dans les échanges; il prit, tout comme les sous, le rôle d'une simple monnaie d'appoint, et la crise monétaire devint l'expression rigoureuse de la transformation qui s'était opérée dans la production et la consommation générales. De jour en jour, la petite industrie et le petit commerce disparaissent devant les progrès de la grande industrie et du grand commerce, et, à mesure, l'argent, qui est le moyen d'échange de la petite industrie et du petit commerce, perd sa valeur.

Cette question, en apparence si simple, de la valeur relative de l'or et de l'argent, et qui n'est, en réalité, qu'une des formes innombrables de la question ouvrière et de la question sociale, était absolument insoluble par n'importe quelle conférence. Tous les Etats auraient pris la résolution d'adopter un simple ou un double étalon commun, l'argent n'en continuerait pas moins à perdre sa valeur comme moyen d'échange avec l'affaiblissement du petit commerce et de la petite industrie.

En Amérique, on remplace la circulation par trop difficultueuse de l'argent, lorsqu'il s'agit de fortes sommes, par des certificats de dépôt, afin d'en maintenir quand même la valeur. En Angleterre, les *councils bills* remplissent le même office. En France, la Banque et l'Etat s'efforcent vainement de mettre en circulation l'argent de leurs caves; sans cesse, il y revient, ayant perdu une partie de son emploi.

On demandait à la conférence de rendre sa valeur à l'argent, alors qu'elle était aussi impuissante d'empêcher le développement continu du grand commerce et de la grande industrie que de rendre leur prospérité perdue au petit commerce et à la petite industrie; ce fut son côté chimérique. Le côté abusif eût été toute résolution qu'elle aurait prise. Si les Etats s'étaient entendus pour reconnaître la même valeur officielle à l'argent, cette valeur n'en restait pas moins nominale; chacun d'eux se serait efforcé d'endosser aux autres son trop plein d'argent, et la crise aurait pris fin par un *krach* à la première opposition de l'un d'eux. S'ils s'étaient, au contraire, entendus pour adopter l'unique étalon d'or, aussitôt la valeur de l'or doublait, et le *krach* du métal blanc était complet. On ne fit rien, et c'est ce qu'on fit de plus sage.

En somme, les congrès, conférences ou commissions dont les membres ne sont pas d'accord d'avance sur le but à atteindre et ne possèdent point les moyens pour réussir, ne sont que des utopies ou des mystifications, quels que soient leur nom, leur objet et leur forme.

En revanche, les autres sont d'une utilité d'autant plus grande que leur objet est plus précis et l'entente plus complète. Ce sont les bienfaits de ces dernières qui ont jeté les esprits dans les égarements des congrès, conférences et commissions utopistes.

A moins que ce ne soit une autre cause infiniment plus grave.

Devenus individuellement incapables de résoudre les grandes questions qui troublent la situation sociale, politique, internationale, nous nous précipitons avec d'autant plus d'aveuglement dans des projets impossibles, que notre ignorance de leurs difficultés et nos illusions sont plus profondes. Sous cette forme, non seulement les congrès, conférences et commissions, mais encore toutes nos associations, tous nos syndicats sont une véritable plaie de notre état politique. L'organisation, non pas de l'entente commune, mais de la lutte des uns contre les autres : commissions de coteries politiques contre les commissions d'autres coteries politiques ; congrès internationaux des ouvriers contre le capital ; congrès des grands industriels contre les petits, et ainsi de suite. Le but de tous est également chimérique : ce n'est point par la réunion des uns contre les autres qu'on arrive à une entente commune, meilleure. Il en résulte que toutes les résolutions qu'on y peut prendre sont également abusives et n'aboutissent qu'à l'organisation systématique de la lutte. Ne comprenant pas les conditions de l'existence politique, nous faisons tout au monde pour la troubler, qu'il s'agisse de classes sociales ou de partis politiques, d'intérêts nationaux ou internationaux, qu'il s'agisse même d'union d'Etats et de prétendues alliances pour la paix : ce sont des alliances pour la guerre en dépit de tous les sophismes.

Tout Etat, toute classe sociale, tout parti politique, aussi bien que chacune de leurs subdivisions, incapables de parvenir à s'entendre avec les classes, les partis, les Etats ou subdivisions, qui leur sont opposés par leurs intérêts et leurs ambitions, poursuivent un but également abusif, car toutes les communautés sociales, politiques ou économiques étant un organisme ou une partie d'un organisme, en s'unissant pour combattre les oppositions qu'elles rencontrent, entreprennent une œuvre impossible et renouvellent la fable de la révolte des membres contre l'estomac. Les difficultés dont elles sont impuissantes de triompher surexcitent de plus en plus les intérêts et les passions, et les krachs, les crises, les violences, les guerres, en sont la conséquence finale ; voilà pour le côté général.

Le côté particulier est non moins simple. S'il est une question dont un seul est incapable de découvrir la solution, aucune réunion au monde ne la trouvera. Loin de là, toute réunion n'aura pour effet que de faire éclater au grand jour l'incapacité de tous.

Il y a toutefois des questions, et elles sont heureusement encore en grand nombre, dont un seul, soutenu par les moyens et les aides qui lui sont nécessaires, pourrait aisément réaliser une solution qu'il a trouvée. Mais au lieu de chercher l'homme de la chose, *the right man for the right thing*, comme disent les Anglais, on réunit des commissions de trente, quarante, soixante membres; on négocie des congrès de centaines de délégués ou des conférences non moins nombreuses, qui, discutant, disputant, ne découvrent rien; à moins qu'on n'y embrouille la question au point de la rendre inintelligible.

« L'homme, dit Gœthe, ne comprend que l'esprit qui lui ressemble ». Les commissions, les conférences, les congrès composés toujours en majorité de médiocrités qui se comprennent le mieux entre elles, feront toujours prévaloir leur avis; si tant est qu'elles parviennent à en émettre.

Il y a des assemblées dans lesquelles l'opinion la plus sage, la plus juste détonne comme un paradoxe, voire comme une insulte au bon sens du grand nombre; que peut-on en attendre?

La science de la politique doit se contenter de constater le fait. L'art de la politique consiste à concevoir les questions, si difficiles qu'elles soient, dans leur portée entière. C'est la moitié de la solution; trouver l'homme de la chose, est l'autre.

Hors de là il n'y a qu'un moyen pour en sortir : on renvoie la question à une nouvelle commission ou conférence, à un autre congrès, c'est-à-dire aux calendes grecques; c'est une quatrième et dernière espèce.

XIII

LES DANGERS ET LES SOLUTIONS DE LA QUESTION SOCIALE

Le 5 février 1890, le jeune empereur allemand adressa deux rescrits, l'un, à son chancelier, l'autre, à ses deux ministres des travaux publics et du commerce.

Dans le premier il priait le prince de Bismarck « d'inviter « les puissances à entrer en pourparlers avec l'Allemagne « dans le but d'aboutir à une entente internationale sur la « possibilité de donner satisfaction aux besoins et aux désirs « manifestés par les ouvriers » ; dans le second il engageait ses ministres « à compléter la législation sur les assurances « ouvrières et à réviser la législation sur l'industrie en ce qui « concerne la situation des ouvriers de fabriques. »

Le 15 mars se réunit à Berlin la conférence internationale; le 19 elle avait terminé ses travaux.

On dirait, en parcourant son protocole final, lire sous une forme extraordinaire un bon petit sermon d'un excellent petit curé de village : *Il est fort mauvais*, mes chères ouailles, *que les personnes du sexe féminin travaillent sous terre*, le bon Dieu ne les a point créées pour cela, et il est non *moins mauvais que les enfants au-dessous de quatorze ans le fassent* ; leur âge si tendre, leurs membres si délicats en font, en vérité, une cruauté devant le Seigneur. Vous commettez en outre, et vous le savez, mes chères ouailles, un grand péché en *ne respectant pas le dimanche* ; c'est un scandale devant le Créateur, qui lui même s'est reposé le septième jour. Et dire que non-seulement vous et vos femmes vous travaillez le dimanche, mais que vous faites encore travailler, en ce jour sanctifié, *vos enfants de l'un et de l'autre sexe, sans qu'ils aient même achevé leurs études primaires.* Croyez-vous que le bon Dieu ne vous en demandera pas un compte sévère ? Et tous ces péchés vous les commettez *sans fixer même à ces pauvres petits de limites à la durée de leurs efforts.* Le Dieu éternel vous les a-t-il donnés pour que vous en fassiez vos bêtes de somme ; mais, que dis-je, vous êtes plus cruels pour vos enfants que pour vos bêtes : à celles-ci du moins vous accordez un repos salutaire, tandis que vous attelez au labeur *vos malheureux enfants non-seulement de jour mais encore de nuit.* Vous allez plus loin encore, dans votre sordide âpreté du gain, vous ne vous inquiétez même pas *s'ils sont occupés dans un travail salubre ou insalubre.* Où vous conduiront tous ces crimes envers vous-mêmes et les vôtres devant le Père éternel ? Vous ne respectez pas mieux la santé et les forces de vos propres épouses. Ainsi que vos enfants vous faites travailler *leur mère et de jour et de nuit* ; alors que non-seulement la charité, mais encore les plus grands savants du monde, affirment que vous dépassez toutes les bornes en les *obligeant à un travail effectif de plus de onze heures.* Mais que vous importe Dieu, la charité et la science ? Encore si vous *laissiez se reposer et se remettre la malheureuse mère qui vient de vous donner,* dans les larmes et les douleurs, *un enfant,* vous prouveriez du moins qu'il vous reste quelque ombre de pitié au cœur. Non ! vous n'écoutez ni les conseils de Dieu, ni les avis des hommes, ni la charité, ni la pitié ! »

Nous défions qu'on trouve davantage dans le protocole de la conférence de Berlin, sauf la division par articles. Il y a même beaucoup moins que dans le sermon du brave curé, sermon qui dure depuis la venue du Christ et parle du moins de Dieu et de l'éternité.

Est-ce pour leur plaisir que les ouvriers font travailler leurs enfants ? est-ce pour leur amusement qu'ils descendent avec leurs filles dans les mines ou exposent leur vie dans les industries insalubres ? est-ce une fête pour leurs pauvres femmes, à peine relevées de couches, de se remettre à leur rude tâche ? ou bien est-ce pour satisfaire leur faim et leur soif, que tous agissent ainsi ?

Interdire les plaisirs, les amusements se comprend ; mais interdire le travail et lui prescrire ses heures et ses limites, sans indiquer le moyen de remplacer le morceau de pain qu'il donne, n'est qu'une dérision amère.

Les rescrits et la conférence avaient soulevées toutes les espérances ; ils aboutirent à toutes les déceptions. Les ouvriers qui en ont lu les résultats, s'ils n'ont haussés les épaules, ont serré les poingts et grincé des dents. Depuis, il n'y eut point de jours sans grèves ou congrès d'ouvriers, en Angleterre, en France, en Allemagne, en Autriche, en Italie, en Belgique, en Hollande, partout, excepté en Russie, qui n'avait pas été convoquée à la conférence.

En réalité cette conférence répondit aux rescrits du jeune empereur comme si les classes travailleuses étaient une population dans la lune.

Quand nous parlons de classes travailleuses, nous entendons aussi bien les ouvriers que les patrons, les employés que les entrepreneurs, tous ceux, en un mot, qui travaillent pour subvenir aux besoins de leur existence. Aucun ne le fait pour son plaisir. Ce n'est pas plus une distraction que se permet celui qui fonde un établissement nouveau, dont il ignore la réussite, que ce n'en est une pour l'ouvrier qui ira lui demander un gagne-pain ; et ce n'est pas davantage un amusement de créer une industrie insalubre, d'ouvrir une mine ou de trouver un débouché nouveau que d'y chercher du travail. Tous le font parce que c'est une nécessité aussi bien pour les uns que pour les autres, une condition d'existence, commune à chacun d'eux. Promulguez des lois de réglementation du travail tant qu'il vous plaira, vous ne diminuerez pas d'un iota ces nécessités implacables. Que les filles et leurs mères vivent comme des bourgeoises, leurs privations seront d'autant plus cruelles qu'elles n'en auront pas les rentes ; que les ouvriers et les patrons se conduisent comme des millionnaires, leurs misères n'en seront que plus profondes. Ni règlements, ni lois ne produisent du pain et du charbon, des vêtements, des meubles, des habitations.

Le jour où la conférence de Berlin publia son protocole, la question ouvrière fit un pas immense vers sa solution, qui est loin d'être celle qu'on y rêva.

Si encore elle s'était donné la peine de réfuter la fameuse doctrine de Karl-Marx, qui a pénétré les esprits et se reflète dans tous les congrès des ouvriers. L'utopiste révolutionnaire allemand démontra, il y a près d'un demi siècle, lorsque les économistes prouvaient que c'était de la libre concurrence que naissaient toutes les prospérités, que toutes les misères provenaient aussi de la même libre concurrence.

La doctrine de Karl Marx a donné aux revendications des classes ouvrières une précision, une netteté qui ne laissent plus rien à désirer. Ce n'est pas tant aux riches qu'elles en veulent; qu'est-ce que ça leur fait, les riches? — il y en a dans leur parti ; — c'est à la production capitaliste et aux effets de la concurrence produisant d'une part des richesses et d'une autre des misères excessives ; c'est à notre société qui depuis un siècle proclame la liberté, l'égalité, la fraternité sans qu'il y ait ni liberté, ni égalité, ni fraternité. Ce qu'elles voudraient c'est un état social organisé de manière à ce que chacun apportât le produit du travail dont il peut disposer à la caisse commune, produit qui reviendrait à tous suivant les besoins d'un chacun. Libre concurrence tant qu'il plaira, mais point de mise à part ; c'est le capital ! « le vampire qui vit du sang de l'ouvrier ». Toutes les revendications des classes ouvrières se résument dans la formule marxiste.

Tant que les campagnes ne se mettront point de la partie, tout ira relativement bien. Nous aurons des armées pour empêcher les ouvriers des centres industriels de se jeter sur le « vampire. ». Mais déjà l'Église, qui tient surtout les campagnes, s'ébranle ; elle est née des Escéniens, point de mise à part ! Que la presse vienne s'y joindre, et, au dernier congrès des ouvriers allemands, ils ont résolu de faire les fonds nécessaires pour répandre par des journaux la doctrine dans les campagnes. Enfin que le mouvement se fasse international, —pas un congrès ne se réunit sans que les ouvriers de tous les Etats ne le réclament,— que deviendra,en dépit de ses armées, de ses empereurs, de ses chanceliers et de ses conférenciers, que deviendra notre état social avec tous ses progrès? plus d'ouvriers descendant dans les mines, plus de chaleur ni de force motrice.

Et cependant ce ne sont là que des craintes chimériques. Les revendications des classes ouvrières sont et resteront un rêve, tout comme celui des conférenciers de Berlin.

Il suffit, pour s'en convaincre, d'envisager le côté moral de la question.

Tant qu'il y aura des hommes, les uns auront des besoins vifs en même temps que les talents et les forces pour les satisfaire, ce seront les riches ; les autres ressentiront des besoins non moins vifs, mais sans posséder ni les forces ni les talents pour les contenter, ce seront les pauvres. Entre les deux se trouvent les sages, qui savent modérer leurs besoins selon leurs moyens, et les heureux, qui, sans effort, éprouvent juste les besoins que leurs moyens permettent de satisfaire. Les sages et les heureux forment les exceptions, tandis que les riches et les pauvres constituent l'état social. Qu'importe donc la répartition des richesses et les lois qui règleront le travail ; elles ne seront jamais que des effets, non des causes. Ceux qui possèderont les moyens pour satisfaire leurs besoins seront les riches, ceux qui ne les possèderont point, les pauvres. L'illusion du prophète de la démocratie socialiste fut de croire que le capital était une force par lui-même. C'est l'homme, mobile et moteur à la fois, qui est le capital véritable et dispose, selon les besoins qu'il éprouve et les talents, les forces qu'il possède, aussi bien des moyens d'échange et de production que de toutes les institutions et lois de la vie sociale et politique. Que l'on jette donc capitaux, lois et institutions par la fenêtre, on ne changera pas plus un cheveu à la constitution physique de l'homme, qu'une larme à sa constitution morale; il n'y aura pas moins de riches et de pauvres.

La chimère socialiste consiste à se figurer que les hommes peuvent être des sages ou des heureux à leur guise, et qu'il suffit de prononcer les mots magiques de « démocratie sociale », pour qu'aussitôt les uns n'éprouvent plus les besoins qu'ils ressentent, et que les autres jouissent de talents et de forces qu'ils ne possèdent point; — qu'il n'y ait plus ni riches ni pauvres. Le temps de la cabalistique est passé; on ne croit plus aux sorciers; mais celui de la sophistique est venu : on croit aux sophistes.

De plus, ce qui est vrai pour chaque homme en particulier, l'est encore pour toutes les associations que les hommes peuvent former entre eux. En vue de satisfaire un besoin supérieur et commun ils se groupent en associations diverses, où chacun des associés sacrifie quelques-uns de ses besoins personnels pour parvenir à satisfaire le besoin supérieur commun. Quel que soit ce besoin : prière, soulagement des pauvres, instruction, luxe, richesse, puissance, il faut que les associés acquièrent les moyens pour le satisfaire. Couvents, ordres religieux, syndicats d'ouvriers, syndicats de patrons, sociétés commerciales et industrielles, la règle pour tous est la même : chaque besoin exige les talents et les forces nécessaires pour le contenter. Certaines de ces associations seront donc riches, d'autres seront pauvres, selon la nature des besoins, des talents et des forces qu'elles mettront en œuvre. Or, la démocratie sociale, en la considérant comme une vaste association dont chaque membre éprouve le même besoin de détruire les iniquités de notre état social, ce besoin, l'état social détruit, n'existera fatalement plus. Mais nul n'aura acquis par là le moyen d'être un sage, de modérer ses besoins en proportion de ses ressources, et encore moins d'être un heureux, de n'éprouver que les besoins dont il possède les moyens de contentement.

Des millions d'hommes dans le cerveau desquels passerait l'hallucination qu'ils auront des ailes pour voler quand les oiseaux n'en auront plus, telles sont les classes ouvrières et leurs revendications.

La démocratie socialiste, communiste, révolutionnaire, possibilite, anarchiste, peu importe la loque qu'on ajoute à l'épouvantail, n'est qu'une illusion. L'état social actuel n'en a rien à redouter par la fort simple raison qu'elle n'existe que grâce à ce même état social. Que les ouvriers se mettent en grèves, on en fera venir d'autres; que les grèves se généralisent on appellera des Chinois,—il en a déjà été question dans le nord de la Prusse;—que les campagnes s'en mêlent et que l'armée devienne incertaine, on dissoudra l'armée et l'on créera des gardes prétoriennes; que l'Église et les empereurs prennent la tête du mouvement, rien ne servira. Quand l'Eglise s'apercevra qu'elle devra transformer ses ailes célestes en ailes terrestres, quand les empereurs sentiront cuire leurs épaules aux places où les ailes devraient pousser, tout rentrera dans l'ordre.

Les dangers de la question sociale n'existent point dans les revendications des classes ouvrières, malgré les terreurs qu'elles inspirent, ces dangers sont ailleurs.

Les progrès dans les sciences, les arts et les lettres des XVIe et XVIIe siècles donnèrent aux esprits une facilité de jugement et une indépendance intellectuelle que n'avaient point soupçonnées les siècles antérieurs; les progrès, en outre, dans le commerce, l'industrie, le maniement des finances, soutenu par celui des sciences, éveillèrent un besoin d'initiative individuelle qui devint irrésistible. La libre-pensée rompit avec les traditions de l'ancien régime; la Révolution brisa les castes, les corporations, anéantit les privilèges et les franchises locales. Les autres États suivirent la France et proclamèrent successivement et l'indépendance intellectuelle et la liberté individuelle; traits caractéristiques de l'état social de la civilisation actuelle. Il en est résulté, toutes les barrières étant rompues, que l'initiative personnelle, profitant de l'expérience acquise, exploitant les progrès accomplis et associant librement toutes les forces et ressources, ne connut plus de bornes. On dompta l'Océan, on franchit l'espace, et, sur l'initiative de quelques explorateurs, les Etats finirent par se partager terres et continents. Point de jour qui n'amène de nouvelles entreprises : on relie les mers, on perce les chaînes de montagnes, on se parle d'un Océan à l'autre, on pénètre au plus profond des entrailles du sol ; mais point de jour non plus ne se passe sans qu'un métier ou une industrie, jusque-là particulière et locale ne disparaisse ou ne se transforme en une de ces vastes associations de production, dans lesquelles, par un retour forcé, les initiatives individuelles se perdent complètement. A leur tête se trouve quelque directeur dressé à sa besogne par des écoles spéciales, et aux extrémités, deux masses, celle des ouvriers qui dirigent et alimentent les machines, et celle des actionnaires non moins nombreux qui versent leurs fonds et en touchent les dividendes. Ceux-ci ne comptent que comme chiffres, les précédents forment de simples numéros, et le premier ne représente qu'un diplôme ; c'est le grand commerce et la grande industrie.

Simultanément se sont accrues les obligations des Etats, autant pour maintenir la prospérité au dedans, que pour en protéger les intérêts au dehors ; les budgets, les emprunts, les dettes publiques se chiffrèrent par milliards. Les Etats les perçoivent et les dépensent, mais ces sommes fabuleuses sont fournies, estimées, réglées par la haute finance, qui s'est développée de pair et pour les mêmes causes que le grand commerce et la grande industrie.

Sous l'ancienne organisation sociale le compagnon tenait au maître, le maître à la corporation, les corporations les unes aux autres, et toutes à la prospérité de l'industrie et du commerce de la cité ; ce fut une hiérarchie souvent sévère et rude, toujours difficile à franchir. En proclamant l'indépendance individuelle nous avons changé tout cela, sans pouvoir échapper toutefois à la nécessité d'une entente des uns avec les autres pour le travail comme pour les échanges. Mais au lieu d'une entente morale et intellectuelle volontaire, rétablissant sous une autre forme l'ancienne hiérarchie sociale, nous avons dans notre soif de liberté, limité de plus en plus la dépendance des uns des autres aux seules relations indispensables à l'existence d'un chacun, selon ses ressources et ses moyens d'action.

Il en est dérivé que les relations sociales sont devenues de moins en moins intimes et profondes, tandis que les rapports économiques acquirent une mobilité et une facilité en proportion plus grandes. C'est à tel point que tout l'état social moderne semble pour ainsi dire se résumer dans nos rapports de production et d'échange. Il en surgit d'une part le progrès vertigineux du grand commerce, de la grande industrie, de la haute finance, et, d'une autre, un affaissement croissant du rôle de l'ouvrier d'abord, du petit commerce, de la petite industrie, de la petite banque ensuite. L'un des mouvements fut exactement parallèle à l'autre.

On sait l'influence exercée par la division extrême du travail, la découverte des grands moteurs, l'invention des machines sur l'abaissement du niveau des classes ouvrières. Leur labeur devient de plus en plus simple, uniforme, pour ne pas dire abrutissant. Ce que l'on sait moins, c'est la disparition insensible du petit commerce, de la petite industrie et de la petite finance. Ils subsistent encore, luttent péniblement, mais s'affaissent l'une après l'autre : leurs frais généraux sont trop considérables, leur production trop coûteuse, leurs ressources trop minimes.

C'est l'ensemble de notre état économique et non les revendications des ouvriers, qui constitue la question sociale.

Déjà l'immense majorité des ouvriers ne peut songer à devenir patron ; le patronat, par ses gigantesques entreprises, s'est autant éloigné d'eux que des petits métiers. C'est un côté de la question, voici l'autre :

Il y a eu, ces jours-ci, une crise sur les chemins de fer américains et la faillite de la maison Baring de Londres. La banque de France s'est vue obligée d'avancer soixante-quinze millions en or à la banque d'Angleterre, et les deux crises se sont étendues à toutes les bourses d'Europe. Lorsque succomba le Comptoir d'Escompte et que l'entreprise du canal du Panama échoua, ni la banque et la bourse de Londres, ni aucune des bourses de l'Amérique et de l'Europe ne s'en sont émues, et cependant la perte fut au delà du quadruple. Les sociétés des chemins de fer américains et la maison Baring tenaient de la haute finance et entraînèrent dans leur crise la haute finance des autres Etats ; au contraire, la chute du Comptoir d'Escompte et du canal du Panama ne compromettait que les petites économies et les petites bourses de France. Elles souffrirent sans pouvoir se plaindre ni réagir, tandis que les grandes bourses et la haute finance s'entendirent, et, après une crise passagère, les chemins de fer américains aussi bien que la banque de Londres se relevèrent comme par enchantement.

Ainsi, en même temps que les classes ouvrières et les classes intermédiaires ne peuvent s'élever à la haute finance, au grand commerce, à la grande industrie, elles en expient néanmoins les erreurs et les fausses spéculations.

Poursuivons : le poids des charges croissantes des États et des dettes publiques, qui augmentent sans interruption, est encore porté, sinon par les classes ouvrières, du moins par les classes intermédiaires. On parle bien d'établir des impôts progressifs sur les revenus, des impôts sur les successions. On ne songe pas que les revenus et les successions du grand commerce, de la grande industrie et de la haute finance ne consistent pas en des fortunes proprement dites, mais en des valeurs sur les États, en des actions dans de grandes industries, en des obligations dans de vastes entreprises dont toute la prospérité dépend précisément du travail des classes ouvrières et de celui des classes intermédiaires. Prenez ces revenus, mettez la main sur ces successions et vous absorberez les grands courants par lesquels s'alimentent tous les progrès industriels, commerciaux et financiers. A peine toutes ces fortunes réunies payeraient-elles une année de nos impôts, tandis que la misère qui résulterait de leur séquestration serait effroyable. Plus de grande industrie, plus de grand commerce, plus de haute finance, et alors que le petit commerce, la petite industrie, la petite banque sont absolument hors d'état d'y suppléer.

Le progrès industriel, commercial et financier, c'est-à-dire le double mouvement du développement des classes riches et de l'affaissement des classes pauvres agit avec une intensité et se manifeste avec une régularité telles qu'il éclate jusque dans toutes les mesures que nous imaginons devoir prendre pour en conjurer les dangers.

Que n'a-t-on fait, que n'est-on prêt à faire pour contenter les classes ouvrières?

Le prince de Bismarck, au moment de sa toute-puissance, fonda le socialisme d'Etat et créa ces vastes assurances obligatoires contre les accidents, les maladies, la vieillesse. Inspiré par la crainte, hélas, trop réelle des coups de fusils et des bombes de dynamite, il ne détourna l'attention des mécontents, de sa personne et de celle de son empereur, que pour les jeter avec d'autant plus de force dans la haine des classes.

On s'assure contre le feu et l'eau, les sinistres de terre et de mer, qui ne dépendent pas de la volonté humaine; mais l'homme ne s'assure pas contre lui-même. Il doit expier une à une ses illusions et ses fautes. Il faut qu'il mérite une vieillesse aisée, apprenne à se garder des maladies, aussi bien que des dangers qu'il se crée lui-même ; se figurer que par des assurances ces nécessités vont disparaître, est à la fois un enfantillage et une utopie qui ne méritent pas même le nom de socialisme d'Etat. Ou bien les secours qu'on accordera aux infirmes, aux malades et aux vieillards ne seront qu'illusoires, le mécontentement, après les espérances qu'on aura fait naître, ne fera que croître ; ou bien on fournira les secours indispensables, alors qui paiera les milliards que coûtera la subsistance de tous les infirmes, malades et vieillards des classes ouvrières? Pour ces dernières, si minimes que soit la part qu'on leur impose, elle ne sera qu'une privation nouvelle ; pour le grand commerce, la grande industrie, la haute finance, leurs revenus n'y suffiraient point ; et cependant ce sont eux qui profitent le plus du travail des autres classes. C'est donc sur la masse des contribuables, sur les classes moyennes, le petit commerce, la petite industrie, que pèsera le plus gros de la charge, sur ceux qui ne retirent nul profit pour leur compte du travail des masses ouvrières, et qui, loin de participer aux bénéfices de la grande industrie, du grand commerce et de la haute finance, succombent sous la concurrence qu'ils leur font, grâce au travail de ces mêmes classes ouvrières.

On ne déplace point de la sorte les responsabilités humaines ; c'est tenter la Providence. Les assurances du prince de Bismarck sont la première étape des deux grandes armées, non plus celles des ouvriers et des patrons, mais celles des pauvres et des riches, mises en branle vers la grande bataille qu'elles se livreront un jour, implacables.

La seconde étape sont les sociétés en participation aux bénéfices. Recommandées par tous les économistes sans distinction, dans l'espérance que l'ouvrier, en participant, en dehors de son salaire, aux bénéfices du patron, s'attachera davantage à son travail et l'accomplira plus consciencieusement, les sociétés en participation aux bénéfices ne sont, elles aussi, qu'une illusion. Il n'y a que la grande industrie, le grand commerce, la grande banque qui peuvent donner des bénéfices assurés, encore faut-il que leur situation soit prospère ; le petit commerce, la petite industrie, la petite banque vivent à peine de leurs bénéfices propres. De plus, les quelques ouvriers et employés qui leur restent les quitteront dans l'espérance d'un gain plus élevé, hausseront davantage encore les salaires, et leur ruine ne fera que s'accroître.

La participation aux bénéfices n'est en réalité qu'une prime payée aux grandes entreprises qui se trouvent dans une situation de production vraiment heureuse ; elles sont un désastre pour toutes les autres, et surtout pour la petite production et les petites entreprises. On ne déplace pas plus les gains nécessaires du travail qu'on ne déplace les responsabilités humaines.

La troisième et dernière étape sont les sociétés coopératives de consommation. Peu développées en France, elles ont pris en Allemagne et en Angleterre une extension considérable. Quels avantages, s'est-on écrié, pour le travailleur, le petit ouvrier, le petit fonctionnaire, que de pouvoir se procurer, sans dépenses aucunes d'intermédiaires, en s'adressant d'un commun accord aux grands producteurs, la nourriture, les vêtements, les meubles, tous les objets indispensables à l'existence ! Il y a des villes aujourd'hui en Allemagne et en Angleterre où il n'existe plus, d'une part, que des ouvriers et des pauvres, et d'une autre,que des rentiers et des fonctionnaires.Plus de petit commerce, plus de petite industrie, plus de petite banque, les intermédiaires ont disparu. De vastes dépôts achetés au meilleur marché possible et dont les bénéfices s'en vont ailleurs et rien que des pauvres en somme dont les rentes, les traitements, les salaires, les secours dépendent d'autrui. Telles sont ces villes : elles présentent en petit le spectacle de l'avenir économique et social de la société moderne.

Les efforts mêmes tentés pour soulager les classes ouvrières hâtent et précipitent le mouvement de notre désorganisation économique. A mesure que la grande industrie, le grand commerce et la haute banque se soutenant mutuellement et dominant les États, se développent, les classes moyennes s'affaissent jusque dans les mesures prises pour satisfaire les classes ouvrières. C'est comme une loi fatidique qui nous pousse à la fois vers un progrès matériel constant et une ruine inévitable.

La démocratie révolutionnaire est de nos jours ce que fut le mécontentement des ouvriers dans les grands centres industriels de tous les temps. Quelques violences et illusions en plus ne changent rien à la chose. Là n'est pas le danger, il est plus loin et plus profond. C'est la lutte qui se prépare et à laquelle nous travaillons avec autant de légèreté que d'aveuglement ; lutte terrible et sans rémission cette fois, qui ne sera ni un sophisme ni une utopie, mais réelle comme tout ce qui vit et souffre ; lutte non pas de l'ouvrier contre le patron, du prolétariat contre le capital et de tous les déclassés contre les institutions établies, mais de tous ceux qui se trouvent dans les grands courants de la production moderne, contre tous ceux qui se trouvent en dehors, des riches contre les pauvres, des pauvres contre les riches ; lutte sans trève et sans merci, et dont la démocratie sociale, avec ses apparences d'épouvantail, n'est que le symptôme précurseur.

Combien nos ancêtres comprenaient mieux que nous ne le faisons aujourd'hui le rôle du petit commerce et de la petite industrie. Montchrétien écrivait en 1615 : « Tout commerce est « du dedans ou du dehors, c'est-à-dire se fait dans le pays entre « ses naturels habitants et quelques fois avec des étrangers, qui « viennent pour apporter ou remporter des marchandises, ou « bien avec d'autres nations chez elles-mêmes. L'un est plus « sûr, plus commun, plus constant et universellement plus « utile. L'autre est plus grand, plus fameux, plus hasardeux « et à perte et à profit. Tous sont bons quand ils sont réglés « et réglés comme il faut. L'un ordinairement se fait de par- « ticulier à particulier ; l'autre plus à propos et plus fortement « en société et pour la société. L'un est bon pour conserver « l'État en état, l'autre meilleur pour l'accroître. L'un nour- « rit la diligence, l'autre augmente la hardiesse. L'un lie les « citoyens entre eux-mêmes et les concilie, l'autre allie diver- « ses nations. L'un fait aimer le prince aux siens, l'autre le « fait craindre et redouter aux étrangers. L'un le tient toujours « prêt à se défendre, l'autre plus propre à assaillir. Bref, tous « deux sont nécessaires et s'entrepressent tellement la main « qu'ils se fortifient l'un l'autre, s'accordent de leurs moyens, « fournissent à leurs desseins et assurent leurs entreprises. » Un demi-siècle plus tard Colbert écrivait à d'Aguesseau : « Il « n'y a rien de plus avantageux à l'État que de favoriser, « augmenter et soulager le grand commerce du dehors et le « petit commerce du dedans. »

Nous avons remplacé ces fortes notions « qui n'avaient que faire de preuves » pour nos hommes du XVIIe siècle, par des illusions ou des sophismes. La question sociale n'a point d'autre raison, et la déchéance de la civilisation moderne n'aura point d'autre cause.

Lorsqu'un Etat se fonde, il ne développe sa prospérité matérielle qu'à la condition que les hommes coordonnent de mieux en mieux leurs efforts et créent des associations de toute espèce, autant pour accroître leur production que pour faciliter leurs échanges. L'industrie, le commerce grandissent au dedans, et, finalement, la nation porte son industrie et son commerce au dehors. C'est l'origine du grand commerce et de la grande industrie, qui exigent pour leur expansion comme pour leur sécurité, des forces plus considérables. De vastes centres de production et d'échange se forment ; tout paraît puissance, éclat, bien-être jusqu'au moment où la grande industrie et le grand commerce du dehors tournent leur activité vers le dedans. La richesse s'accroît encore, l'aisance augmente, mais elle change de caractère : ce n'est plus au prix des ressources et des gains rapportés de l'étranger, c'est au prix des profits faits sur la petite industrie et le petit commerce de l'intérieur. Succombant devant l'immensité des ressources des grandes classes de production les classes moyennes disparaissent, l'intimité de leurs relations se perd, et, brutalement, il en dérive que peu à peu les mêmes relations d'étrangers à étrangers qui ont fait la prospérité du grand commerce et de la grande industrie au dehors, s'établissent au dedans. Ce n'est ni par la production, ni par les échanges que se forment et se maintiennent les liens sociaux ; les nations les plus ennemies, les Etats les plus hostiles, commercent entre eux. Alors le même phénomène se produit à l'intérieur. Insensiblement la nation se sépare en deux nations distinctes, l'une exploitant l'autre; et, en proportion, leurs oppositions et leurs haines augmentent. Déjà les ouvriers des différents Etats de l'Europe, se tendent les mains, et oubliant leur patrie, se jurent alliance universelle contre l'ennemi commun, le capital! Les haines sont devenues plus violents contre une partie de leurs concitoyens que contre les nations ennemies. Le fait est là brutal, cruel et nous donne à prévoir ce que deviendra un jour l'opposition des pauvres et des riches, quand les classes intermédiaires auront disparu.

La Grèce, après être arrivée comme nous, à un éclat et à une prospérité sans exemple, a vu disparaître, comme nous aussi, ses classes moyennes, et, malgré ses millions d'esclaves, elle succomba aux mêmes dissensions vers lesquelles nous marchons avec un aveuglement qui tient du fatum antique.

« Dans chaque cité le riche et le pauvre étaient deux enne-« mis. Entre eux nulle relation, nul service, nul travail qui « les unit. Le pauvre ne pouvait acquérir la richesse qu'en dé-« pouillant le riche ; le riche ne pouvait défendre son bien que « par une extrême habileté ou par la force. Ils se regardaient « d'un œil haineux ; c'était dans chaque ville une double « conspiration, les pauvres conspiraient par cupidité, les riches « par peur. Aristote dit que les riches prononçaient ce serment : « Je jure d'être toujours l'ennemi du peuple et de lui faire « tout le mal que je pourrai. Il n'est pas possible de dire lequel « des deux partis commit le plus de cruautés et des crimes. Les « haines effacèrent dans les cœurs tout sentiment d'humanité. « Il y eut à Milet une guerre entre les riches et les pauvres, « ceux-ci eurent d'abord le dessus et forcèrent les riches à s'enfuir « de la ville ; mais ensuite, regrettant de n'avoir pas pu les « égorger, ils prirent leurs enfants, les rassemblèrent dans « des granges et les firent broyer sous les pieds des bœufs. Les « riches rentrèrent ensuite dans la ville et redevinrent les « maîtres. Ils prirent les enfants des pauvres, les enduisirent « de poix et les brûlèrent tout vifs. » (Fustel de Coulanges, *La cité antique*).

La lutte fut générale en Grèce, dans ses colonies. Partout éclata le même esprit de vengeance et d'atrocité froide. Le partage des terres, l'abolition des dettes furent continuels, les assassinats, les massacres de règle, jusqu'à ce que la banqueroute économique et sociale se doublât de la banqueroute politique. "

Avec les classes moyennes les civilisations se forment, et c'est avec elles aussi qu'elles disparaissent.

Or, tout dans notre état social écrase de plus en plus ces classes : non-seulement la science, qui cependant ne dépend que d'elles, par ses doctrines illusoires sur l'indépendance et l'initiative individuelles; non-seulement la grande industrie, le grand commerce et la haute finance, qui ne se soutiennent et ne vivent que par elles; non-seulement les classes ouvrières qu'elles ont formées et qu'on ne peut soulager qu'à leurs dépens; mais encore les Etats par la masse des charges dont ils les accablent, et jusqu'aux rapports eux-mêmes qui s'établissent entre les Etats par les traités de commerce et les tarifs qu'ils font. S'ils sont libre-échangistes, la concurrence avec la grande industrie et le grand commerce du dehors ruine le petit commerce et la petite industrie du dedans au profit de l'étranger, et, s'ils sont protectionnistes, c'est la grande industrie et le grand commerce intérieurs qui les ruinent de même. De quelque côté que l'on se tourne : crise monétaire, progrès des sciences, emprunts publics, expansion coloniale, traités internationaux, les classes moyennes en font tous les frais sans en retirer aucun profit.

« A l'heure actuelle 46,229 candidats des deux sexes, tous munis de diplômes et de certificats réglementaires, tous pourvus de nombreuses et pressantes recommandations sollicitent un emploi dans les seuls services de la préfecture de la Seine, et il n'y a que 1.460 places à donner » ; voilà le sort des classes moyennes. Le jour viendra sans rémission où les classes ouvrières, dont les revendications déjà nous accablent, et les classes moyennes ne formeront plus qu'une seule et même classe, celle des pauvres, où renaîtront les horreurs de la décadence grecque et romaine.

Il y a deux solutions. La première se trouve en dehors du domaine de la politique ; nous l'avons indiquée dans notre *Morale sociale* ; « il faut que les classes qui se prétendent morales se moralisent, que les classes qui se disent instruites s'instruisent. »

La seconde solution est du domaine de la politique. Elle ne consiste qu'en une série de palliatifs.

Le plus important semble être de faire retomber sur le grand commerce, la grande industrie, la haute finance non-seulement leurs fausses spéculations, et toutes les charges nécessaires au soulagement des classes ouvrières dont elles seules profitent, mais encore la plus grande part des contributions publiques par des impôts progressifs sur les revenus et les successions. C'est la solution ordinaire et c'est aussi la plus dangereuse. Loin de résoudre la moindre difficulté ces mesures ne feraient que l'aggraver. La grande industrie, le grand commerce et la haute finance ne sont que des formes de notre production ; modifier ses formes sans transformer dans les mêmes proportions la consommation entière, c'est-à-dire les besoins de tous, serait créer la misère universelle et aboutir d'un coup à la fin qu'on veut précisément éviter. Ils sont des effets de la nature de notre science et de notre travail, et on ne modifie pas les causes par leurs effets.

Il faut que le grand commerce, la grande industrie, la haute banque continuent à se développer et restent les plus libres possible dans leur expansion; mais leurs efforts doivent devenir de plus en plus internationaux et coloniaux, c'est à la fois une condition de notre puissance au dehors et de notre prospérité au-dedans.

Il faut que nos tarifs douaniers soient établis de façon à protéger en toute circonstance le petit commerce et la petite industrie au dedans, et à faciliter le plus possible l'extension au dehors du grand commerce et de la grande industrie.

Il faut que nos impôts soient transformés de manière à devenir ce qu'ils sont par leur nature même : une participation et non des entraves à la production.

Il faut que notre dette énorme disparaisse par un amortissement annuel de quatre à cinq cents millions.

Il faut, au lieu de vastes assurances, de sociétés en participation et consommation, faire de bonnes lois sur les responsabilités aussi bien pour les accidents, les maladies, la vieillesse que pour les syndicats, les monopoles et les entreprises ruineuses.

Il faut enfin modifier complètement notre instruction publique. Elle est obligatoire et universelle, elle doit le rester ; jamais elle ne le sera assez ; mais au lieu d'être *générale*, ce qui est son caractère à partir des études primaires jusqu'à l'agrégation universitaire, elle doit devenir *spéciale* à commencer du premier jusqu'au dernier échelon.

Si, d'aujourd'hui à une génération les Etats de la civilisation moderne ne parviennent pas à réaliser ces réformes, chacun suivant sa situation, ils pourront faire inscrire hardiment sur tous les poteaux de leurs frontières : *lasciate ogni speranza voi ch'entrate.*

XIV

LES TARIFS DOUANIERS ET LES TRAITÉS DE COMMERCE

Vers les années de 1840 à 1848 se sont passés les deux événements les plus importants du siècle : l'adoption par l'Angleterre du libre-échange et la conclusion par la Prusse de l'union douanière allemande. Nos hommes d'Etat en comprirent si peu la gravité qu'ils rompirent les négociations d'une union douanière avec la Belgique, refusèrent celles de la Suisse et du Luxembourg et devinrent plus protectionnistes que jamais.

Le *Zollverein* prussien fut le prélude de l'empire allemand et le libre-échange la source de l'extension commerciale immense de l'Angleterre.

Pendant la même période les hommes d'Etat français s'abandonnèrent à un aveuglement en tout semblable en politique. La monarchie de juillet succomba à une révolution, tandis que l'Angleterre sortit triomphante du mouvement chartiste et que la Prusse domina les émeutes de Berlin et de Francfort.

Il est une justice de l'histoire, non celle qui s'étale avec complaisance dans les écrits des historiens et qui n'est que le reflet de leurs illusions ; mais une autre, implacable, qui dérive de la responsabilité des actes des hommes et constitue la vie des peuples.

L'époque de la naissance des chemins de fer, du développement de la navigation à vapeur, de l'introduction des grandes machines dans la plupart des industries fut une occasion merveilleuse pour conclure des unions douanières ou pratiquer le libre-échange. La Prusse étendit son influence en Allemagne avec la puissance en quelque sorte des grands moteurs nouveaux, et, avec leur rapidité, l'Angleterre s'empara du commerce du monde. Les deux pays recueillirent les bienfaits de la supériorité de leurs hommes d'Etat.

Mais la justice de l'histoire est entière. Les hommes d'Etat en Angleterre aussi bien qu'en Allemagne, continuèrent à s'abandonner aveuglément aux impulsions qui leur avaient été données par leurs prédécesseurs, et Londres vit fonder les *trades-unions*, Berlin créa le socialisme d'Etat.

Ainsi cette question si insignifiante en apparence des tarifs douaniers mène l'histoire des peuples ; tantôt heureuse, tantôt désastreuse, selon les circonstances du moment, elle se complique à chaque pas d'effets nouveaux jusqu'à se transformer en ce sombre problème de l'avenir économique de la société moderne.

En comprenons-nous mieux aujourd'hui le sens et la portée que nos pères en 1840 ne saisirent ceux de la naissance des chemins de fer et de la transformation industrielle? Ainsi qu'à cette époque nous continuons à nous passionner pour les affaires électorales, les rapports de l'Eglise et de l'Etat, les formes de la souveraineté, la liberté ou la sujétion de l'enseignement, la dénonciation ou le maintien des traités de commerce, absolument comme si rien ne s'était passé en Europe. Politique d'outre-tombe dont les spectres effraient les naïfs et servent aux adroits à les conduire : tandis que la réalité, sous la forme de la justice de l'histoire, nous accable de ses crises, de ses dangers et de ses désastres.

Pendant que les Etats de l'ancienne confédération germanique abolirent leurs entraves commerciales et que l'Angleterre adopta le libre-échange, les Etats-Unis de l'Amérique et la Russie persistèrent dans le protectionnisme et en vinrent aux droits prohibitifs. Etats de jeune date, possédant de vastes terres incultes et des richesses naturelles incomparables, ils relevèrent le plus possible leurs droits douaniers et diminuèrent en proportion leurs impôts intérieurs, sollicitant par la faiblesse de ces derniers une immigration constante, et du même coup, par l'excès des autres, une importation forcée des industries qui leur manquaient.

Qu'en est-il résulté ? La richesse des matières premières aussi bien que la fertilité de vastes territoires incultes, n'étant exploitables que par la grande industrie, grâce à la puissance de ses machines et à la simplicité du travail qu'elles exigent, les deux Etats protégèrent surtout l'immigration de simples ouvriers et l'importation des grandes industries. Les petites industries plus complexes dans leur travail, plus coûteuses dans leurs frais, et, exigeant une initiation plus longue, ne s'importent pas ; ce serait l'émigration de classes moyennes, c'est-à-dire de provinces, de nations entières.

Par leur système fiscal la Russie et l'Amérique se donnèrent donc, à mesure qu'elles introduisirent les grandes industries, toute la puissance que notre vieux continent avait acquise après des siècles d'efforts, doublée encore de la fertilité de leurs terres vierges et de leurs richesses minières. Elles n'acquirent point de classes moyennes.

En Amérique toutes les grandes industries, protégées contre la concurrence étrangère, luttèrent d'abord les unes contre les autres, jusqu'à ce qu'elles parvinrent, soit à se syndiquer en associations plus puissantes, soit à ne former qu'une seule et même exploitation, faisant la loi au marché intérieur et portant les prix de tous les objets de première nécessité à des taux inconnus sur l'ancien continent. Simultanément la question ouvrière y prit des proportions que nous ne soupçonnons pas davantage de ce côté de l'Océan. Les *knights of labor* y formèrent, non pas une union, mais une véritable conjuration contre la grande industrie, et leurs excès et leurs éclats devinrent par moments épouvantables. Aussi est-ce l'Amérique qui offrira la première le spectacle de la lutte sans trêve et sans pitié entre les riches et les pauvres. La loi du *lynch* et les conjurations ouvrières à main armée n'en sont que les sombres préludes. Pour un moment le *far-West* peut attirer et satisfaire les mécontents et les déshérités de toute espèce. Il ne change rien au système fiscal et à l'état social du pays.

En Russie, la situation en apparence plus calme est au fond plus grave encore. Quoique située sur les confins de l'Europe, sa population ouvrière plus soumise et mieux disciplinée, reste étrangère à la civilisation européenne, et la Russie continue, sans grèves ni révoltes ouvrières, à créer ses chemins de fer et ses lignes de navigation des frontières de l'Europe aux fins fonds de l'Asie, à introduire une à une toutes les grandes industries, accumulant les ressources et les forces des deux mondes. Mais la Russie reste aussi sans classes moyennes.

Tous ceux qui ne peuvent s'élever aux classes supérieures ni descendre aux classes inférieures, s'unissent, s'entendent, et forment cette lugubre secte des nihilistes non moins terrible par ses doctrines que par ses actes. Ils sont un mal social de la Russie tout comme les *knights of labor* en sont un des États-Unis.

Il y a toutefois une grande différence entre la situation des deux pays. En Amérique les *knights of labor* représentent une partie de la classe ouvrière et finalement, comme les syndicats ouvriers européens, entraîneront la classe entière dans leur haine et leur lutte contre la classe des riches. En Russie, les nihilistes loin de représenter une classe, ne sont qu'une simple secte de déclassés ; dangereux pour la vie du tsar et quelques chefs de la police, ils sont impuissants contre la constitution sociale de l'empire. La masse de la nation reste dévouée, soumise à ses chefs politiques, territoriaux, industriels, et, dans ces conditions, il ne saurait être assigné de limite à ses progrès en force et richesses. Mais ces progrès ne restent fondés, en l'absence complète de classes moyennes, que sur la domination des uns et la soumission des autres. D'où la conséquence non moins terrible : l'invasion fatale, non pas de l'Asie, qui n'est que le *far-Est* de la Russie, mais de l'Europe. Seule l'Europe peut donner à la Russie les classes moyennes qui lui manquent, mettre un terme aux nihilistes, lui ouvrir les sources de tous les progrès auxquels elle aspire et qui ne surgissent qu'avec la formation et le développement des classes moyennes.

L'invasion de l'Europe est plus qu'une ambition politique, les hommes d'Etat russes n'y songent pas, elle est une nécessité sociale pour la Russie. L'Europe devenue impuissante, par ses haines nationales et ses guerres imbéciles, de porter comme autrefois au grand empire moscovite les ressources intellectuelles et morales nécessaires à la formation de classes moyennes, la Russie de l'avenir débordera sur elle par les seules forces matérielles que l'Europe continue à lui prodiguer sous toutes les formes : grande industrie, grand commerce, armes, emprunts.

Le jour où la Russie fera de ses nihilistes des gouverneurs de provinces allemandes et des préfets de départements français, elle n'aura plus de nihilistes. Ce sera la fin de sa question sociale ; ce sera aussi la fin de la nôtre.

Le lecteur sera surpris que pour traiter des tarifs douaniers il faille prévoir si loin et remonter si haut. Quelques centimes de plus ou de moins sur les fils ou la fonte ou les raisins secs ne semblent pas si grande affaire.

Il y a un petit article dans le traité de Francfort, très connu sous le nom de l'article 11, qui stipule le traitement de la nation la plus favorisée pour le vainqueur comme pour le vaincu ; il n'y est pas même question de fils, de fonte et de raisins secs, et cependant il résume à lui seul l'histoire économique et sociale de l'Europe depuis l'année terrible.

Le vainqueur profita de l'article 11, dénonça ses traités de commerce, dirigea ses tarifs douaniers spécialement contre le vaincu, et se fit franchement protectionniste, imitant les Etats-Unis et la Russie. Mais ne possédant pas les classes ouvrières soumises de cette dernière, ce fut la situation de la première qui en résulta. De grands et puissants syndicats protégés contre la concurrence du dehors, se formèrent ; les propriétaires des mines s'entendirent et vendirent leurs charbons aux plus hauts prix possibles ; les propriétaires des hauts fourneaux se concertèrent et augmentèrent les prix de la fonte ; les propriétaires de toutes les grandes industries, laminoirs, papetiers, filatures, etc., suivirent d'un commun accord l'exemple des autres, et tous finirent par obtenir à l'intérieur pour leurs produits des prix doubles de ceux auxquels ils les vendaient à l'étranger. C'était une prime d'une nouvelle espèce que la grande industrie allemande se fit payer, non point par l'État, au vu et au su de tout le monde, mais dans les bas-fonds obscurs des échanges quotidiens par ses acheteurs du petit commerce et de la petite industrie intérieurs. De son côté la grande agriculture protégée de même, haussa ses prix à un degré tel que dans les provinces de l'Est, en Silésie, surgit le typhus de la faim, et que dans celles de l'Ouest, les plus riches, comme celle de Westphalie, la viande de bœuf devint un objet de luxe.

Lentement, sourdement, en raison directe de la protection accordée à la grande industrie et à la grande agriculture, le socialisme démocratique et révolutionnaire se fortifia et grandit.

L'expérience fut rude. Les trois millions de suffrages socialistes des dernières élections du Reichstag, cassèrent le prince diplomate, signataire du traité de Francfort, qui s'était mêlé de faire de l'économie politique, et le gouvernement allemand revint du système des tarifs protecteurs à celui des traités de commerce. Il vient de conclure, un traité en toute forme avec l'Autriche, et négocie, dit-on, encore avec l'Italie, la Belgique, la Suisse; mais pendant toutes les négociations à chaque clause débattue, l'art. 11 du traité de Francfort apparaît comme le spectre de Banco. Ce sont autant de franchises, autant de droits qu'on accorde à la France vaincue, à l'ennemi héréditaire, à l'adversaire de la triple alliance, à l'auteur de la crise financière et économique de l'Italie, et qui menace de donner, par ses droits protecteurs, la même crise à l'Allemagne.

L'annexion de l'Alsace et de la Lorraine maintiennent, quoiqu'on fasse, l'état de guerre dans l'Europe politique et militaire; et l'art. 11, quoiqu'on fasse encore, maintiendra le même état de guerre dans l'Europe sociale et économique. Ce furent ...ites dignes l'une de l'autre : sœurs jumelles issues du même emportement coupable, qui sont nées, vivent et mourront ensemble.

A la suite de la guerre nous avons compris la puissance de l'organisation militaire allemande et nous l'avons imitée. Il nous a fallu un peu plus de temps pour comprendre la portée de l'art. 11, et à notre tour, comme l'Allemagne, nous dénonçons nos traités de commerce, nous faisons un tarif général protecteur, même doublement protecteur contre amis et ennemis, et nous donnerons à l'Allemagne une crise en tout semblable à celle de l'Italie. Mais comme l'Allemagne aussi, nous porterons au comble le malaise de nos classes ouvrières, le mécontentement des classes moyennes, et, comme l'Allemagne encore, nous reviendrons aux traités de commerce, alors qu'elle-même pour sortir de sa crise reviendra aux tarifs protecteurs. La situation, chez l'une et chez l'autre, à chaque tentative va de mal en pis, et nous rapproche de plus en plus de la Russie, qui n'a qu'à nous laisser faire pour voir l'Europe, bien avant l'échéance sociale, comme une poire mûre, lui tomber dans la main.

Il y a bien des rêveurs qui s'imaginent qu'une union douanière de l'Europe centrale romperait cet enchaînement néfaste. Sans la France, à cause de l'article 11, cette union est impossible, et avec elle ce serait le blocus continental de triste mémoire. Il en est de ces rêves comme de ceux d'un désarmement général qui serait la guerre universelle à la première proposition sérieuse qu'on en ferait. Jusque dans nos chimères l'annexion de l'Alsace et de la Lorraine et l'art. 11 nous poursuivent.

Il n'y a point d'issue de ce côté par la simple raison que le libre échange et le protectionnisme, dont nous venons d'esquisser l'histoire depuis vingt ans, ne sont eux aussi que des chimères.

Les droits douaniers sont des impôts aussi bien que les contributions que nous appelons indirectes. Ils ne s'en distinguent que parce qu'ils sont perçus aux frontières sur l'entrée ou la sortie des marchandises, et que les autres sont perçus à l'intérieur sur la production ou la consommation des mêmes marchandises.

Les économistes, ne voyant dans les droits douaniers que leur caractère extérieur ont créé leurs deux fameuses doctrines: croyant au libre-échange lorsqu'aucun droit ne frappait une marchandise à son entrée, et à la protection quand des droits rendaient cette entrée plus ou moins difficile; sans se douter, ni les uns ni les autres que ces droits ne sont que des contributions comme les impôts de toute espèce.

Pour qu'il y eût libre-échange réel entre deux États, il faudrait qu'en chacun d'eux, la production fut grevée des mêmes charges. Je ne suis pas libre de vendre 100 klg. de blé qui me coûtent 20 fr. à produire, grâce aux impôts intérieurs que je paie, alors que l'étranger, qui ne paie pas les mêmes impôts, peut livrer les mêmes 100 klg. de blé à un prix proportionnellement moins cher. Il est en réalité protégé contre moi par ses impôts intérieurs. Par contre, pour qu'il y ait une protection efficace, il ne suffit pas qu'on mette des droits compensateurs sur l'importation des 100 klg. de blé de l'étranger, il faut encore qu'à l'intérieur la production de mes 100 klg. de blé ne soit pas grevée de charges supérieures à celles que portent les produits que j'achète en échange de mes 100 klg. de blés; car si ces produits sont moins grevés que les miens, il en sera comme si je n'étais point protégé du tout. Ainsi la protection contre la concurrence du dehors suppose le libre-échange intérieur, et le libre-échange extérieur suppose la protection intérieure. De la sorte, la portée intérieure et la portée extérieure des droits de douanes se compliquent et s'étendent à l'ensemble de la constitution fiscale et économique des Etats, car, pour chaque espèce de production, la même situation se répète.

Il existe, en outre, des primes d'importation et des primes d'exportation, les acquits à caution, les draw-backs, les admissions temporaires qui, sous leurs formes multiples, rendent la question encore plus complexe. Les primes accordées, sous quelque forme que ce soit, facilitent à qui les reçoit la concurrence sur le marché intérieur ou sur le marché extérieur, mais haussent aussi les frais de production des contribuables qui doivent payer ces primes.

Il n'y a point de libre-échange qui ne soit une protection pour les uns; il n'y a point de protection qui ne soit un libre-échange pour les autres. Les primes de toute sorte en sont à la fois la preuve et l'excès. Partout et toujours les échanges sont solidaires, ce qui est un avantage ou un gain pour celui-ci et une perte ou un dommage pour celui-là. Ce n'est ni du libre-échange ni de la protection : c'est de l'activité et de la prospérité nationales qu'il s'agit lorsqu'on en traite.

Laissons donc ces théories abstraites; elles ne sont en définitif que des discussions de mots. Il suffit de se servir des expressions de producteur ou de consommateur pour légitimer l'une et l'autre doctrine. Pour le consommateur, en effet, tout libre-échange n'est que profit : chacun achetant toutes choses au plus bas prix possible, et, tout le monde étant consommateur, c'est profit pour tout le monde. Par contre tout producteur, s'il n'est assuré de ses frais de production, ne produit rien ; il faut donc le protéger pour qu'il produise dans les meilleures conditions possibles, et comme tout le monde est aussi plus ou moins producteur, la protection de tous n'est que bénéfice universel. S'attachant aveuglément aux mots, on oublie que tout consommateur, pour pouvoir consommer, doit produire, et que tout producteur, pour pouvoir produire, doit consommer. Ce qui bouleverse à tel point les deux doctrines que toutes deux, selon qu'elles sont entendues et pratiquées, peuvent ruiner aussi bien les producteurs que les consommateurs. Un consommateur, si peu cher que lui soient vendus les produits dont il a besoin, s'il ne peut produire de quoi les acheter ne les achète point ; et un producteur, si chers qu'il puisse vendre les siens. si les consommateurs ne produisent de quoi les acquérir ne les vend pas. La situation de l'un et de l'autre sont identiques, loin d'être contraires.

Les deux théories sont aussi vaines que les distinctions sur lesquelles elles sont fondées ; elles ne font que nous égarer en nous faisant prendre des mots pour des faits.

Malheureusement, on ne s'est attaché aux mots que parce que les faits, dans une question aussi élémentaire en apparence que celle des droits douaniers, présente des difficultés presque insurmontables.

Selon la nature des impôts, qu'ils soient perçus à la frontière ou à l'intérieur, non seulement la protection se transforme en libre-échange et celui-ci en protection, mais encore, selon la fertilité naturelle du sol ou selon sa richesse en matières premières, les Etats se trouvent portés à rechercher à la fois et le libre-échange et la protection. Pratiquons le libre-échange pour les produits agricoles et les produits des terres vierges d'Amérique, des terres noires de Russie, inonderont nos marchés au point que nous verrons reparaître sur notre vieille terre européenne ces vastes latifundia incultes qui contribuèrent si puissamment à la chute de Rome, alors que les grains d'Égypte et d'Afrique abondèrent sur les marchés d'Italie. Il faut donc nous protéger. A quoi cependant cette protection peut-elle nous servir à nous? Notre sol, moins riche en matières premières, en mines, en houille, nous oblige de les demander à l'étranger et de leur accorder l'entrée en franchise, sinon la protection que nous accordons à l'agriculture finirait par devenir elle-même inutile, débordés que nous serions par le progrès industriel des autres Etats. Ceux-ci, par contre, seront protectionnistes et libre-échangistes, à l'encontre de nos nécessités économiques propres. Ils empêcheront la sortie de leurs matières premières afin de les exploiter eux-mêmes et de ne point perdre les ressources et les richesses qu'elles donnent, en même temps que leur sol étant plus fertile, ils demanderont le libre-échange pour leurs produits agricoles Deux tendances, imposées par la nature des choses, et qui sont inconciliables.

Aux différences fiscales et aux oppositions naturelles viennent encore s'ajouter les oppositions politiques : les États menacés par des voisins ambitieux ou ambitieux eux-mêmes, supportent des charges militaires qui rendent aussi difficile la répartition des charges fiscales intérieures et extérieures, que l'entente avec les autres États pour l'échange des produits, les charges financières fussent-elles les mêmes et la fertilité, ou la richesse du sol identiques. Un État qui entretient une armée d'un million d'hommes vis à vis d'un autre qui n'en a point, doit forcément succomber dans la concurrence avec ce dernier, la main-d'œuvre de celui-ci étant moindre et sa force de production d'autant plus considérable qu'il perd moins de forces de travail et a moins de bouches improductives à nourrir.

Enfin, pour mettre le comble à ces oppositions : un Etat peut tout en manquant de matières premières, en ayant un sol moins fertile, une force militaire proportionnellement plus grande et en payant des salaires plus élevés, être libre-échangiste en produisant grâce à ses efforts et à son génie, des œuvres soit d'art, soit d'industrie, avec lesquelles aucune autre nation ne saura concourir. Il n'aura donc aucune concurrence à redouter, mais n'en deviendra pas moins protectionniste dès que la moindre contrefaçon troublera la facilité de ses échanges. Il exigera en retour des droits douaniers qu'il abandonnera des garanties de toute espèce pour la sécurité de la propriété industrielle et artistique, pour les marques de fabriques, les brevets et découvertes.

En somme, la nécessité des faits nous ramène au même cercle vicieux auquel nous ont conduit les théories. Il en est en quelque sorte comme de cet alpiniste qui, revenant fatigué d'une excursion, écrivit dans l'album de sa voisine d'hôtel : quel dommage que les montagnes ne soient pas des plaines, on pourrait les voir en voiture !. En effet, si tous les États avaient la même situation politique, si tous payaient les mêmes impôts, si tous possédaient les mêmes ressources intellectuelles et les mêmes richesses naturelles, on n'éprouverait aucune de toutes ces difficultés ; mais il n'y aurait point d'Etats, pas plus qu'il y aurait des montagnes si elles étaient des plaines.

Encore si les faits les mieux constatés, les chiffres les plus évidents, pouvaient nous donner en ces matières un point d'appui, une évidence, une certitude quelconque. Annuellement, l'administration des douanes publie les tableaux du commerce d'exportation et du commerce d'importation. La différence des chiffres constitue la balance commerciale. Elle est dite favorable, lorsque les chiffres de l'exportation dominent, parce qu'il semble qu'on ait plus vendu qu'acheté; elle est dite, au contraire, défavorable, lorsque ceux de l'importation sont les plus élevés; on a plus acheté, assure-t-on, que vendu.

Les économistes trouvent ce raisonnement, si évident qu'il paraisse, absurde : aucun pays ne peut importer davantage qu'il exporte, ni exporter plus qu'il importe, parce que les produits exportés paient les produits importés, nul paysne livre ni n'achète pour rien ses marchandises. Raisonnement non moins évident et tout aussi absurde. Un pays qui exporte ses matières premières diminue ses richesses naturelles, un autre qui n'exporte quedes matières fabriquées augmente la valeur des siennes, si bien ou mal équilibrée que puisse être la balance de leurs ventes et achats. Ils sont comme deux marchands dont l'un vivrait de son fonds et l'autre de ses bénéfices.

De plus, les pays dont le commerce et l'industrie paraissent les plus florissants présentent en général les balances commerciales les plus défavorables. Ils importent pour des milliards au-delà de ce qu'ils exportent. Ce serait, suivant les économistes, un non-sens, et suivant les chiffres des douanes, une ruine manifeste.

Une commission spéciale dresse le tableau des valeurs moyennes de nos importations et de nos exportations avec une rigueur parfaite, mais elle n'adopte pour les unes comme pour les autres que les valeurs de France. Le marchand français ne vend cependant pas au même prix un article de Paris à Buenos-Ayres qu'il n'y achète du bois de quinquina au prix de Paris. En d'autres termes, les chiffres des tableaux de notre balance commerciale supposent que nous exportons les choses au plus bas prix — au prix de production, — et que nous achetons —au plus haut,au prix de vente,—les marchandises que nous importons ; tandis qu'il est de l'essence du commerce de faire exactement l'inverse, d'acheter au plus bas et de vendre au plus haut.

Si nous faisions nous-même nos exportations et nos importations, si tous les bénéfices du fret, du transport, des assurances, du change et de la différence des prix à l'achat et à la vente à l'étranger nous revenaient, il faudrait, pour nous donner une idée exacte de notre balance commerciale, augmenter de 35 à 50 0/0 le chiffre de nos exportations et diminuer dans les mêmes proportions celui de nos importations. C'est le cas pour l'Angleterre qui, de tous les Etats, fait le plus lui-même toutes ces exportations et ces importations.

Encore n'arriverons-nous pas à nous faire une idée certaine de notre prospérité commerciale réelle, sans porter en compte la différence des impôts et charges intérieures. L'Allemagne, par exemple, a augmenté dans ces dernières années ses exportations d'un milliard, tout en diminuant ses importations par ses droits protecteurs. Et loin d'en profiter, ce sont les Etats étrangers qui en ont bénéficié, parce que cet accroissement de l'exportation n'eût lieu que grâce à la différence des prix payés à l'intérieur. Nous exportons pour des millions de sucres, et cette exportation, loin de représenter un gain, ne représente qu'une perte, parce que nous payons en France le double du prix que nous vendons le même sucre en Angleterre. L'Allemagne, que nous avons imitée, augmenta de la sorte son exportation entière.

Telle est en résumé d'une part notre science théorique et d'une autre notre expérience économique en matière de tarifs douaniers et de traités de commerce.

Elles sont les mêmes dans les autres Etats, nos rivaux. Depuis un demi-siècle, tous se sont abandonnés tantôt au libre-échange, tantôt à la protection, selon les crises extérieures ou les perturbations intérieures, jusqu'à ce que la question ouvrière et la question sociale aient surgi, et que l'art. 11 soit devenu l'expression, non plus de l'entente, mais de la lutte économique internationale.

Poussés à bout nous avons fini par inventer un système nouveau, celui du double tarif : tarif maximum pour tous les Etats en général, et tarif minimum pour ceux qui nous offriront des avantages en retour de l'abandon du tarif maximum.

Ce fut la conséquence dernière et logique du traité de Francfort : à la guerre politique et aux armements continus, succédera la lutte ouverte dans les relations industrielles et commerciales, la guerre des tarifs.

Aucune nation n'éprouve les mêmes besoins et ne possède les mêmes ressources qu'une autre ; chacune d'elles observe virtuellement, sinon de fait, un tarif maximal et un tarif minimal. Nous avons établi les nôtres, les autres nations établiront les leurs, mais comme les besoins et les ressources diffèrent, certaines marchandises que nous exportons seront classées au tarif maximal chez elles, tandis que d'autres que nous importons le seront au tarif minimal, ce qui sera absolument le contraire de la réciprocité.

Les échanges internationaux sont fondés, non sur l'identité, mais sur la diversité des produits ; où commencera, où finira, dans ces conditions, la réciprocité ? Nous adopterons le tarif minimal pour certains articles que nous importons si d'autres nations le feront de même pour des articles que nous exportons, sinon des deux parts on adoptera le tarif maximal sur les deux espèces de marchandises. Or, chaque nation s'efforce de se donner par ses tarifs les plus grands avantages possibles ; selon la conduite des autres nations nous hausserons ou nous baisserons nos tarifs, et selon la nôtre elles baisseront ou elles augmenteront les leurs ; ce sera, non pas l'entente, mais la lutte continuelle, et, brochant sur le tout, l'art. 11 du traité de Francfort ! Le traitement de la nation la plus favorisée pour nous ou pour l'Allemagne dans tout accord survenu avec l'Autriche, l'Angleterre, la Belgique, la Suisse, la Russie.

On ne saurait imaginer une situation plus insensée. Nous la maintiendrons, comme les armements, quand même ! Le traité de Francfort est là immuable.

L'Europe ne retrouvera la paix politique, financière et commerciale que le jour où elle effacera de son histoire les résultats de sa conduite pendant l'année terrible. On voudrait agir autrement, ce serait même le rêve de ses principaux hommes d'État, que cela resterait un rêve. On ne modifie pas plus par un traité de paix que par des tarifs ou des théories économiques la constitution historique et économique des peuples. Ce n'est qu'en s'y conformant qu'on le peut.

Les États subsistent et leurs gouvernements accomplissent les fonctions administratives, judiciaires, diplomatiques, militaires qui leur incombent au moyen des impôts qu'ils perçoivent soit à la frontière, soit à l'intérieur. S'ils ne prélèvent que peu ou point de droits à la frontière, les États sont dits libre-échangistes ; pour subsister, ils n'en doivent pas moins percevoir des impôts ; mais ils le font à l'intérieur, en réalité ils protègent les consommateurs aux dépens des producteurs nationaux. D'autres États perçoivent, au contraire, la somme la plus considérable de leurs impôts à la frontière, ils sont, assure-t-on, protectionnistes, ils établissent en réalité un libre-échange complet entre leurs nationaux, et en vérité protègent les producteurs contre les consommateurs nationaux.

De toute façon, l'Etat protège tantôt le producteur indigène ou le producteur étranger, tantôt le consommateur ou le producteur national ; de toute façon encore il perçoit des impôts, que ce soit à l'intérieur ou aux frontières, et de toute façon enfin ces impôts doivent être produits, que ce soit au dehors, que ce soit au dedans.

C'est la loi de tous les échanges internationaux. La conséquence qui en dérive est non moins simple : quelles que soient les franchises qu'un Etat accorde, ou quels que soient les droits douaniers qu'il exige, du moment que la prospérité sociale en même temps que la production économique s'accroissent, l'Etat deviendra de plus en plus riche et puissant. En revanche, il deviendra de plus en plus faible et misérable, en dépit de tous ses efforts si, par les franchises accordées comme par les droits exigés, le bien-être social et la production diminuent. Dans le premier cas, le libre-échange, aussi bien que la protection, sont excellents, dans le second ils sont déplorables.

Tour impôt est une part dans le produit, et les Etats sont d'autant plus prospères que par leurs impôts ils facilitent et protègent davantage la production nationale, et ils le sont d'autant moins que par ces mêmes impôts ils l'entravent ou la dépriment.

Nous ne sommes point libres de régler la situation extérieure. L'Europe y est plus intéressée que nous. « Laissons donc venir les évènements », nous pourrons les attendre avec d'autant plus de confiance, et sans que les alliances politiques et commerciales nous occasionnent le moindre souci, que nous ordonnerons au mieux notre situation intérieure dont nous sommes les maîtres.

Mais il faut que nous cessions, aussi bien en théorie qu'en fait, de ne voir que la surface des choses. Sans cesse les uns demandent des franchises plus grandes, les autres une protection plus efficace, pour la même raison que les troisièmes exigent sans interruption des salaires plus élevés et un travail moins pénible, tandis que ceux qui sont à la tête des affaires se figurent que dès que le budget de l'Etat se trouve en équilibre tout est pour le mieux dans le meilleur des gouvernements. Ainsi chacun ne voyant que ses produits propres, et les échanges qu'il en fait, se croit le centre de la production nationale, sans se douter que c'est le débordement de tous les intérêts et de toutes les ambitions individuelles, et que la lutte de tous les égoïsmes est la mort de la vie sociale aussi bien que de la vie économique.

Le plus grand économiste d'Etat de tous les temps, Colbert écrivait : « Rien n'est plus avantageux à l'Etat que de favori-
« ser, augmenter, soulager le grand commerce du dehors et
« le petit commerce du dedans ».

Colbert prit l'expression de commerce dans son sens général, nous avons l'habitude de distinguer le commerce de l'industrie, quoique l'industrie, ne subsiste que par l'achat de ses matières premières et la vente de ses produits. Entendue dans sa portée entière la règle de Colbert enseigne les conditions fondamentales de la prospérité des Etats, et transforme la loi générale du rôle de l'Etat dans la production nationale en règle pratique.

La grande industrie et le grand commerce ne prospèrent que par la vente de leurs produits au petit commerce et à la petite industrie, aussi bien au dedans qu'au dehors, c'est-à-dire qu'ils ne prospèrent que par la consommation de leurs produits qui se fait toujours par les masses. Confinés dans le marché intérieur, ils tendront, grâce à leurs machines et leurs moteurs puissants, et à leurs frais généraux moins élevés, à remplacer de plus en plus la petite industrie et le petit commerce, et tariront avec chacun de leurs progrès la source même de leur prospérité ; la capacité de production et par suite aussi la capacité d'achat des masses. Que peut la grande production nationale ou étrangère si la petite production nationale ou étrangère n'en consomme les produits ? Par cela seul que la grande production est la grande production et possède à son service toutes les forces de la science et de la nature, ses débouchés sont le marché du monde et non le marché national.

La petite production, il est vrai, est plus coûteuse. Les ressources et les forces du petit commerce, de la petite industrie, de la petite agriculture sont moindres, leurs frais généraux plus considérables. Mais ils forment la masse de la nation : ces frais représentant la vie de la famille, ces ressources et ces forces si faibles sont l'expression des moyens d'action du grand nombre, et leur coût est le prix par lequel se paie le bien-être général.

Quelques centaines de grands propriétaires, grands industriels, puissants armateurs, et des millions de manœuvres et de domestiques ne forment pas une nation ; ce n'est qu'un rassemblage de riches et de pauvres. Mais un peuple qui ne compte que de petits industriels, de petits agriculteurs et de petits commerçants, peut devenir, selon que chacun entend et pratique son métier et en instruit ses enfants la première nation du monde. Athènes et Rome furent l'un à leur origine, ils devinrent l'autre à leur fin, et depuis que nous avons oublié le principe de Colbert nous marchons dans la même voie. Non seulement les questions ouvrières et sociales et les crises industrielles et commerciales, mais encore les caractères de la grande production et de la petite production, tout, jusqu'à l'histoire, le démontrent.

Nous avons tout fait et nous continuerons à tout faire pour protéger le grand commerce et la grande industrie; quant à la protection du petit commerce et de la petite industrie, les mots mêmes nous manquent pour dire ce qu'ils sont.

Qu'est-ce qui les distingue ? ils existent dans les mêmes métiers, parfois dans une seule branche d'un même métier, dans la même classe d'un même commerce.

Tout grand commerce, toute grande industrie, quels que soient leur objet et leur forme, portent ce caractère essentiel qu'ils sont tellement étendus que leurs chefs se trouvent dans l'impossibilité de connaître tout le personnel qu'ils emploient et d'avoir des relations directes avec lui. Tandis que dans tout petit commerce et petite industrie les relations entre patrons et subordonnés sont constantes, et la connaissance qu'ils ont les uns des autres est intime. De cette distinction élémentaire résulte que les riches producteurs, grands industriels, grands commerçants ayant leurs intérêts au loin et souvent contraires, et se trouvant sans rapport avec leur entourage le plus immédiat ne sauraient constituer un état social et économique ferme et stable. Dans la petite industrie et dans le petit commerce, au contraire, plus leurs ressources et leurs forces sont faibles, plus leur accès est facile, plus ils se soutiennent réciproquement et se complètent dans leur travail ; et, plus les rapports entre ouvriers et patrons sont intimes, plus leur solidarité grandit, l'un profitant de l'autre, jusqu'à former ces puissantes industries locales qui font la prospérité des villes et défient par la perfection de leurs œuvres toute concurrence du dehors. Ils sont la masse solidement constituée, autant au point de vue économique qu'au point de vue social, la base de l'existence nationale. Tout ce qui n'est point eux n'est qu'exception ou sujétion.

Il faut donc avant tout protéger la petite industrie et le petit commerce intérieur.

Du temps de Colbert la chose était facile : le grand commerce du dehors se faisait au moyen des produits de la petite industrie du dedans. Ce fut une des nombreuses, sinon la principale cause des progrès de l'époque.

Depuis, la grande industrie a pris en partie la place de la petite et les difficultés sont devenus pour ainsi dire insurmontables. Car, au point de vue de la concurrence étrangère et de la prospérité relative des Etats, la grande agriculture représente la fertilité du sol, la grande industrie l'exploitation des matières premières, le grand commerce l'échange de tous les produits indistinctement, et en tout sens le développement de la petite agriculture, de la petite industrie et du petit commerce dépend de celui de leurs puissants rivaux. Un grand commerce mal dirigé, une grande industrie mal outillée, une grande agriculture laissant les terres en friches, retombent de tout leurs poids sur la prospérité générale. Il faut donc de toute façon les protéger également, mais les protéger *au dehors*.

Jusque là la règle de Colbert ne présente aucune difficulté; elle commence avec l'application qu'on en fait. Chaque protection directe ou indirecte, chaque liberté d'échange, primée ou non primée, est une épée à double tranchant, également aiguisée des deux côtés.

Il est deux industries, l'une aussi nécessaire à l'existence que l'autre à la sécurité du pays, ce sont l'agriculture et la métallurgie. La France étant moins riche en mines et son vieux sol, cultivé depuis deux ou trois mille ans, plus appauvri, son agriculture ni sa métallurgie ne sauraient affronter par leurs exportations le marché du dehors, à moins qu'elles ne soient soutenues par des primes comme pour les sucres, ou par des acquits à caution, comme pour les fers. De plus, impuissantes à concourir au dehors avec les États qui, à développement industriel et agricole égal, disposent ou de terres plus fertiles ou de mines plus abondantes, ces deux grandes industries doivent être protégées sur le marché intérieur par des droits douaniers de toute espèce, sinon en peu d'années, leur ruine entrainerait et la perte de l'indépendance économique et de la sécurité nationale.

Notre agriculture, qui produit à elle seule à peu près autant que toutes nos industries réunies, est donc protégée, non seulement par 95 millions de francs que les contribuables paient aux exportateurs des sucres de betteraves, mais encore par des droits douaniers sur les céréales, les porcs, les bestiaux, les farines, la viande, etc. En raison directe renchérissent les prix de toutes les denrées alimentaires, la vie devient plus coûteuse, les salaires s'élèvent et les frais de production de tous les objets augmentent. Les petits paysans, qui forment la grande majorité et ne produisent que ce qui est nécessaire à leur subsistance, à celle de leur famille et au payement des impôts intérieurs, et les petits fermiers qui produisent en outre de quoi payer la rente au propriétaire, ne gagnent cependant rien à ces primes et à ces droits protecteurs. Au contraire, payant des prix d'autant plus élevés les vêtements, les instruments, la main d'œuvre, loin de retirer de la protection un avantage, ils ne font qu'en souffrir ; les primes et droits fussent-ils abolis, ils produiraient les mêmes quantités et acquéreraient à des prix moindres les objets nécessaire à leur consommation. Les bénéfices de la protection ne reviennent donc qu'à la grande culture. Celle-ci voit ses fermages assurés, ses rentes augmentent, la crise agricole disparaît ; mais c'est pour peser d'autant plus lourdement sur la petite culture et rendre la crise sociale plus éminente. La fin de tels agissements est connue : à la grande Révolution la séquestration des biens du clergé et des émigrés, et dans l'antiquité, le partage des terres à chaque génération nouvelle, la dévastation de la grande propriété et le massacre des riches.

Aucun droit, aucune illusion, aucune espérance n'y changeront rien; la justice de l'histoire est sans remise, ne s'agirait-il que d'un droit protecteur.

La grande agriculture profitera donc des droits protecteurs pour parvenir à force de travail, d'efforts, d'étude, à soutenir la concurrence avec l'étranger, ou elle paiera, à son tour, comme la petite culture en ce moment, par ses souffrances et ses misères, chaque centime perçu injustement.

Il en est exactement de même de la grande métallurgie. Si, malgré l'infériorité de ses mines et grâce à l'entrée en franchise de ses matières premières, elle ne parvient pas à lutter avec la métallurgie du dehors, il faut nous résoudre à sa ruine ou à celle du pays.

Par les droits protecteurs les fers bruts et les aciers augmentent de prix, la production des petites industries du fer devient en raison plus coûteuse, leurs produits ne peuvent plus concourir sur le marché intérieur avec les produits similaires de l'étranger; il faut les protéger de même. La protection devient générale : une muraille de Chine s'élève et sa construction est payée par l'agriculture et toutes les autres industries.

Grâce aux primes d'exportation la grande métallurgie pourra bien encore concourir, même avec éclat, sur le marché extérieur. Succès qui sont des victoires à la Pyrrhus, et payées par un appauvrissement mathématiquement proportionnel de la richesse publique, car c'est elle qui paie ces primes, comme elle paie les droits protecteurs.

Toute protection qui est autre chose que des béquilles, suivant encore une expression de Colbert, pour soutenir momentanément une grande industrie dans la concurrence avec l'étranger, est, quoi qu'on fasse, une ruine. Peu importe que l'industrie soit comme l'agriculture, indispensable à l'existence, ou, comme la métallurgie, nécessaire à la sécurité du pays.

Accordez aux grandes industries, quelles qu'elles soient, pour l'importation de leurs matières premières et l'exportation de leurs produits, une franchise pleine et entière et les plus grandes facilités de transport possibles, fournissez-leur, par la réforme de l'instruction publique, non des savants, mais des ingénieurs réels, initiés chacun dans sa branche spéciale et des agents connaissant à fond nos ressources coloniales ou les exigences du marché étranger, des contre-maîtres de choix instruits dans les écoles professionnelles, des ouvriers d'élite formés dans les écoles d'atelier, que l'Etat même y ajoute des récompenses de toute sorte, il faut que les grandes industries s'élèvent et se maintiennent à la hauteur de la concurrence du dehors, sinon toute protection se transforme en des privilèges qui retombént fatalement et lourdement sur les petites industries, épuisent leurs ressources propres, et avec elles s'éteint la prospérité si chèrement achetée de la grande industrie.

La règle de Colbert est absolue. « Augmentez, favorisez, soulagez le grand commerce et la grande industrie au dehors, et la petite industrie, le petit commerce au dedans. »

La protection du petit commerce et de la petite industrie au dedans est la condition de la stabilité, de la force et du développement de l'Etat, tandis que la protection du grand commerce et de la grande industrie au dehors est celle de sa fortune et de ses richesses croissantes : les ressources intérieures doublées des ressources extérieures.

Or, l'Etat peut, suivant les expressions de Colbert, « favoriser, augmenter, soulager », autant par la façon dont il répartit les impôts intérieurs que par la manière dont il établit ses impôts extérieurs, les droits de douanes, l'extension du grand commerce et de la grande industrie *au dehors*, et la prospérité du petit commerce et de la petite industrie *au dedans* :

1° En accordant à la grande industrie l'entrée en franchise de ses matières premières et le dégrèvement des impôts intérieurs qui frappent les produits destinés à l'exportation ;

2° En accordant au grand commerce, qui importe des marchandises étrangères pour les réexporter en d'autres pays, l'exemption de tous droits de quai, d'octroi de mer, de douanes, chargement et déchargement, de même que l'exemption de tout impôt intérieur sur les bénéfices qui en résultent,

Sous cette forme, quoi que fassent les pays étrangers, à moins de mesures prohibitives, ce serait le libre-échange parfait, aussi bien pour la grande industrie que pour le grand commerce, libre-échange réel, pratique, qui n'est ni une utopie, ni une duperie ;

3° La protection proprement dite sera également accordée à toute grande industrie, tout grand commerce, qui, par des primes ou des encouragements, peut, dans un temps déterminé, parvenir à concourir sur le marché extérieur dans les conditions susdites. Toute grande industrie, tout grand commerce incapables d'y parvenir, seront, au contraire, insensiblement et irrévocablement abandonnés. Ils ne sont qu'une source de ruine pour le petit commerce et la petite industrie, pour la masse des producteurs et consommateurs. Et l'entrée sera accordée aux produits de la grande industrie et du grand commerce similaires de l'étranger, à la condition du paiement de droits compensateurs des impôts intérieurs ;

4° A l'intérieur, par une réforme complète de l'impôt des patentes, toute grande industrie, tout grand commerce sera frappé de droits proportionnels au chiffre de la vente de ses produits à l'intérieur, et progressifs avec le nombre de ses rayons ou des branches industrielles exploitées. Le libre-échange régulier, sans privilège ni abus, condition de la prospérité générale, ne saurait être établi entre le petit commerce et la petite industrie dans sa concurrence avec le grand commerce et la grande industrie qu'à cette condition. Même poids et même mesure pour tout le monde !

5° Tout petit commerce, toute petite industrie qui, par suite d'un progrès dans l'outillage ou dans les transports, devient susceptible d'être transformé en un grand commerce ou en une grande industrie sera insensiblement assimilé à un grand commerce ou à une grande industrie par la protection accordée en vue de la concurrence sur le marché étranger ;

6° Les produits importés de la petite industrie et du petit

commerce étrangers, seront, au contraire, frappés de droits protecteurs et, si besoin est, de droits prohibitifs, du moment que par leurs caractères ils sont susceptibles d'être fabriqués à l'intérieur selon les aptitudes de la population et les ressources du territoire.

Nous pourrions ajouter des commentaires et des exemples innombrables à ces six applications qui dérivent de la règle de Colbert. Ils nous semblent par eux-mêmes tellement évidents pour quiconque conçoit la solidarité profonde qui existe à la fois entre les impôts extérieurs et les impôts intérieurs, entre la grande industrie et la petite industrie, le grand commerce et le petit commerce, qu'il est inutile d'y insister.

Ce n'est qu'à la condition de les observer et les pratiquer, soit dans nos tarifs, soit dans nos traités de commerce, qui ne sont que des tarifs plus constants et réguliers, que nous mettrons la grande industrie et le grand commerce à même de contenter les classes ouvrières, que nous ouvrirons à ces dernières un champ d'action et une liberté d'initiative plus grands par la protection, qui, à vrai dire, n'est que le libre-échange intérieur, accordé à la petite industrie et au petit commerce, en même temps que nous éviterons, autant qu'il sera au pouvoir de l'Etat, les dangers de la question sociale, conséquences inévitables de notre état économique actuel.

Hors de ces mesures, nous continuerons à nous conduire dans ces graves questions, comme des gens dont la vue est confuse et troublée, qui se dirigent vers chaque éclaircie, reculent devant toute obscurité, tombent par dessus le moindre obstacle. A l'aventure chaque produit imposable est imposé, à l'aventure on opère les dégrèvements, que les impôts soient extérieurs ou intérieurs. Et, pour suppléer à l'insuffisance de la vue, on se confie aux clameurs électorales : les plus bruyants sont écoutés, la grande industrie, le grand commerce, la haute finance, la grande agriculture s'imposent ; les plus faibles sont méconnus : on sacrifie la petite culture, le petit commerce, la petite industrie, la petite banque, jusqu'au moment où, affolé par les erreurs et les fautes commises, épouvanté par le mécontentement général, on fait exactement le contraire : on surexcite les revendications des faibles, on étouffe les demandes les plus légitimes des puissants, évitant aussi soigneusement les éclaircies que d'abord on les recherchait, pour retomber aussi sûrement dans les ténèbres qu'auparavant on les redoutait. Cela peut être de l'économie politique selon toutes les théories, aussi bien que selon les vœux de tous les électeurs, ce n'est point de l'économie d'Etat. Celle-ci n'admet qu'un principe, la règle de Colbert : favorisez, augmentez, soulagez le grand commerce du dehors et le petit commerce du dedans, et ne reconnaît qu'une loi : les nations sont d'autant plus prospères que par leurs impôts intérieurs et extérieurs leur production est facilitée davantage et elles le sont d'autant moins que par ces mêmes impôts elle est plus entravée.

XVI

LA RÉFORME DES IMPÔTS

Tout, dans notre système d'impôts extérieurs, tarifs douaniers, simples, doubles, conventionnels, tend à l'épuisement insensible de la petite industrie, de la petite agriculture et du petit commerce ; tout, dans notre système d'impôts intérieurs, contributions directes et indirectes, aboutit à leur complet écrasement.

Après l'abolition des privilèges de l'ancien régime et des formes administratives qui s'y rattachaient, il a fallu refaire l'administration générale, aussi bien que l'instruction publique, donner une forme homogène à la législation civile et criminelle, et, pour y arriver, réorganiser le système des impôts.

Au commencement du siècle, la fortune de la France était de 30 à 40 milliards, son budget s'élevait à quelques centaines de millions ; la banqueroute avait fait table rase de la dette. Un petit nombre des anciennes contributions, mieux ordonnées sous la forme d'impôts généraux, continuèrent à frapper la production nationale, mais elles furent trop faibles pour en empêcher l'essor. De petites industries locales se transformèrent en grandes institutions de production, la fortune du pays quadrupla, sa fortune mobilière décupla, son commerce extérieur s'éleva à sept et huit milliards. Mais le budget aussi s'accrut à quatre milliards et les dettes publiques s'élevèrent à quarante, alors que le système fiscal resta le même qu'au commencement du siècle.

Nous sommes devenus, au point de vue du progrès matériel, des hommes, et nous continuons à porter, pour la part qui en revient à l'État, les vêtements de l'enfance.

La nation n'a fait qu'augmenter en population, et le commerce et l'industrie n'ont cessé de se développer sous l'action du même régime fiscal. Mais le régime restant immuable, sans se transformer autrement que par l'accroissement continu des recettes et des dépenses, le moment devait arriver fatalement, et il est arrivé, où, fait pour d'autres circonstances et un état de production différent, des difficultés, des obstacles surgirent de son immobilité même.

La population, au lieu de croître, diminue ou reste stationnaire. Le grand commerce et la grande industrie, loin de réclamer le libre-échange, demandent la protection ; les emprunts sont devenus périodiques et chaque menace d'un emprunt nouveau se change en une angoisse générale.

Chacune de nos législatures commence par le programme : pas d'emprunts, pas d'impôts nouveaux ! et chacune d'elle finit par accorder des emprunts ou augmenter les impôts.

En proportion que les impôts pèsent sur la production, la nation s'oppose à des charges nouvelles, et en proportion que ces charges grandissent, la nation devient plus impuissante à les supporter. Cercle vicieux, sans autre issue que la banqueroute, dont il faut absolument sortir.

Les utopistes, ainsi que tous ceux qui ne voient que la surface des choses, s'imaginent qu'on pourrait sortir de ce cercle désastreux par un impôt sur les revenus ou sur les héritages.

L'impôt sur les riches sous l'une ou sous l'autre des deux formes est un excellent impôt, à deux conditions : la première, qu'il soit très minime, la seconde, que la constitution du pays soit censitaire.

Tous les droits politiques étant fondés sur la fortune, il est juste que les riches, entre les mains desquels se trouvent non seulement la politique, mais encore les lois par lesquelles ils agissent sur la production nationale, payent aussi une partie des frais. Dans les pays démocratiques, l'impôt sur les riches est au contraire le plus dangereux des impôts. D'abord, il introduit dans l'État une distinction légale entre les riches et les pauvres, à l'encontre de l'esprit des institutions; il ôte aux riches jusqu'au moyen de contribuer par leur fortune même à la production générale, ni les lois ni la politique n'étant plus dans leurs mains; enfin il offre la ressource la plus facile pour bouleverser tout gouvernement établi, si démocratique et progressif qu'il soit, car il y aura toujours des ambitieux qui proposeront de charger davantage encore les riches et de dégrever d'autant les pauvres, jusqu'à ce qu'il n'y ait plus ni riches ni pauvres. Bien des esprits rêvent ce nivellement universel; ils ne songent pas que ce serait le dénument absolu.

L'impôt sur les riches, quelque forme qu'il prenne, doit toujours être très minime, sinon il se transforme, contrairement à la théorie de bien des économistes, en une charge de plus en plus accablante pour la nation entière.

En apparence, l'impôt, en général, frappe le produit actuel : le revenu, l'héritage, la propriété bâtie et non bâtie, les marchandises, valeurs et effets du moment, apparence qui trompe tout le monde. En réalité, l'impôt n'est jamais payé que par le produit futur; la meilleure preuve en est nos prévisions budgétaires : si la marchandise n'est pas fabriquée, si le revenu n'est point perçu, si l'héritage n'est point fait, si la propriété bâtie ou non bâtie sont abandonnées, si les valeurs et effets ne sont point créés, plus de perception d'impôts, à moins qu'elle ne se transforme en abus. Or, il en est des richesses des contribuables comme des impôts eux-mêmes, ces richesses de l'État. Toutes sont des effets, des formes et des conditions de la production. Nul riche ne vit en habitant son coffre-fort, mangeant son or, buvant son argent; pour subsister, il doit les dépenser; en ce sens, la richesse devient une cause de production, et à son tour appartient à la nature et aux formes de la production. Ah! si les riches produisaient par eux-mêmes, l'impôt sur les revenus et les héritages serait parfait; mais comme ils ne concourent à la production que par leurs dépenses, ce sont les travailleurs qui en reçoivent les sommes, qui produisent réellement. Il en résulte, quoi qu'on fasse, que l'impôt, n'étant jamais prélevé que sur les produits, ce seront toujours les travailleurs qui paieront l'impôt prélevé sur les riches. Prenez tous les revenus et héritages des riches de Paris, pour le payement de tous les impôts et charges de l'État et de la ville, ce sera bien sur les riches qu'on les percevra, mais ce ne sera que l'illusion d'un instant : l'État et la ville continueront à solder leurs dépenses comme auparavant; mais les ouvriers, les petits commerçants, les petits industriels ne recevront plus les dépenses des riches, ce seront eux, en vérité, qui paieront ces mêmes impôts par leurs privations, leurs misères. Ce ne sera que le commencement de la ruine : les dépenses des riches allant aux caisses publiques et ne descendant plus dans les masses, aucune nouvelle richesse ne se formera; l'Etat continuera à entretenir ses armées, sa police, ses gendarmes, ses magistrats et ses fonctionnaires, mais la circulation naturelle des valeurs se trouvera rompue. Après avoir pris les revenus, l'État, pour subsister, finira par toucher au capital des riches. Les Grecs et les Romains s'imaginèrent aussi, la veille de leur chute, qu'il fallait de plus en plus imposer les riches; ils se ruinèrent de fond en comble.

Tout impôt, pour être payé, doit être produit, de même que toute richesse. Or, la formation des richesses dépend de la nature de la production et de la nature des échanges. Cette production prendra certaines formes déterminées selon les besoins, les ressources, l'intelligence acquise, et ces échanges formeront des uns aux autres des courants non moins déterminés, jusqu'au point que quelques millions de circulation monétaire réelle pourront servir à des milliards d'affaires. Dans ces courants, il se formera des remous, des chutes, des tourbillons, des mares et des calmes : ici les échanges faibliront, là la production, plus loin ce sera tout le contraire, les échanges ou la production, ou tous deux, prendront une activité fébrile et les valeurs fiduciaires s'accumuleront, ou ce seront l'argent et l'or monnayés, pour rentrer aussitôt sous une forme plus lente ou plus rapide dans le courant général. Toute richesse ne vaut que par ses revenus, et tout revenu que par ses dépenses. Vouloir par des impôts commander ce mouvement incessant, alors que ces impôts n'en sont qu'une forme fort secondaire, c'est entreprendre l'impossible, vouloir l'absurde, s'imaginer qu'en soufflant en l'air on changera la direction des vents. Mais on peut, ainsi que les Grecs et les Romains, élever une digue contre les courants de la circulation des valeurs, c'est l'impôt sur les riches. Aussitôt il ne se formera plus de richesses nouvelles, car leurs revenus et dépenses n'iront plus à la production et aux échanges, mais aux seules dépenses de l'État, et il n'y aura plus que des misérables, commandités par un certain nombre de fonctionnaires et soldats qui maintiendront l'ordre public, en supposant qu'ils parviennent à le maintenir entre eux.

Tout impôt, pour être payé, doit être produit, quels que soient le nom et la forme que nous lui donnions : contributions directes ou indirectes, impôt sur la consommation ou sur la production, droits d'entrée ou de sortie, et quels que soient encore nos raisonnements sur leur incidence et leur péréquation. Tout impôt frappe le produit, et il est une participation bonne ou mauvaise, intelligente ou inintelligente au produit, ainsi que les salaires, les intérêts, la rente. Quant à la règle de proportion, elle est aussi simple que la nature de l'impôt lui-même : tout impôt étant une participation au produit, doit être conforme, le plus possible, à la production ; sous toute autre forme, il n'est qu'une entrave.

Après avoir méconnu ce caractère si simple des impôts, nous sommes arrivés, à mesure que les besoins de l'État se sont accrus, à multiplier nos charges fiscales à l'infini ; maintenant des contributions de l'ancien régime, et créant, sous d'autres noms, des contributions nouvelles, faisant triple et quadruple emploi avec celles d'autrefois, soumettant au fisc toute chose saisissable, percevant l'impôt sur toute chose imposable, sans tenir compte des conséquences qui en dériveront : crise monétaire et crises financières, question ouvrière et question sociale, emprunts continus, dettes croissantes, et, pour les combattre, des théories illusoires.

Il suffit d'examiner quelques impôts qui nous restent de l'ancien régime pour se convaincre de l'état actuel de notre pratique et science fiscales.

Ainsi la façon dont nous continuons à traiter la propriété non bâtie tient encore des époques les plus reculées de notre histoire et remonte même plus haut, jusqu'à l'origine de l'agriculture. On considérait alors la terre comme le plus précieux des moyens de production.

Le préjugé eut sa raison d'être; la terre, dans sa fertilité primitive, rendait des trésors pour un travail insignifiant. Dans la suite les moyens de production se perfectionnèrent, la population augmenta, et les uns, devenus riches, laissèrent aux autres pour des redevances, des dîmes, des tailles, des corvées, le soin d'exploiter le merveilleux instrument. A mesure, la richesse des premiers augmenta, et la misère des seconds s'accrut. La terre ayant perdu sa fertilité première après quelques générations, ce fut, non sur les dîmes, les tailles, les rentes qu'on préleva les moyens de lui restituer ses matières perdues, mais sur les ressources de la gent taillable et corvéable à merci; et de plus, ce qui fut non moins dur, on abandonna la terre à elle-même pendant une année au moins sur trois. L'air, la lumière, les détritus des plantes suppléèrent, comme aux temps primitifs, à l'incurie des hommes. Les jacqueries, le brigandage des campagnes, les émeutes et les famines interrompirent de temps en temps ce déplorable régime sans éteindre le préjugé.

Toute terre exploitée pendant 18 à 20 ans perd sa fertilité, cesse d'être un instrument de production, et notre sol cultivé depuis trois mille ans serait encore un moyen de richesse ?

Ce qui constitue les instruments de l'agriculture, ce sont ses ustensiles aratoires, ses chariots, ses machines; quant à la terre, elle ne représente dans sa fertilité actuelle que la somme des engrais qui lui ont été confiés, la somme des matières premières qui y ont été enfouies, et dont le cultivateur profite absolument comme le filateur exploite les laines brutes, ou le métallurgiste les minerais.

La propriété non bâtie ne vaut que comme matière première, et cependant, par une aberration étrange, qui ne s'explique que par un préjugé séculaire, nous traitons dans notre système fiscal les matières premières de l'industrie avec une magnanimité sans pareille, tandis que toutes les sévérités sont réservées au sol exploité par l'agriculture.

Le minerai qui passe la frontière ne paye aucun droit; le chariot de fumier, il est vrai, n'en paye pas davantage; mais enfoui dans le sol, tout change : il paie comme si c'était de la dentelle de Bruxelles ou des cigares de la Havane.

Conduite financière coupable, et dont nous aurions depuis longtemps subi les conséquences désastreuses si les autres États de l'Europe n'obéissaient pas au même préjugé. Il a fallu le rapprochement par la vapeur de pays à terres vierges pour nous en faire sentir les dangers : encore que leur concurrence ne nous ait fait ouvrir les yeux qu'à demi.

De la sorte l'agriculteur français a vu arriver le moment où il ne trouve plus dans la terre que le moyen de vivre et de payer l'impôt, où tout surcroît de famille, qui fut autrefois une source de prospérité, devient une source de misère nouvelle, et où, à côté de l'impôt du sang qu'il paye au pays pour sa défense, il paye encore un impôt de vie par la restriction qu'il porte à l'extension de sa famille.

Non seulement la crise agricole, mais encore l'état stationnaire de la population démontre la justesse de ces observations.

Dans notre système d'impôts intérieurs l'agriculture est traitée comme les objets de luxe dans notre système des droits douaniers, et par une logique fatale l'agriculture devient de plus en plus un objet de luxe que la haute finance seule peut encore se permettre.

Si notre population agricole n'était point la première du monde, si son esprit d'économie et d'épargne n'était non moins admirable que son énergie, sa persévérance, sa force de dévouement et d'abnégation, il y a longtemps qu'elle aurait succombé et avec elle le pays, sous le fardeau du préjugé qui veut que notre sol vieilli et usé soit un instrument de richesse et non une simple matière première.

L'impôt sur la propriété non bâtie est une espèce de dîme que l'État continue à prélever à la place de l'Église; la prestation en nature est la corvée du régime féodal. On la supprima en 1786; ses abus et vexations avaient été tels qu'on n'attendit pas la Révolution pour le faire. Le Consulat la rétablit sous la forme de la prestation; l'Empire la développa; la Restauration l'abolit à son tour; le gouvernement de Juillet lui donna sa forme actuelle.

La corvée pour l'entretien des chemins vicinaux fut assimilée en apparence à un impôt pécuniaire, rachetable pour tout le monde. En fait, le cultivateur riche le rachète quand il y a intérêt, le petit cultivateur le subit.

La seconde république chercha vainement à remplacer cette loi hypocrite par une autre plus équitable.

Le second empire créa la caisse des chemins vicinaux et leur alloua une subvention de 24 millions. De 1871 à 1876, les plaintes reparurent de toutes parts. En 1880 on vota une nouvelle subvention de 80 millions. La prestation resta la corvée.

L'amélioration des chemins profite surtout aux propriétaires et à la valeur de leurs propriétés: c'est toujours le fermier qui fait la prestation.

Selon le bon vouloir d'un conseil municipal, l'un fait sa corvée au devant de sa maison, l'autre transporte sa personne, son cheval, sa voiture au loin.

Selon la situation des communes, quelques-uns paient ces prestations quatre-vingts et cent fois plus que d'autres plus heureusement placés.

Il suffit d'avoir plus de 60 ans, d'être infirme pour y échapper, lors même qu'on aurait le plus grand intérêt aux chemins, etc.

Il en est des faux impôts, comme des mauvaises herbes ; lorsqu'on ne les détruit pas jusque dans leurs racines, ils renaissent, et leurs effets s'étendent avec le temps.

Les prestations en nature, loin d'être une solution pour l'amélioration des chemins, n'ont jamais été qu'un expédient financier, comme les emprunts forcés, les cours forcés : des travaux forcés.

Que l'instituteur enseigne à l'enfant du paysan ce que c'est qu'un chemin et quelle est son importance pour la culture et les communications et il lui apprendra plus pour la prospérité intellectuelle et matérielle du pays, que s'il lui enseigne toutes les îles de l'Océanie. Que le département rende la commune responsable de l'état de ses chemins et que le gouvernement abandonne l'impôt sur la propriété non bâtie, et tous trois, instituteur, département et gouvernement feront plus en une année pour la prospérité de l'agriculture, que toutes les lois et constitutions que nous avons faites depuis un siècle.

Des campagnes, passons aux villes. A leur entrée nous rencontrons l'octroi. Débris encore des entraves, droits et péages de toute espèce qui arrêtaient l'essor industriel et commercial sous l'ancien régime ; nous sommes avec l'Italie, les derniers grands États qui avons conservé ces chaînes du moyen-âge.

L'Angleterre, les États-Unis, l'Allemagne, la Belgique, la Hollande, tous les pays dont nous avons le plus à redouter la concurrence, ne les ont jamais subis ou s'en sont prudemment défaits.

Douanes intérieures, les octrois forment entre les villes et les campagnes une sorte de muraille chinoise dont l'entretien pèse autant aux unes qu'aux autres.

Ils empêchent la libre expansion du commerce et de l'industrie des villes au dehors, en même temps qu'ils entravent les rapports des campagnes avec les villes.

Les salaires dans les villes croissent en raison de leurs octrois, et les salaires dans les campagnes augmentent par suite du départ des ouvriers attirés dans les villes par l'appât d'un salaire plus élevé.

Droits essentiellement inégaux.

Le campagnard qui vient faire ses achats en ville paie droit double : le premier sur les produits qu'il y apporte, le second sur les produits qu'il y consomme.

Pour l'habitant des villes l'inégalité est non moins choquante. Le petit nombre des riches en paie la part la plus faible ; le grand nombre des pauvres en paie la part la plus forte. De plus, toutes les marchandises, tels que les vins, qui sont de qualités supérieures, doivent, relativement à leur valeur, des droits moindres que les marchandises de qualités inférieures, destinées à la consommation des classes ouvrières.

Dans certaines villes du Midi, comme autrefois en Belgique, les droits de l'octroi sont même portés à un degré d'exclusivisme tels qu'ils se transforment en véritables droits protecteurs pour les produits des habitants au détriment des villes et des campagnes voisines.

Les frais considérables, enfin, que la perception des droits d'octrois entraîne, — 10 0/0 en moyenne de leur produit brut, — les ennuis, les vexations qui en résultent, les fraudes et les falsifications des denrées qui s'ensuivent au détriment de la santé publique, tout cela en fait une des formes les plus déplorables que nous ayons conservées des impôts de l'ancien régime.

En 1776 Turgot écrivait déjà : « L'impôt sur les consomma-
« tions est dispendieux dans sa perception. Il entraîne une
« foule de gênes, de procès, de fraudes, de condamnations,
« la perte d'un grand nombre d'hommes, une guerre du gou-
« vernement avec les sujets, une disproportion entre le
« crime et les peines, une tentation continuelle à la fraude.
« Il nuit beaucoup à la consommation et par là se détruit lui-
« même. On croit, par ces droits d'entrée, faire payer les
« villes, et ce sont, en réalité, les campagnes qui payent les
« objets qu'elles ont produits. »

L'Assemblée constituante proclama la nécessité de donner

des débouchés à l'industrie en dégageant le commerce intérieur de toute entrave, et vota à l'unanimité la suppression de tous les impôts perçus à l'entrée des villes, bourgs et villages.

Il y a donc plus d'un siècle que nous avons reconnu les inconvénients de ces désastreux impôts, et nous ne sommes parvenus qu'à en faire..... une réclame électorale, abandonnée régulièrement le lendemain des élections!

A chacun de nos emprunts, le pays offre des milliards au gouvernement, et nos villes et nos campagnes, sur lesquelles repose tout le crédit public, ne pourraient parvenir à se défaire de ces véritables douanes intérieures? La supposition seule en est un non-sens économique.

Enfin si de nos villes de l'intérieur nous passons à nos villes maritimes, nous trouvons en outre les octrois de mer. Formés par les droits de quais et de statistique, les droits spéciaux, etc., ils sont loin d'être des entraves aussi considérables pour le commerce que les octrois ordinaires, mais par leur nature ils coûtent plus à l'État qu'ils ne lui rapportent, et, au lieu de faciliter, retardent de toutes façons les progrès de nos installations maritimes.

Les chambres de commerce de nos villes maritimes ont l'habitude de faire des avances de capitaux à l'État pour faciliter l'exécution des travaux qu'elles réclament ; l'État, en retour, fixe et perçoit les droits et impôts à prélever de ce chef. En Angleterre, en Belgique, et dans tous les pays qui comprennent leurs intérêts maritimes, le contraire se pratique : les chambres de commerce ou les villes exécutent à leurs frais les travaux qu'elles jugent nécessaires, et l'État, si l'entreprise dépasse leurs ressources du moment, leur avance les fonds remboursables en capital et intérêt. Des taxes locales, répondant à l'importance des travaux : docks, chemins de fer de quai, machines de chargement et de déchargement, contribuent au remboursement et changent avec la nature du commerce et le caractère des marchandises de chaque port. Que peut l'État pour décider ces questions qui varient d'une ville maritime à une autre, selon ses importations et ses exportations, selon les ambitions et les capacités commerciales de ses habitants? Si l'on visite les grands ports de l'Angleterre, de la Belgique, de la Hollande, de l'Allemagne et qu'on revient aux nôtres, on ne peut pas ne pas être frappé par les travaux énormes, sans utilité pratique, qu'on y accomplit en même temps que par l'absence des installations les plus indispensables à la sécurité et à l'expan . commerciale.

Quand donc nous débarrasserons-nous de la politique architecturale qui construisit Versailles. et Marly? En matière maritime elle avait sa raison d'être du temps de Colbert et de Napoléon Ier, alors que tout était à créer ou que tout était à refaire. Mais aujourd'hui nous sommes la seconde puissance maritime du monde, et notre domaine colonial s'est étendu à l'indéfini par les annexions africaines. Maintenir dans ces circonstances la même tutelle, conserver les mêmes droits et les mêmes formes administratives comme si nous étions encore à l'époque de Napoléon Ier, ou à celle de Colbert, c'est en vérité pousser le culte des traditions jusqu'à transformer le génie en sottise. Napoléon et Colbert comprirent combien notre commerce maritime, écrasé par les luttes du dehors, avait besoin de soutien et ils lui accordèrent tout leur appui pour faire renaître sa prospérité; nous, continuant le même système, en plein développement commercial, nous étouffons au contraire toute initiative individuelle et locale, n'ayant ni leur intelligence des hommes et des nécessités du moment, ni leur génie pour nous servir de l'action gouvernementale. C'est l'histoire de l'âne couvert de la peau du lion.

Nous pourrions de la sorte continuer à examiner un à un tous les impôts qui nous donnent nos quatre milliards de recettes. Nous disons quatre milliards, elles sont peut-être du double si nous comptons tous les impôts surannés que l'État continue à prélever sur nous pour assurer tous les services publics et qui ne répondent plus ni à l'état social ni à l'état économique.

L'État doit à chacun de ses sujets la garantie de la sécurité de sa personne et de ses biens, et, par une suite naturelle, la liberté des actes et des relations qui ne sont point contraires à cette sécurité. Les sujets doivent en retour à l'État les frais qu'entraîne l'une et l'autre. Toute somme qui dépasse ces frais, quelle qu'en soit la destination, est un abus ou une iniquité, un déplacement injuste des ressources des sujets, un empêchement réel à leur initiative et à leur production.

Que signifient ces notaires qui sont à la fois des représentants de l'autorité publique et des hommes d'affaires, banquiers et agents de change au besoin? Sous l'ancien régime leur organisation eut sa raison d'être : le crédit fut plus difficile, les affaires moins étendues, en même temps que leurs droits exorbitants furent le paiement de la vénalité de leurs charges. De nos jours le maintien de leur antique organisation est l'unique cause que tant de ces malheureux, entraînés par la facilité même du crédit, emportés par des affaires dont ils ne comprennent point la portée, obligés même par le paiement de leur charge, arrivent à se conduire en véritables escrocs, attirant le mépris sur toute une classe de fonctionnaires publics à la suite de la ruine de familles innombrables.

Nos frais exorbitants de justice portent absolument les mêmes caractères. Les plaintes sont continuelles, les abus révoltants. Si les contribuables, qui ont recours à la justice en doivent les frais à l'État, ils ne lui doivent en rien de faire la fortune d'un nombre incalculable d'avoués et d'agents subalternes que l'État leur impose. C'est encore, toujours, l'ancien régime, auquel, malgré nos prétentions d'avoir fait la grande Révolution, nous continuons à ne rien comprendre. Nous ne faisons pas la fortune de nos juges et magistrats, pourquoi ferions-nous celle de ces agents publics qui, sans contribuer pour un centime à la production générale, prélèvent au nom de l'État des impôts aussi énormes que désastreux!

Sous l'Empire, la Belgique et le Rhin avaient reçu nos formes administratives et législatives. La Belgique s'est débarrassée de tous ses avoués, agents parfaitement superflus, et le

Rhin de tous les privilèges de ses notaires, agents nécessaires, mais privilégiés dangereux.

L'État nous doit la protection de nos personnes et de nos biens ; l'abus commence là où cette protection fait la fortune ou cause la misère d'autrui, aux dépens des contribuables. Il nous doit de même la facilité et la sécurité de nos relations.

Pour les postes et télégraphes, ainsi que pour les routes et canaux le principe est respecté, pourquoi ne l'est-il en rien pour les chemins de fer qui sont devenus les vraies grandes routes nationales ? Ils ne sont cependant pas une institution de l'ancien régime ; par quelle aberration en sommes-nous donc arrivés à en faire précisément une institution de l'ancien régime avec ses droits particuliers et ses privilèges de toute espèce ?

La grande erreur qu'on a commise dans la constitution des sociétés de chemins de fer fut de croire qu'elles formaient des institutions privées, tandis qu'elles étaient des institutions publiques.

Chaque entreprise ou industrie privée profite d'autant plus à ses propriétaires que ceux-ci travaillent mieux ou produisent davantage. Rien de semblable dans les chemins de fer. Leurs profits, ainsi que les recettes publiques et les rentes payées par l'État, dépendent du travail d'autrui. Mais, au lieu que l'État, lorsque les impôts lui donnent des surplus de recettes, dégrève les contribuables ou amortit ses dettes, les compagnies de chemins de fer encaissent en partie l'excédent de leurs revenus et font payer par l'État leurs déficits. Encore n'est-ce qu'un premier privilège non moins absurde qu'inique ; il en est un second plus grand. Mettons que nous parvenions à amortir réellement notre dette publique, aussitôt les rentes sur l'État tomberont à 3 et à 2 1/2 ; les actions et les obligations des chemins de fer, au contraire, donnant un intérêt plus élevé grâce à la garantie de l'État, doubleront du même coup de valeur sans que les compagnies produisent un wagon ou emploient un homme en plus.

A mesure que la valeur des rentes sur l'État augmente,

leurs intérêts diminuent, les actions et obligations des chemins de fer devraient être sujettes à la même loi ; elles sont des valeurs d'État par le seul fait que leurs détenteurs remplissent des fonctions publiques. Si donc leurs bénéfices augmentent, ils doivent, en proportion, diminuer leurs tarifs : ces bénéfices sont, comme les impôts, le produit du travail national.

Le droit public aussi bien que la prospérité nationale l'exigent.

Au delà de l'intérêt auquel on confie de l'argent à l'État, l'État ne peut, sans prendre l'argent à autrui, payer des intérêts plus élevés à d'autres.

On a fini par le comprendre pour les caisses d'épargne et de retraite ; on finira aussi par le comprendre pour les sociétés de chemins de fer.

Que les grandes compagnies réfléchissent, sinon elles arriveront à nous rappeler les grandes compagnies d'autrefois qui vivaient aussi aux dépens de tout le monde. On ne se charge pas d'une fonction publique sans en assumer également les obligations et les devoirs.

Toute la solution de la question des chemins de fer est là : les grandes compagnies sont des institutions publiques, il faut qu'elles se gèrent et s'administrent comme telles.

Vers 1940, l'État doit devenir propriétaire du réseau entier de nos lignes ferrées. Qu'en fera-t-il ?

Il est tellement accablé d'administration qu'il ne peut pas même diriger avec l'exactitude et la rigueur nécessaires le petit réseau qui lui appartient.

Nous ne voyons qu'une solution dans une question aussi grave pour l'état économique et social que pour l'état financier et politique du pays, et dans laquelle, à cause de son immense importance même, il faut respecter à la fois le droit de surveillance et de contrôle de l'État et toutes les ressources et forces de l'initiative privée :

C'est l'abandon du retour à l'État de la propriété des chemins de fer en échange de l'assimilation des actions et obligations des chemins de fer à des rentes publiques et d'une diminution proportionnelle de tarifs, sous le contrôle de l'État. Toute autre solution ne sera qu'abus ou désordre.

Nous avons mentionné quelques impôts, restes de l'ancien régime; nous venons de parler des chemins de fer auxquels nous avons accordé des privilèges en tout semblables à ceux d'autrefois. Il en est d'autres encore qui, en étant tout récents, n'en portent pas moins le poids des traditions fiscales de cette époque. Nous ne citerons qu'un exemple : l'impôt sur la propriété bâtie. Il a fallu les embarras financiers de la première République pour que, sans rompre avec l'antique préjugé que la propriété non bâtie, la terre, était la source unique des richesses, elle imitât les Anglais, et établît l'impôt barbare des portes et fenêtres, comme si l'État devait mesurer l'air et la lumière à ses sujets. Nul ne comprit que si la propriété non bâtie n'était qu'une matière première, la propriété bâtie était, au contraire, l'expression réelle de toute la puissance de production, de la richesse industrielle, commerciale et financière de la nation; l'image la plus exacte de sa misère comme de son aisance et de son luxe.

Il en est résulté qu'aujourd'hui encore la propriété bâtie est imposée de moitié moins que la propriété non bâtie : non-sens à la fois économique et financier.

Mais ce qui en est résulté de plus déplorable, c'est le préjugé que l'on puisse faire de l'impôt sur la propriété bâtie, aussi bien que de celui sur la propriété non bâtie des impôts *généraux*, c'est-à-dire trouver une formule telle qu'elle puisse permettre au fisc de percevoir, sans injustice, un taux uniforme quelconque sur l'une et l'autre propriété.

Le lendemain du jour où l'on avait achevé le cadastre il fut mensonger, et il en sera de même de tout nouveau cadastre qu'on voudra établir. Il y a des propriétaires en France qui paient les uns 2 ou 3 pour cent, les autres 40 ou 50 pour cent de leurs revenus fonciers, et si, pour remédier à ces iniquités criantes, vous refaites une revision cadastrale, les mêmes injustices reparaîtront sous d'autres formes, peut-être pis encore.

Le lendemain du jour où l'on avait achevé le premier cadastre, il fut une chimère ; il en sera de même de toute revision cadastrale, et de même endore de tout taux uniforme appliqué soit au revenu, soit au capital de la propriété foncière.

Sa valeur est essentiellement locale et sociale. Un château dans les landes peut, loin de présenter des revenus, ne coûter que des frais d'entretien, et avoir cependant comme capital une valeur considérable. Des maisons à Paris, construites en plâtre et torchis, donnent des revenus énormes, et ne valent comme capital que le terrain sur lequel elles sont élevées. Une ligne de chemin de fer hausse la valeur de tous les terrains par lesquels elle passe ; une épidémie de la vigne diminue celle de contrées entières. Un bon cultivateur double, triple le revenu d'une terre, un mauvais s'y ruine en même temps qu'il en détruit la fertilité. Une industrie qui se fonde dans une ville augmente la valeur à la fois de toutes les habitations et de toutes les terres à quelques lieues à la ronde; une industrie qui se perd produit des effets absolument contraires. Vouloir, dans de telles conditions de mobilité, soumettre à un taux uniforme, équitable, la propriété foncière sous quelque forme que ce soit, c'est vouloir l'impossible. Le sol et les habitations représentent bien des objets parfaitement perceptibles et saisissables, mais ils représentent aussi les deux extrêmes de la vie des peuples, leur territoire et leur vie économique et social, et comme tels ils échappent à toute appréciation équitable, tout comme les lois qui régissent les progrès et la décadence des peuples échappent à leur conscience.

L'impôt sur la propriété non bâtie est un impôt essentiellement local, c'est dans les communes et dans les communes seules que la valeur relative des terres peut être équitablement évaluée ; au delà de la commune, l'évaluation cesse d'être juste.

L'impôt sur la propriété bâtie et de luxe a une portée plus

grande, à cause de la dépendance réciproque des villes et des campagnes. Elle peut encore être évaluée d'une façon relativement juste dans un même département; elle ne saurait l'être d'un département à un autre. C'est de plus un des impôts qui, n'étant que de 3 pour cent du revenu actuel pourrait être porté sans difficulté aucune au triple et au quadruple.

C'est folie de vouloir rechercher pour un grand État une répartition équitable en cette matière. Il faudrait, pour arriver à une solution qui se rapproche tant soit peu du vériable état des choses, que la répartition de l'impôt fut absolument renversée, que les communes établissent la valeur de la propriété non bâtie, et en perçoivent le principal pour l'entretien de leurs chemins, de leurs maisons publiques et leurs frais d'administration, et que l'État ne touche que les centimes additionnels. L'hypothèse paraîtra absurde; d'où la conclusion : l'impôt sur la propriété non bâtie est par sa nature un impôt essentiellement communal.

L'impôt sur la propriété bâtie et de luxe est par contre pour les mêmes raisons un impôt essentiellement départemental. Dans et pour un département seul il peut être établi équitablement. Il devrait être abandonné de même par l'État, qui n'en retire que rien ou prou, sinon des réclamations et des plaintes incessantes.

Faites la balance entre l'abandon des octrois et des prestations en nature, en échange de celui des impôts sur la propriété bâtie et non bâtie, l'État y gagnerait des millions, et la France y retrouverait une ressource d'initiative et de spontanéité qu'elle a perdue.

Quant au rôle de l'État, il conserverait son caractère tutélaire en se réservant le contrôle et perdrait celui d'être une entrave constante à l'essor national.

La simplicité, non la multiplicité des impôts est le secret de la prospérité publique et privée. Elle laisse à l'initiative individuelle un ressort qu'étouffe toute contribution inutile, si insensible ou légère qu'on puisse l'imaginer.

Il est un impôt, le seul parmi les impôts directs qui ait une portée uniforme, générale, parce que seul il est susceptible de se modifier avec les hommes et les circonstances, ce sont les contributions personnelles, mobilières et les patentes ; mais à la condition de les transformer à leur tour, et d'en faire l'expression de la production générale.

Nous ne comprendrons jamais la nature, les caractères et les formes de la prospérité publique, tant que nous n'aurons pas une statistique rigoureuse de la production nationale. On dit cette statistique impossible à faire, c'est de la sottise. C'est la statistique des revenus qui est impossible, celle des économies, des bénéfices, des rentes acquises sur une production passée. Mais la statistique de la production peut s'établir avec une rigueur extrême par les livres de commerce que tout industriel et commerçant est tenu d'avoir. Le tout est d'y intéresser les industriels et commerçants eux-mêmes. Le petit commerce et la petite industrie sous toutes leurs formes y auraient le plus grand intérêt, parce que leurs charges actuellement sont quadruples et quintuples de celles que supportent le grand commerce et la grande industrie. Quant à ceux-ci, ils y auraient non moins d'intérêt, du moment qu'ils seraient dispensés de l'impôt sur leur production pour toutes leurs exportations indistinctement.

Là, et non ailleurs, est le secret à la fois de la fin de notre crise industrielle et commerciale, et en même temps la solution de la question ouvrière et de la question sociale, pour autant que le gouvernement par ses impôts et ses mesures politiques peut y contribuer.

Les huit heures de travail, les habitations à bon marché, les protections de l'enfance et de la femme, la surveillance des industries insalubres, le repos du dimanche et toutes les réglementations imaginables du travail de la classe ouvrière ne sont que des utopies, du moment que l'ouvrier est fatigué, dégoûté de son travail aride, uniforme, qu'il n'est pour ses enfants un sort meilleur, et que son état intellectuel et moral ne répond plus à la tâche matérielle qu'il doit accomplir, ne fût-elle que de quatre heures par jour et l'eût-on entourée de toutes les garanties imaginables.

Notre classe ouvrière se compose de trois sortes de gens : les uns parfaitement satisfaits de leur sort, parce que leurs occupations répondent à leurs goûts et à leurs aptitudes ; les autres les meneurs, les agitateurs, les révolutionnaires qui sont toujours des déchus ou des ruinés des classes supérieures ; les troisièmes enfin, les mécontents proprement dits qui, se sentant les capacités nécessaires pour diriger un petit commerce ou une petite industrie, qui éprouvent le besoin d'indépendance et d'initiative, et se trouvent rivés, par l'impuissance d'y parvenir, à leur labeur uniforme sans espérance d'en jamais sortir, comme dans l'enfer du Dante.

Rendez au petit commerce et à la petite industrie leur prospérité en les protégeant contre la concurrence extérieure d'une façon intelligente, et contre la production *intérieure* de la grande industrie et du grand commerce par une réforme de l'impôt des patentes exactement proportionnel au chiffre des affaires à l'intérieur ; le lendemain vous aurez plus fait pour la solution de la question sociale, que par tous les congrès utopistes et que toutes les législations imaginables.

Là est la solution. Il n'y en a point, il ne saurait y en avoir d'autres. Le jour où le petit commerce et la petite industrie reprendront leur prospérité, ne jetteront plus leurs déclassés dans la classe ouvrière, et absorberont tous les ouvriers capables de devenir petits patrons, il n'y aura plus ni question ouvrière, ni question sociale.

Reste une dernière classe de gens qui, tout en contribuant à la production générale, n'y concourent néanmoins que d'une façon indirecte : les rentiers et les fonctionnaires, employés de toute espèce. L'impôt personnel et mobilier peut les atteindre d'une façon non moins proportionnelle et rigoureuse, les baux, les loyers sont d'une imposition aussi régulière que facile.

Pour quiconque se donne la peine de réfléchir cinq minutes aux avantages immenses qui résulteraient d'un abandon de tous nos impôts surannés, et d'une répartition plus équitable de nos impôts personnels, mobiliers et des patentes, les seuls qui peuvent devenir par leur réforme une participation rigoureuse à la production générale, il ne saurait y avoir un instant de doute ou d'hésitation.

L'impôt est, quoi qu'on fasse, une participation au produit, participation nécessaire pour les garanties et les facilités de production que l'État procure ; il est une rémunération comme toute autre rémunération. Hors de là il n'est qu'abus et non-sens, s'appelle crise monétaire, financière, agricole, industrielle et commerciale, dont les crises ouvrières et sociales ne sont que des conséquences à leur tour.

Passons aux impôts que nous appelons indirects. Ils se distinguent selon qu'ils frappent des objets nécessaires ou des objets de luxe. Ceux-ci sont toujours des impôts volontaires, les seuls conformes à un État vraiment démocratique, ceux-là sont toujours des abus, les seuls qui répondent aux États despotiques. Les premiers se perçoivent avec une facilité extrême, la perception des seconds est entourée de difficultés constantes, et ils entravent autant la production générale que les autres la facilitent et parfois en deviennent des stimulants.

Celui qui a des fonds disponibles et désire les placer en valeurs solides, achète une propriété foncière, paie sans plainte l'impôt de mutation que l'État exige de lui, de même qu'il supporte l'intérêt moindre que les propriétés foncières rapportent. Mais si le même homme, héritant de son père, devait payer un droit équivalent de succession, il trouverait le droit à la fois inique et exorbitant. Dans le premier cas, l'achat de la propriété représente un luxe, un accroissement de fortune, dans le second une nécessité de son existence, et parfois une diminution d'aisance, selon le partage de la succession.

Le fait est plus frappant encore lorsqu'on compare nos deux monopoles des allumettes et des tabacs. Ce dernier rapporte à l'État la somme énorme de 380 millions et l'autre la somme dérisoire de 12 à 15 millions, et, tandis que les plaintes sont continuelles contre celui-ci, le premier forme un des meilleurs impôts que nous possédions, un de ceux dont la perception donne le moins d'occasion à des récriminations de la part des contribuables. L'un est impôt sur un objet de luxe et l'autre un impôt sur un objet de nécessité.

Lorsque, après 1870, on crut devoir faire flèche de tout bois et qu'on inventa le monopole des allumettes, en même temps qu'on imposa les échanges par les droits de timbre, les transports par la surtaxe des tarifs de chemins de fer et que, successivement, à la suite de nos bonis, l'on dégreva les vins et les sucres, ces aberrations devinrent les causes principales d'abord de notre gêne financière et ensuite et surtout de notre crise industrielle et commerciale. On n'aurait pu, se serait-on donné toutes les peines imaginables, préparer avec plus de soin, une situation plus déplorable. Si! on aurait pu accepter encore les propositions de M. Thiers et imposer les matières premières: le désastre devenait complet.

Il n'y a qu'un moyen, un seul, pour sortir aujourd'hui encore de ces errements déplorables, c'est l'abandon de tous les impôts qui entravent, sous une forme ou sous une autre, la production et la spontanéité nationales, en remplaçant le monopole absurde et ridicule des allumettes par celui des alcools.

A différentes reprises il en a été question. Un moment le gouvernement lui-même proposa d'augmenter le droit général de consommation des alcools, d'abolir les privilèges des bouilleurs de crû et d'adopter, pour éviter les fraudes, le système suivi par les Allemands en Alsace-Lorraine: la mise sous scellés ou en dépôt des parties essentielles des appareils de distillation.

M. Alglave venait d'émettre un projet beaucoup plus simple: celui de laisser aux distillateurs la liberté de fabrication des alcools, mais de réserver à l'État le monopole de la vente. Le projet plut au prince de Bismarck, qui trouvait le système allemand, précisément celui que nous voulions imiter, défectueux et insuffisant. Il consulta le professeur français et présenta son projet au Reichstag. Celui-ci le rejeta à une grande majorité, pendant que les journaux français critiquaient tellement la bouteille fiscale du monopole de vente et l'impossibilité d'un contrôle sérieux, qu'on l'abandonna de même en France. Entre temps la Suisse adopta, sans difficulté sérieuse aucune, le monopole à la fois de fabrication et de vente. Sous la même forme il avait été soumis à Gambetta la veille de son arrivée au pouvoir, et Gambetta résolut d'en faire faire les études préliminaires. Monopole exclusif semblable à celui des tabacs, le seul sérieux et pratique.

C'est le seul, en effet, qui puisse mettre fin, une fois pour toutes, à l'empoisonnement de la population, à la falsification éhontée de toutes nos boissons alimentaires, ainsi qu'aux fraudes de toutes espèces qui ruinent aussi bien la santé que la moralité publiques.

C'est le seul par lequel, en rendant l'État lui-même producteur, nous puissions remplacer le milliard que le commerce, l'industrie, l'agriculture paient d'impôts de trop.

C'est le seul encore qui puisse nous permettre de supprimer les octrois, derniers débris des douanes intérieures du moyen-âge, d'abandonner le principal de l'impôt sur la propriété non bâtie, reste de la dîme; d'abolir les prestations en nature, résidu de la corvée ; de reviser les traités des grandes compagnies de chemins de fer, héritage du gouvernement de juillet, et d'affranchir les transactions commerciales en les débarrassant des droits de timbre.

Mesure énergique, radicale ; mais la seule par laquelle les finances de la France et la prospérité générale puissent reprendre leur essor en brisant avec les traditions et les abus laissés par les régimes antérieurs, et qui, de toute part, continuent à peser sur le pays.

Enfin, c'est le moyen le plus puissant qui nous reste pour décharger le petit commerce et la petite industrie et les sauver de leur écrasement par le grand commerce et la grande industrie, parce que nous transporterions tous les bénéfices d'une de ces grandes industries à l'État.

On parle bien des bouilleurs de cru, qui ne sont que de petits industriels. D'abord ils ne subsistent que par un privilège, un privilège double de production et de fraude. Abolissez ce dernier et les trois quarts abandonneront le métier, le reste disparaîtra de lui-même devant les progrès de la grande distillation. Lorsque l'Allemagne annexa l'Alsace et la Lorraine, il y avait quarante mille bouilleurs de crû ; il y en a encore douze mille aujourd'hui. Dans vingt ans il n'y en existera plus. C'est le sort réservé également aux nôtres par suite des progrès incessants de la grande distillation. Ce ne sont pas les bouilleurs de crû, ce sont les grands distillateurs qui ont empêché le prince de Bismarck de réussir dans son projet de monopole, et il en sera de même de nous si nous ne nous y prenons à temps. Nous ne sauverons aucun bouilleur de cru, et l'État perdra tous les bénéfices d'une grande industrie dont, plus que pour les tabacs, le contrôle et la régie lui reviennent, parce qu'elle est plus dangereuse.

« Le petit verre, dit M. Alglave, — nous avons vérifié et acceptons tous ses chiffres, — est vendu 10 centimes, ce qui porte le prix de l'hectolitre d'alcool pur à 1,000 fr.

« Les fabricants de profession produisent 1,875,534 hectolitres ; les bouillleurs de crû 61,930 ; la fraude s'élève au tiers de la consommation (celle des vinaigriers seule peut se chiffrer à 30 millions) ; la régie ne taxe que 1,500,000 hectolitres environ. »

Ce qui, en concédant le monopole de vente à l'État, luidonnerait, au minimum, une recette brute de 1,500,000,000 de fr.; le petit verre estimé à 10 centimes et l'hectolitre d'alcool pur à 1,000 fr., et de près de deux milliards, l'État étant seul fabricant, et plus de fraude possible.

Si nous défalquons le prix de fabrication qui est de 75 à 80 fr., tous frais compris, par hectolitre, et, de plus, 20 0/0 de remise à faire aux débitants en détail et aux fabricants de vins et liqueurs artificielles, il restera à l'État la recette brute d'une production de 1,500,000 hectolitres, 1 milliard 150 millions fr.

XVII

AMORTISSEMENT DE LA DETTE

Notre dernier emprunt a été couvert seize fois et demie. L'État avait demandé 869 millions, on lui offrit 14 milliards et demi. Au début de l'année 1890, un emprunt, que la Prusse avait émis, ne fut point couvert, et au mois d'octobre de la même année un second ne fut point classé. Tous deux ensemble formaient une moyenne moins importante que celle du nôtre et leur taux d'émission fut moindre. Preuve éclatante, s'est-on écrié, de l'immensité de nos ressources, de la puissance de notre crédit !

Il eût été peut-être plus sage de se demander : quelle masse de numéraire se trouve disponible et sans emploi dans les caisses de la haute banque ? Si l'Allemagne a émis un emprunt de 255 millions à 3 0/0, au taux de 87, sans qu'il se soit classé, c'est que la finance, le commerce, l'industrie du pays ont sans doute jugé qu'ils pouvaient faire des placements meilleurs de leurs capitaux dans les affaires et les entreprises particulières ; et si notre emprunt de 867 millions à 3 0/0, émis au taux de 92,55, a été couvert seize fois et demi, c'est que la banque, l'industrie et le commerce français n'entrevoient point de meilleur placement possible.

Des banques particulières ont souscrit jusqu'au double de l'emprunt ; mais les petites coupures ne se sont élevées pour Paris qu'au chiffre dérisoire de 21,000 fr. de rentes. Là est le nœud de la situation. La haute finance dispose de plusieurs milliards qui se sont accumulés, grâce à nos emprunts successifs, et qui n'ont d'autre fonction que de grandir sans interruption, en intérêts, par la rente, et, en capital, au retour de chaque emprunt. L'État en reçoit le montant, consolide sa dette flottante, et le lendemain la somme rentre dans les caisses de la haute finance. En même temps le pays se plaint de la charge croissante des impôts, la monnaie argent diminue de valeur, les petits commerces, les petites industries souffrent ou s'éteignent, et, à mesure, grandit, avec le mécontentement des classes ouvrières, la question sociale et ses dangers.

État des choses qui est loin d'être une situation économique saine. Les capitaux de la haute banque devraient aller à la grande industrie et au grand commerce; de ceux-ci descendre au petit commerce et à la petite industrie et se détailler dans les salaires de toute espèce, pour revenir à la petite industrie et au petit commerce, de ces derniers remonter à la grande industrie et au grand commerce afin de rentrer dans les caisses de la haute banque, d'où ils ressortiraient pour reprendre la même voie, tandis que l'État ne prélèverait les sommes dont il a besoin, par ses impôts comme par ses emprunts, que sur les épargnes faites par tout le monde.

Toute autre forme de la circulation monétaire et des différentes formes du crédit n'est que l'expression d'un état maladif, le symptôme de l'hypertrophie de certains organes et de l'atrophie des autres.

Ni l'État avec ses milliards de dettes, ni la haute banque avec tous ses capitaux ne sont capables de faire le miracle que 92 fr. valent 95 fr. au bout de l'année. C'est au producteur que la tâche incombe; mais si les 92 fr. ne valent pas 95 à la fin de l'an, le producteur transformé en contribuable, prendra les 3 fr. de différence, sur son bien-être ou celui de sa famille, ou sur l'éducation ou le nombre de ses enfants; le miracle en ce cas sera accompli.

Les 92 fr. vaudront 95 fr., et l'État paiera les coupons de rente à la haute banque, qui les lui réoffrira en bloc au prochain emprunt. Tant que le contribuable continuera de la sorte à opérer annuellement le miracle en se serrant le ventre, en restreignant l'aisance de sa famille, en limitant le nombre de ses enfants ou les frais de leur éducation, tout marchera à souhait : le miracle des 92 fr. donnant 95 fr. se renouvellera, et l'État repaiera à la haute banque qui réoffrira à l'État. A la longue cependant, chaque pouce du sol fût-il de la terre vierge et chaque filon de mine de l'or pur, ce régime amènera lentement, sûrement une ruine irrémédiable ; la masse du peuple, qui porte toutes les charges de la production, s'appauvrira d'année en année.

Nous sommes pris dans un engrenage implacable : la machine colossale qui le met en mouvement est notre dette publique, la courroie de transmission est formée par le crédit allant des rouages de l'État aux rouages de la haute banque pour retourner de ces derniers à ceux de l'Etat ; mais la grande roue tournant sans cesse est la perception des impôts qui broie à chaque coup de dent de la chair vive de contribuable.

On parle de la solidarité sociale ! des avantages de la concurrence ! de la force du capital ! on n'oublie qu'une chose : l'enchaînement fatal des effets et des causes dans la production. Inventez les théories les plus belles, proclamez les lois en apparence les plus sages, instituez les mesures qui semblent les plus équitables, selon les ressources, l'intelligence d'un chacun, les efforts de tous se coordonneront en vue de la subsistance générale en bien ou en mal, en prospérité véritable ou fictive, en satisfactions brillantes ou en misères réelles. La même loi, qui régit les mœurs, domine aussi la production : A chacun selon ses œuvres, mais à tous aussi selon l'œuvre d'un chacun. Des richesses immenses recèleront des ruines sans nombre ; un crédit illimité, une banqueroute infaillible, cela ne dépendra ni des échanges, ni du crédit, ni des richesses, mais des formes et conditions de la production. Point d'illusion qui n'entraîne ses conséquences, point d'erreur qui n'ait ses effets, point de faute qui n'emporte ses peines, si ce n'est aujourd'hui, demain.

La production, et par suite le crédit aussi bien que la circulation des valeurs qui en résulte, sont viciés. D'une part l'État est obligé de recourir périodiquement à des emprunts parce que la production, étant troublée dans son cours naturel, ne peut suffire aux charges publiques par le seul rendement des impôts ; d'une autre part la haute banque confie de préférence ses capitaux à l'État, parce que, grâce à l'autorité de celui-ci, elle parvient à percevoir des bénéfices que l'incertitude et l'insuffisance de la production ne lui offrent point. C'est un régime insensé. Les obligations de l'État augmentent, les capitaux de la haute banque croissent, et, dans des mesures mathématiquement proportionnelles, le commerce et l'industrie, grands et petits, se plaignent, la misère, le mécontentement s'étendent. Les déficits reparaissent, un emprunt redevient nécessaire, il sera souscrit 16, 20, 40 fois, et en proportion la production devient plus impuissante à produire les rentes que le nouvel emprunt représente.

Il y a trois solutions : la réduction en miettes, lente, insensible de la production nationale, qui est la fin logique de l'état de choses actuel, la banqueroute qui en est la fin violente, et l'amortissement de la dette.

Pour atteindre les deux premières nous n'avons qu'à nous laisser aller et suivre le fameux principe des économistes : laissez faire, laissez passer ! nous arriverons sûrement à l'une ou à l'autre, probablement à toutes deux à la fois. La troisième, l'amortissement de la dette, est la seule solution qui permettrait d'empêcher la ruine finale.

L'État, sans les départements et les communes, doit au delà de 32 milliards. Nous ne saurions songer un instant à vouloir amortir cette dette énorme par une augmentation des impôts ; ce serait folie ; loin de détendre nous ne ferions qu'empirer la situation. Après quelques vaines tentatives d'amortissement, comme celles du lendemain des grands emprunts de l'indemnité de guerre, nous compromettrions l'amortissement à jamais.

Le dégrèvement et la réforme des impôts seraient des mesures plus heureuses : l'abandon aux communes du principal sur la propriété non bâtie, aux départements et aux villes de celui sur la propriété bâtie et de luxe, la suppression des octrois et des prestations en nature, la diminution des frais de justice, la disparition des droits de timbre et des taxes sur les transports, rendraient à la production nationale un essor, qui permettrait d'espérer qu'avec la renaissance de la prospérité publique l'État parviendrait plus facilement à remplir à son tour ses engagements. Il en serait de nos contributions en général comme des services de poste; plus on en a diminué le prix, plus leur rendement s'est accru. Mais ce ne serait qu'une espérance, car en y comprenant même le monopole des alcools, la dette continuerait à peser sur le pays, alourdirait son essor, et rendrait illusoire la réforme des impôts.

De plus, nous voulons diminuer les heures de travail des classes ouvrières, augmenter leurs salaires, défendre le travail des enfants et des femmes le dimanche et les nuits, les garantir tous contre les accidents, les maladies, la vieillesse, faire qu'ils aient des habitations salubres, une instruction gratuite, ambitions fort louables, mais qui ne se concilient guère avec un accroissement de la production générale, et encore moins avec une diminution des charges de l'État.

Un amortissement annuel régulier de 400 millions, ferait, cependant, plus pour la reprise des affaires et la réalisation de ces projets, que toutes les lois sociales et financières imaginables.

Lors des grands emprunts patriotiques la petite épargne est sortie des bas et des armoires; depuis elle n'y est plus rentrée. Il faut qu'elle y revienne, sans que cela coûte un centime au pays.

Si difficile que paraisse le problème, si simples en sont les termes : c'est par ses abus que l'État a été conduit à prendre des engagements qui épuisent les forces de la nation, c'est donc aussi par la réforme de ses abus qu'il doit parvenir à remplir ses devoirs envers elle.

En exigeant un amortissement de 400 millions par an, nous paraissons vouloir l'impossible, alors surtout que l'État se trouve dans l'impuissance d'équilibrer son budget et d'échapper aux déficits continus. Ce n'est cependant que 10 0/0 de son budget, et quel est l'homme d'affaires qui n'estime qu'une réduction de 10 0/0 sur ses dépenses ne soit en toute circonstance une économie fort facile? Il suffit qu'il mette un peu plus d'ordre dans ses comptes, contrôle un peu mieux ses affaires et réduise d'une façon insignifiante son train de maison, pour que ses économies dépassent son attente.

Au lieu de ce sage mettons un bourgeois qui, faisant construire une maison, s'inquiète aussi peu de se renseigner sur l'honnêteté de l'architecte, qu'il ne se soucie de la solidité des fondements, de l'excellence des matériaux et de l'exécution des travaux, mais se montre fort satisfait que ses quittances soient en règle et que la maison ait quelque ressemblance avec le plan adopté. Il l'habitera comme il pourra et dépensera le double en réparations de toute espèce. Voilà la conduite de l'État en matière financière dans cette autre et magnifique demeure que nous appelons la France.

Notre comptabilité et notre contrôle des dépenses publiques sont exactement au même point que ceux de ce bourgeois. Le plan, les dépenses à faire, l'arrangement à donner sont examinés et adoptés, c'est-à-dire le budget est présenté et voté, et trois ou quatre ans plus tard, après que toutes les dépenses ont été faites et les travaux accomplis, on examine avec soin si les écritures et quittances se trouvent en ordre, conformes au plan, enchantés de voir qu'aucune somme n'a été détournée de sa destination. Quant à la façon dont les travaux ont été accomplis, dont les dépenses ont été faites, elle échappe aussi complètement à l'État qu'à notre bourgeois, et, comme celui-ci, il dépense le double en réparations continuelles, en subsides, crédits extraordinaires, pour pouvoir habiter sa demeure.

Par la loi de l'Échiquier et du département de l'Audit, du 28 juin 1866, l'Angleterre a réformé complètement son contrôle public. Elle conserva les vieux noms et changea les formes, — nous bouleversons les noms, mais nous conservons les vieilles formes. Son contrôle, purement nominal et formel, comme le nôtre, fut remplacé par un véritable ministère du contrôle. Son chef, le Contrôleur général de l'Échiquier et de l'Audit, est nommé, sur la présentation du gouvernement par la Reine, mais il n'est révocable que sur adresse du Parlement. Indépendant du gouvernement, il a sous ses ordres un assistant contrôleur général et un personnel, des bureaux nombreux. Il est le titulaire du compte ouvert au gouvernement à la banque d'Angleterre, laquelle reçoit le versement des fonds publics. Il vérifie tout transport de crédit et en suit l'emploi jusqu'à ce que les fonds de l'État, sortis du trésor, soient versés aux créanciers de l'État. Chaque jour il reçoit le compte des deniers versés au nom de l'État aux banques d'Angleterre et d'Irlande, et à la clôture de chaque trimestre le ministère des finances dresse un compte des recettes et dépenses dont copie lui est aussitôt envoyée. Il a, lui ou ses délégués, en tout temps, libre accès aux livres de comptes et autres documents des administrations publiques et peut requérir chaque département, quel qu'il soit, de lui fournir les explications qu'il juge nécessaires.

Jusque-là néanmoins le contrôle anglais, quoique beaucoup plus rigoureux et rapide que le nôtre, se faisant au cours même de l'exercice, reste purement formel. Il fut complété par la loi de 1873 qui attribua à la commission des comptes de la Chambre des communes un rôle des plus actifs dans le contrôle public. Nommée au commencement de chaque session, cette commission se compose de 11 membres, 6 du parti du gouvernement, 5 de celui de l'opposition; la majorité choisit toujours le président dans la minorité, — c'est ce qu'on peut appeler des mœurs parlementaires. — La commission tient des séances régulières et, en présence de l'assistant du contrôleur général et du secrétaire permanent du trésor, examine les comptes et les rapports du contrôleur général sur la gestion des deniers publics. Tout ordonnateur secondaire, tout comptable, tout auteur d'une nomination ou d'une mesure irrégulière peut être appelé devant sa barre pour justifier de l'usage qu'il a fait de son autorité ou légitimer la façon dont il a disposé des fonds publics;

de la sorte l'administration entière passe devant la commission. Quand elle a fini ses travaux, elle propose la liquidation du budget de l'année écoulée à la Chambre des communes au moment même où celle-ci vote le budget de l'année à venir.

En 1872, la Prusse également réforma son contrôle. Les articles principaux de la loi réorganisatrice de la Chambre supérieure des comptes prussienne prescrivent, en outre de la révision et du contrôle des recettes et des dépenses publiques, que la Chambre supérieure des comptes s'assure si dans l'organisation, l'usage et la vente des biens de l'État, ainsi que dans l'emploi des revenus publics, des droits et des impôts, on a procédé non-seulement conformément aux lois, mais encore en observant rigoureusement les principes d'une sage administration. De plus, elle est tenue de dire quels changements seraient utiles ou indiqués dans les formes et dispositions administratives, d'exiger des autorités centrales aussi bien que des autorités provinciales et des employés qui leur sont subordonnés, tout renseignement qu'elle juge nécessaire, ainsi que l'envoi des livres et des pièces à l'appui; et. si tout cela paraît insuffisant, le président est autorisé à faire éclaircir sur place, par des commissaires, en ordonnant une enquête, la façon dont on a disposé des fonds publics. La Chambre supérieure des comptes inflige des punitions et des amendes aux fonctionnaires. Enfin elle présente le compte général du budget de l'année écoulée au Landtag, mais elle ne le lui présente pas, comme le fait le contrôleur général anglais, accompagné de ses critiques et observations. Celles-ci, elle les présente au roi. « A la fin de chaque exercice, dit l'art. 20, la Chambre supérieure des comptes fera un rapport au roi sur les résultats de son contrôle, rapport auquel elle joindra ses avis sur les améliorations qu'il y aurait lieu de réaliser par voie législative ou administrative ».

En 1883, l'Autriche suivit l'exemple de la Prusse. L'art. 1 de la loi du 4 février ordonne : « la nomination d'une autorité indépendante des ministres, égale par le rang, qui portera le nom de cour des comptes royale et impériale ». — Elle fournit les informations sur les objets de son ressort aux deux chambres du Reichsrath, ainsi qu'à leurs commissions. Tous les comptes publics, même ceux de sociétés privées qui reçoivent une subvention de l'État, lui sont soumis à l'exception des dépenses des fonds secrets. « Elle veille particulièrement, dit l'art. 13, que les crédits alloués soient exactement observés, que le domaine public donne les revenus les plus élevés, et que dans l'emploi du crédit on procède avec la plus grande utilité et économie ». La cour présente son rapport dans le délai de six mois, après la clôture de l'année financière, et elle le présente pour chaque article. Tout crédit nouveau de l'exercice en cours lui est préalablement soumis, et, après chaque année financière, elle est tenue de présenter un mémoire à l'empereur sur les améliorations qui pourraient être opérées dans la gestion des affaires publiques.

Le contrôle des finances du gouvernement italien se distingue profondément aussi bien des contrôles autrichien et prussien que du contrôle anglais. En outre des attributions judiciaires et de l'examen des comptes des ministres et du compte général de l'administration, qui sont à peu près aussi rigoureusement formels ou nominaux que ceux de notre cour des comptes, le nouveau royaume a introduit un contrôle préventif. La loi de 1862 prescrit que tous les décrets royaux, quel que soit le ministre duquel ils émanent et quel que soit leur objet, soient présentés à la cour des comptes pour qu'elle y appose son *visa* et fasse l'enregistrement. Le même contrôle fut étendu par la loi de 1867 à tous les mandats et ordres émis par les ministres. Chaque chef de comptabilité est responsable vis-à-vis de la cour de l'irrégularité des mandats. De la sorte le contrôle de la cour italienne se trouve scindé : d'une part le contrôle précède le paiement et d'une autre le suit. Système qui, en dépit de sa complication, est en réalité sans contrôle effectif des dépenses en cours, tout en se compliquant inutilement du contrôle préventif. La loi de 1869 ordonna des mesures plus rigoureuses relativement aux formes de la comptabilité et se rapprocha du contrôle anglais. Elle prescrivit aux différentes administrations centrales de transmettre chaque mois des comptes résumés par chapitre et article du budget des recettes; et à la direction générale du trésor de transmettre les comptes et la situation mensuelle des caisses des trésoriers.

Ce fut une amélioration considérable sans être encore un contrôle réel, complet. Certaines révélations sur l'administration financière de M. Crispi en ont montré récemment les lacunes. Quoi qu'il en soit, le contrôle italien est infiniment plus sérieux que le nôtre; mais il ne donne ni les garanties qu'offre la chambre supérieure des comptes prussienne par ses commissaires, pouvant s'assurer de la façon dont les dépenses en cours sont faites, ni celles du contrôle anglais, ayant le droit d'inspecter les livres et les comptes publics et celui d'appeler devant la barre de la commission de la Chambre en tout temps quiconque a pu avoir occasionné une dépense non justifiée.

Les effets dans l'administration civile de la réforme du contrôle des finances en Angleterre, en Prusse, si différents qu'en soit l'esprit, sont identiques. L'examen rapide des comptes et l'enquête ou la visite possibles des commissaires de la Chambre supérieure des comptes de Berlin entraînent en Prusse les mêmes conséquences que la publicité des rapports du contrôleur et auditeur général et la crainte de devoir paraître devant la commission des comptes de la Chambre des communes. Tout ordonnateur secondaire, tout comptable voit peser sur lui, dans le moment où l'un fait ses recettes, où l'autre ordonne ses dépenses, l'obligation de devoir en rendre compte jusque dans les moindres détails, si assuré qu'il puisse être d'échapper soit aux commissaires de la Chambre supérieure prussienne, soit aux explications exigées par le contrôleur et auditeur général anglais. Par le caractère même de leurs fonctions, l'une et l'autre autorité sont un frein pour les dépenses précipitées ou irréfléchies.

Pour nous, qui n'avons ni la longue habitude des libertés parlementaires ni le respect des minorités, pas plus, que nos minorités n'ont le respect du parti gouvernemental, une commission des comptes à l'instar de celle de la Chambre des communes, renfermant, sur 11 membres, 5 de l'opposition parmi lesquels le président, ne deviendrait qu'une source de scandales et de récriminations incessantes. Et, par un juste retour, le système allemand nous est également inapplicable : nos ministères, tantôt serviteurs, tantôt maîtres de la Chambre, ne supporteraient point le contrôle sévère d'une autorité indépendante, ne relevant que du chef supérieur.

Nous adopterions plus facilement soit le système de l'Autriche, soit celui de l'Italie, dont ni l'un ni l'autre ne sont en vérité, malgré le contrôle préventif de cette dernière et l'indépendance de la Cour des comptes de l'autre, des contrôles effectifs, complets.

Du reste, quel que soit le système que nous préférions, ou quelle que soit la réforme que nous veuillions adopter comme étant plus conforme à notre organisation politique, nous ne parviendrons pas à mettre plus d'ordre et d'économie dans nos dépenses, sans faire subir une réforme non moins complète à notre comptabilité publique. A elle seule elle constitue un obstacle insurmontable à une réorganisation sérieuse de notre contrôle.

Nous sommes un des rares pays de l'Europe qui possédons encore une année financière différente de l'exercice budgétaire, et qui conservons le culte de cet antique bibelot d'un budget fermé ! unité ! personnalité !

Dans l'origine cette aberration avait sa raison d'être. On ignorait ce qu'était en réalité un compte budgétaire et on le ferma pour pouvoir mieux en suivre les effets, de plus on l'unifia pour mieux en concevoir l'ensemble, enfin on le personnifia, l'État ayant reçu telle somme, dépensé telle autre, le solde parfait ne pouvait être établi qu'après son application entière. Raffinements qui ont eu pour conséquence que deux, trois exercices chevauchent régulièrement l'un sur l'autre, compliquent les écritures et les formalités, et font de la liquidation de chacun d'eux la bouteille à l'encre. Pour certains services, comme ceux des colonies, le budget n'est clos que le 31 mai, deux ans après l'exercice courant; pour d'autres il s'étend jusqu'à dix-huit mois et au-delà, et pour d'autres encore, telles que la caisse de la marine et la légion d'honneur, il se termine, ainsi que dans toute maison de banque bien tenue, avec l'année financière. Chaque service a son exercice à part et en dépit de tous les efforts et de toutes les lois imaginables il existe des reliquats qui s'étendent à l'indéfini. La loi du 31 mai 1862 n'a fait que systématiser ce désordre.

En 1840, sous l'administration de Robert Peel, l'Angleterre a mis fin à cette manie du bibelot budgétaire. Depuis, l'Italie, la Prusse, l'Allemagne, l'Autriche, tous les pays qui tiennent à avoir une comptabilité régulière et à exercer un contrôle sérieux sur leur gestion financière, l'ont imitée; nous seuls, qui avons de tous le budget le plus considérable, nous continuons à nous traîner lourdement sur nos anciens errements.

Encore s'il n'y avait que cette seule différence de l'année financière et de l'exercice budgétaire dans notre comptabilité publique, pourrions-nous, avec quelque peine, nous en débarrasser; la difficulté s'est étendue jusqu'aux moindres de nos comptes publics.

En principe tous nos ministères ont la même comptabilité; mais, leurs services s'étant multipliés et diversifiés à l'infini, tous se sont ingéniés à assouplir les règles premières aux exigences variables avec leurs besoins.

La comptabilité, réglée d'abord par la situation des ordonnateurs et celle des comptables, a été, par suite des charges croissantes, déréglée par ces mêmes ordonnateurs et comptables. Les fausses imputations, les dépassements de crédits ou leurs augmentations irrégulières sont devenues des nécessités de chaque jour. En même temps les comptes de Trésorerie se sont diversifiés à un point tel que la Cour des comptes a fini par ne pas s'y reconnaître plus que la comptabilité des ministères.

Les comptes des dépenses à régulariser, alors qu'il s'agit de dépenses qu'on ne sait, dans le moment où elles sont faites, à quel chapitre imputer, se prolongent de mois en mois, d'années en années, et entraînent l'obligation de recourir aux budgets supplémentaires qui détruisent toujours la régularité du budget véritable. Quand aux budgets véritables, par suite de leur complexité, devenue de jour en jour plus grande, ils ont fini par être aussi peu l'expression fidèle de la situation financière du pays, qu'ils sont l'exécution stricte des votes parlementaires.

La source du mal est trop lointaine et trop profonde ; les ministres les mieux intentionnés se trouvent réduits à l'impuissance, et tous leurs efforts se concentrent à donner du moins au budget annuel les apparences d'un budget sérieux.

C'est là où nous en sommes ; comment, dans ces conditions, réaliser des économies? Les moyens les plus élémentaires pour y parvenir nous font défaut, et chaque expédient qu'on invente pour y suppléer ne fait que compliquer davantage et notre comptabilité et l'établissement du budget annuel.

Il faudrait, pour arriver à quelque précision ou seulement à quelque certitude en une matière si grave, soumettre notre comptabilité entière à une refonte totale. Les fausses imputations n'en continueront pas moins à reprendre, à chaque mesure administrative nouvelle, leur œuvre de sape souterraine, faisant éclater à tout règlement de compte les chiffres les mieux alignés, les dépenses les mieux ordonnées.

Les dépenses ordinaires et les dépenses extraordinaires, les dépenses permanentes et les dépenses temporaires, les dépenses du personnel, les dépenses du matériel et les dépenses d'ordre devraient être toutes séparées les unes des autres avec un soin extrême. Il faudrait de plus, qu'en chaque service ministériel on établisse une comptabilité spéciale des engagements de dépenses, ne permettre des crédits extraordinaires que dans les cas d'extrême gravité, et, pour parvenir à donner quelque harmonie aux comptes de même espèce des différents ministères, il faudrait avoir, en outre, une comptabilité continue de mesures prévues, des mesures en voie d'exécution et des mesures accomplies. Entreprise énorme et qui ne sera jamais réalisée, si d'une part nous ne commençons par simplifier notre paperasserie inutile en divisant la France en quelques grandes régions pour le service financier, comme nous l'avons fait pour le service militaire, et si d'un autre la chambre des députés ne renonce, pour quelques années du moins —le temps qu'il faut pour remettre quelque ordre dans notre comptabilité — à son initiative en matière de crédit.

Sans cette double mesure, l'une au fond aussi simple que l'autre, nous ne réaliserons aucune réforme, notre comptabilité restera la bouteille à l'encre, notre contrôle une formalité purement illusoire, et l'amortissement de la dette un mythe. Nous continuerons dans notre système de dépenses imprévues, de fausses imputations, de comptes de liquidation, de dette flottante et d'emprunts périodiques, sans qu'il soit possible d'en prévoir d'autre issue que la ruine nationale.

Notre organisation financière et notre comptabilité publique ont pris par leur extension même des proportions telles, que personne n'en est plus le maître, ni les ministres les mieux intentionnés, ni les chambres les plus économes, ni les comptables les plus experts. C'est dans le fond qu'il faut la reprendre, dans la comptabilité de chaque service, dans les dépenses de chaque ordonnateur, dans les recettes de chaque comptable, pour terminer finalement, ainsi que tous les États soucieux de la bonne gestion de leurs finances l'ont fait, par identifier l'année financière avec l'exercice budgétaire. Mais pour commencer il faut un commencement ; nous l'indiquerons en deux mots : que le chef de la comptabilité de chaque ministère soit à la nomination du ministère des finances, et que chaque ordonnateur mandataire soit rendu responsable devant la cour des comptes !

Nous paraissons fort loin d'un amortissement annuel de 400 millions de notre dette : en vérité nous réaliserons non seulement l'équilibre du budget, mais encore un amortissement annuel de plus d'un milliard si nous parvenons seulement à réformer notre comptabilité et notre contrôle public.

Depuis 1869 le budget s'est accru d'un milliard quatre cents millions. On en a fait les reproches les plus vifs à la République. Les causes en furent, assuraient ses ennemis, ni les intérêts de l'indemnité de guerre, ni la réorganisation militaire, mais le nombre incalculable de places, de sinécures et de fonctions nouvelles créées à la légère.

Il y eut une cause à l'accroissement énorme de notre budget pendant les vingt dernières années, plus générale et plus profonde, aucun gouvernement, quel qu'il fut, n'y aurait échappé.

Coup sur coup nous avons vu surgir, après nos désastres militaires, les crises économiques et financières, la baisse de la valeur de l'argent, le mécontentement des classes ouvrières et l'affaissement insensible du petit commerce et de la petite industrie formant la masse de la nation. Le même phénomène que nous observons à Paris où six à sept mille instituteurs et institutrices cherchent vainement un emploi, où cinquante mille demandes, dûment apostillées, sont faites pour quinze cents places à donner à la seule ville de Paris, se répète dans la France entière. Que l'on fasse la statistique de toutes les demandes de places, de bureaux de tabac, de bourses, de soutien, de protection, d'avancement, adressées quotidiennement aux ministres et chefs de service, députés et sénateurs, conseillers généraux et municipaux et l'on arrivera aussitôt à la conviction que ce sont ces demandes, et non la question ouvrière, qui dominent notre situation politique et financière et s'imposent au fonctionnement de toutes nos institutions parlementaires, municipales et administratives. Étudiez les votes de nos départements conservateurs; ce sont les plus pauvres, mais ils sont les moins besoigneux, leurs votes le prouvent. Étudiez ceux de nos départements anarchistes; ce sont les plus riches, les privations et la misère des masses y sont au comble, leurs votes le démontrent. Le suffrage universel peut avoir ses mauvais côtés par ses emportements; mais il est aussi, pour quiconque sait le comprendre, le tableau le plus fidèle de l'état économique et social des masses.

Créer ou obtenir des places pour des diplomés de toute espèce, des malheureux de tout genre, des soutiens de famille, des agents électoraux, des protégés ou des parents d'amis influents, faire de l'organisation administrative une machine électorale, transformer la condition première de tout ordre, liberté et stabilité, en un moyen de lutte et d'oppression, ou pis encore, en une source de corruption publique, pour faire retentir ensuite la tribune des accusations les plus véhementes contre ces dilapidations et ces abus, sont devenus des moyens pour arriver au pouvoir. Par les faveurs et les nominations on accroît son influence et par les critiques et revendications on étend sa popularité. Agissements déplorables, qui ne sont que la conséquence fatale de la gène qui pousse, comme une mer montante, vers la curée des places, et qui se soulève en tempête d'applaudissements à chaque proposition d'économie, à chaque imprécation contre les abus administratifs : La même cause entraîne ces deux résultats absolument contradictoires. Dans l'ignorance des conditions véritables de la réforme de notre organisation publique, politiciens et politiques, administrateurs et ministres, suivant simplement le courant qui les emporte, s'imaginent naïvement gouverner le pays alors qu'ils ne font que le désorganiser en obéissant aveuglément aux impulsions mêmes du pays.

Ici un même service se trouve divisé entre deux, trois ministères différents, alourdissant, doublant, triplant la besogne ; là des services multiples font quadruple et quintuple emploi, alors que, réunis, le travail comme les économies décupleraient ; plus loin des fonctions qui, par suite des progrès réalisés, ont perdu toute raison d'être, sont conservées avec un soin jaloux et continuent à absorber des millions sans plus être d'aucune utilité; plus loin encore des institutions qui rapportent des sommes considérables à d'autres Etats en coûtent de plus considérables au nôtre ; et en tout cela nous ne parlons que de services, d'institutions de la plus haute importance, laissant de côté les fonctions et sinécures secondaires dont l'abolition serait non moins profitable à l'État qu'utile à la nation; mais il faut des places, des places sans cesse nouvelles, la nation le veut comme elle veut aussi des économies.

Il en est de notre administration comme de tous les organismes qui, en vieillissant, voient les membres se roidir, les traits se déformer, les forces se perdre et pour lesquels chaque effort nouveau se change en une faiblesse plus grande.

Une organisation administrative ne se refait point par pièces et morceaux. Elle a été créée dans son ensemble; c'est dans son ensemble aussi qu'elle doit être refaite, ainsi que la jeunesse, elle doit renaître.

Faisons des lois pour fixer les salaires, ordonnons le travail de huit heures, accordons les secours pour les accidents, les maladies, la vieillesse, légiférons sur le travail des femmes et des enfants, légiférons même sur l'esprit d'entreprise et de spéculation, toutes ces lois ne seront que des mots en dehors des nécessités économiques de l'existence de la société et des besoins implacables imposés par la faim et la soif.

Or, de même qu'il y a derrière chaque besoin un travail, il y a aussi derrière chaque chiffre du budget un homme, et, derrière cet homme, une fonction qui doit être payée. Les réformes de la comptabilité et du contrôle publics renferment en elles la réforme administrative. Les trois se tiennent; les difficultés de l'une sont celles de l'autre; les abus de celle-ci, les abus de celle-là; et toutes trois sont liées à notre état économique et social.

Vainement on chargerait le conseil d'État, la Chambre et le Sénat, ou des commissions gouvernementales d'entreprendre la réforme de notre administration. Sans une réforme de la comptabilité publique elle est impossible, et sans celle du contrôle elle resterait sans effet. Entreprise au hasard des opinions individuelles elle ne servirait qu'à compliquer plus encore notre situation du moment, et, les premières illusions passées, les conséquences qui en dériveraient n'en seraient que plus désastreuses. On crée une administration ; mais on ne la réforme point, si ce n'est dans son ensemble, en la créant à nouveau.

Notre administration par son extension, comme par sa puissance, est seule capable de se réformer elle-même. Il suffirait qu'elle possède une comptabilité plus simple pour qu'elle exerce un contrôle plus parfait et que sa réorganisation résulte de ses propres efforts. Il n'y a pas un de ses abus qu'elle ne regrette, pas une de ses complexités superflues qu'elle ne déplore. Elle aussi, comme la nation entière, aspire à plus d'air et de liberté dans son travail.

On lui reproche son esprit de routine ; à défaut de meilleurs leviers d'action, c'est par son esprit de routine qu'elle se conserve et maintient le pays. On lui reproche ses dilapidations ; elles sont la conséquence de son extension continue et des progrès même accomplis par la nation. On lui reproche sa tyrannie ; elle est l'effet de la soumission et de la fidélité avec laquelle elle obéit aux lois et règlements qui l'ont ordonnée. Ce n'est point sa faute à elle si ces lois et règlements ont multiplié à l'infini ses rouages, accumulé comme de gaieté de cœur ses fonctions, rendant sa tâche de plus en plus difficile, déplaçant les responsabilités, permettant toutes les ingérences.

Le premier ministre qui osera présenter aux Chambres et faire voter par elles, nous ne disons pas une réforme de notre comptabilité ou seulement une réforme de notre contrôle public, mais simplement un budget véritable, rendra à l'administration et en même temps au pays, un service aussi immense que Napoléon Ier lorsqu'il créa cette administration et sauva la France de son impuissance et de son désordre.

Un budget véritable, c'est-à-dire un compte rendu exact de toutes les recettes et de toutes les dépenses, sans économies illusoires, sans jongleries dans les imputations, sans transferts dans les votes et les crédits, serait la connaissance parfaite de notre situation administrative et financière. Non seulement l'équilibre, mais l'amortissement de la dette, 10 pour cent d'économie pour le moins, en seraient la conséquence forcée. La réforme de la comptabilité, celle du contrôle et la simplification administrative en surgiraient comme d'elles-mêmes.

Un budget véritable, c'est l'amortissement de la dette, précisément à cause de tous les excès et de tous les abus auxquels, dans notre patriotisme même, mais aveuglés par les nécessités du moment, nous avons été entraînés. Nous ne voulons pas revenir en arrière ; les gouvernements pas plus que les peuples ne reviennent sur eux-mêmes ; mais, nous demandons que, profitant de l'expérience acquise et des difficultés du présent nous puissions nous en rendre compte.

Poussés par la force des choses nous avons en vingt années, augmenté nos dépenses d'un milliard et quatre cents millions, et nous ne parviendrions point, connaissant les causes de nos illusions et de nos erreurs en même temps que leurs remèdes, à réduire ces dépenses d'un dixième? l'hypothèse, à elle seule, serait un brevet d'impuissance et d'incapacité.

L'amortissement de la dette, si faible qu'il soit, mais régulier, constant, serait la fin des demandes incessantes de places et de fonctions nouvelles; car les sommes descendant par leur circulation dans les masses ce serait le retour de la prospérité du petit commerce, de la petite industrie, de la petite agriculture ; ce serait pour le grand commerce et la grande industrie la réouverture de leurs débouchés naturels, ce serait la disponibilité des capitaux de la finance qui, perdant leurs placements en rentes sur l'État, reviendraient à la production générale, facilitant aux uns leur expansion au dedans, aux autres leur expansion au dehors ; ce serait, en un mot, le retour à la prospérité publique et privée.

TABLE DES MATIÈRES

Laval. — Imp. et stér. E. JAMIN, 41, rue de la Paix.

Documents manquants (pages, cahiers...)

NF Z 43-120-13

www.ingramcontent.com/pod-product-compliance
Ingram Content Group UK Ltd.
Pitfield, Milton Keynes, MK11 3LW, UK
UKHW021940200726
13856UKWH00005B/498

9 782013 497909